U0136183

濁水溪

相關傳說探析

謝瓊儀　著

蘭臺出版社

內容摘要

本書以臺灣第一長河濁水溪為主題,從史學、地理學、民間文學不同角度探討河流與人們的對應關係,就架構而言,第一、二章說明濁水溪之重要,包括濁水溪之自然地理環境介紹及濁水溪溪水之特性,並從清代方志與圖中歸納出濁水溪河道變遷情形,以瞭解濁水溪自然地理環境之背景。

第三章探討濁水溪之人文變遷及沖積平原開發過程,論及清代濁水溪下游水利建設的經過、水利建設對於臺灣中部農業發展之影響,從中開展濁水溪與流經鄉鎮間之關係。

第四章針對濁水溪有關的傳說加以探討與分析,就濁水溪溪水混濁不清特性之傳說來看,包括濁水溪混濁不清之傳說,解釋溪水混濁之成因與來源,以及濁水溪清濁與民變關係之傳說,溪水清濁與特定歷史事件的關聯性,溪水突然變清,居民傳說即將改朝換代或將發生大事,同時探討與濁水溪有關水利建設之傳說,濁水溪水利建設的過程中,以八

堡圳的開鑿最為重要，包括協助八堡圳開發的神秘
人物林先生之傳說、以及八堡圳啟用時進行跑水祭
之傳說，從這些傳說中探究人們對於濁水溪自然與
人文環境的反映。

　　第五章依其傳說性質與內容，包括警告濁水溪即
將氾濫的傳說、水災傳說、征服水災之傳說三個部
份，探討濁水溪發生水災對人們的影響，並觸及濁
水溪相關信仰傳說，包括水神信仰之傳說、土地公
信仰之傳說、石頭信仰之傳說、樹神信仰之傳說，
產生這些信仰的原因，與祈求濁水溪水源豐沛以及
減少水患有關。

　　第六章論述濁水溪的地方風物傳說，包括地方
風物之傳說、地名之傳說、土特產之傳說、橋的傳
說，並將濁水溪相關民間文學作品一併討論，以濁
水溪相關之民間故事與諺語為主要，並於書末收錄
濁水溪相關之民間文學采集作品，臺灣閩南語音標
系統為之記音，保存口頭文學資料，以為文化之傳
承。

謝瓊儀

4

目次

第一章 導言

人類的文明發展，與河流的關係密不可分【1】，河川更是孕育無數生命，涵養文化之重要功能；無論是壯麗激湍，滔滔奔向大海，或是涓涓細流，蜿蜒走過鄉鎮村落，那波光粼粼，流動不息的水面，永遠是大地無限生機的根源。對於一條河流的源頭在哪裡，要流至何處，我們總感到好奇。John M. Kauffmann在〈奔向大海的河川〉曾敘述河流自源頭流向大海的過程：

【1】綜觀人類的文明發展歷史，世界上的文明古國，皆與當地之河流息息相關，例如全世界最長的尼羅河，造就了古埃及文明；印度教徒尊重恒河，稱之為恒河母親，恒河之水及其支流，提供了印度人及孟加拉人飲用、發電、河水灌溉等功能；印度教徒更以恒河之水來洗淨罪愆，淨化肉體及靈魂，形成了印度文化；底格里斯河與幼發拉底河產生了古巴比倫文明；在中國，黃河流域的仰韶文化及長江流域的河姆渡文化，成為中國進入文明的兩大文化代表，是中國燦爛文化和悠久歷史之源。由此可知，河流是文明的搖籃，人類得益於水的滋潤，才能延續發展，才有不斷發揮與創造的可能。

水經由最有效、阻力最小的途徑從高處往下流，沒多久便開始有節奏的彎曲以散發衝力。河身在適當比例處曲折，有如拉扯的繩子，以其獨有的方式流下山谷。流至平坦的地區後，河腰緊繃，縮小成為迂迴的溪流，忽前忽後的越過山谷。河流氾濫，有時會使繃緊的河道產生支流，切斷原有的水道，孤立舊有水道，形成馬蹄型的湖泊。但是，河川的天性之一就是會彎曲流動，有的甚至還曲流深入地形景觀中【2】。

河川的天性就是會彎曲流動，在彎曲流動的過程中，河川將直接影響當地的農業、信仰、文明、鄉鎮發展，以及居民的日常生活等等，一旦河川彎曲流動的路徑改變，水流肆無忌憚地溢出河岸，漫過街道，沖毀村莊和田園，居民將遭受莫大的損失【3】，造成莫大的恐懼。

在臺灣，濁水溪為第一長之河流【4】，其規模相較

【2】Margaret Sedeen：《大河文明》（GREAT RIVERS of the World），崔蕙萍等譯，（臺北市：錦繡出版社，1989年7月），頁7-8。

【3】由於河流改變路徑時，其發生時間、力道強弱的不可預測性，造成居民心理上的恐懼與不安全感，因此對於河流既是尊敬又充滿畏懼，而產生信仰上的傳說，此部份將於本文第五章討論。

【4】濁水溪主流長一百七十八點六公里，流域面積四千三百二十四平方公里，是本省最長及流域面積最廣之河流，見張瑞津：〈濁水溪平原的地勢分析與地形變遷〉，《國立臺灣師範大學地理研究報告》第十一期（臺北市：國立臺灣師範大學地理學系，1985年），頁200。

於其他國家那些勢如奔馬、氣勢磅礡、波瀾壯闊的大動脈河流【5】，實在是微不足道，但是濁水溪牽繫著臺灣中部地區人民生活的命脈，卻是不爭的事實【6】，不僅為中部地區農田用水最重要之河川，人民在日常生活中也會出現口耳相傳與濁水溪有關的民間文學作品，如濁水溪溪水為何總是混濁不清的傳說【7】，意在解釋這種自然現象的生成起源，表現了人們對於探索自然的願望，雖屬憑空想像，但豐富現實情境與生命，我們可以從民間文學中看到人民所反映出社會生活的真實面貌，因為它們源於民間，流傳於口耳之間，所以與人民的生活往往最為貼切，深具地方特色。

【5】關於世界上最長及流域面積最廣的河流，李勉民主編：《世界名川大河漫遊》有簡要的記載可供參考：「尼羅河長度六千六百七十一公里，世界上最長河流。」及「亞馬遜河流域面積七百零五萬平方公里，世界最大的水系。」（香港：讀者文摘遠東有限公司，1986年），頁7及頁81。相較之下，尼羅河的長度是濁水溪的三十七倍，亞馬遜河的流域面積是濁水溪的一千六百三十倍，因此對於那些流貫世界各地的名川江河稱之為「大動脈河流」。

【6】濁水溪所灌溉生產的濁水米名聞遐邇，彰化平原更有「臺灣米倉」之美稱，濁水溪對中部之農業發展有決定性的影響。

【7】例如有一則講述濁水溪溪水混濁不清的傳說是由於濁水溪源頭富涵金礦，番仔在水裡淘金，因此把濁水溪搞得混濁不清，後來住下游的人也想去源頭淘金，可是慢了一步，金子已經被淘光，只好拜託溪神幫忙改善下游居民的生活，結果溪神指示，下游居民沒有福份得黃金，只能得「烏金」，「烏金」原來就是開採砂石，賣給建築商作為建築之用。關於濁水溪經年混濁不清的傳說於本文第四章將有較詳細之探討。

　　臺灣地區六、七十歲以上的老一輩人，他們的生活經驗豐富，並積累許多智慧，不僅是文化的傳承者，同時也扮演著社會遞嬗的重要角色，雖然教育程度普遍偏低，卻提供了採集整理口頭文學的價值，然而隨著諸多耆老的去世而逐漸失傳，使我們原有的民間文學作品正急速消失當中，因此采集的工作刻不容緩【8】，此外，若能提供老年人一個回憶以往舊事的機會，使老年人體認到所有經歷的人生經驗是充滿意義，而且可以傳承給下一代，或許可以重新定義社會上對於老年人之價值，因此本文以老一輩的人為主要採集對象，除了保存逐漸消失中的民間文學作品外，也希望喚起社會上對於老年

【8】民間文學作品急遽消失的主要原因，在於社會上對於老年人的不重視。工商化的過程中，口頭形式的互動模式已被其他媒體取代，老年人其經驗與價值觀經常被視為是落伍與不符時代潮流的現象，致使老年人在社會上處於弱勢族群，毫無用處。徐麗君、蔡文輝於《老年社會學》中指出：「在人類歷史裡，兩種思想意識一直交互影響人類的生活。一種意識強調如何製造、發展和利用器具以增加人類在自然環境裡的生存能力。這就是雷德弗（R.Redfield）所稱的工藝技術（technical order）的問題。另外一種意識則是偏重於生活的品質與意義、人際關係，以及社會經驗之培養。這亦即哲學家們通常所稱的道德秩序（moral- order）或拉伯坡特（R.Rapoport）所指之人文秩序（human order）的問題。」（臺北市：巨流圖書公司，1985年2月），頁59。在強調科技的時代裡，雷德弗（R.Redfield）所言之工藝技術秩序對人類社會已發生重大改變，相對的，人之價值觀與人和人之間互動之關係，也受到影響而有所改變，以老年人所扮演之文化、經驗傳承者之角色而言，是拉伯坡特（R.Rapoport）所指之人文秩序（human order）中不可或缺的重要功能。

人生命價值之重視。

　　目前在臺灣地區民間文學的采集工作由各縣立文化
中心承辦，進行整理【9】，采集方式是由各鄉鎮分類分
冊集結出版，若能將所采集的具有地方色彩之民間文
學，探討此一鄉鎮之發展沿革、居民之生活背景與所采
集之民間文學作品之間的關聯性，結合對這個鄉鎮的認
識與民間文學作品在此地方的流動情況，則此部份的研
究開展空間很大，因此本文試從民間文學的角度，以濁
水溪這條河流為主軸，尋求這條河流與當地居民之互動
關係，擴及歷史、社會、心理、風俗、信仰等等各種不
同層面，探討與濁水溪有關之傳說、民間故事、諺語、
等民間文學作品，針對這些民間文學作品探究人民集體
意識所反映之主觀意念，因為當地居民對於山水景物、
動植物或風俗習慣在解釋其形成原因時，經過居民口耳
相傳，輾轉而形成，當人們在描述與解釋某事件或物品
的過程中，往往會添加自己內心的主觀意念，融合在口
述情節中。此外，民間文學主要描述的對象具有廣泛與
普遍性，由於一般民眾對社會生活有較廣泛的接觸與深
刻的瞭解，因此透過社會大眾所呈現出來的作品，不會
將它的範圍限定於某個階層，也就相對的具有較豐富與

【9】例如臺中、彰化之民間文學采集，包括傳說、謎語、諺語、民間故事、
　　笑話、歌謠等等，其他各縣市之文化中心亦著手進行各鄉鎮之民間文學普查
　　的活動。

深刻的內涵。

本文以濁水溪這條河流為主題，從民間文學的角度探討河流與人們的對應關係，因此除了文獻資料外，關於田野調查的部分，擬定三個步驟來進行：

（一）素材之采集

針對與濁水溪有關之歷史傳說、民間故事、俗諺語等民間文學作品加以采集並分類，透過人物訪談的方式【10】，記錄下來。

（二）資料之整理

采集之資料分原述紀錄與國語譯解兩部份，相互對照，並加以註解及說明，形成可解讀、可思考、可研究之文化史料，並將此部分之資料置於本文之采集篇。

（三）資料之對焦與分析

將所采集民間文學作品整理、註解、說明之後，進行理解與分析，探討資料中所呈現濁水溪與鄰近鄉鎮之發展、居民生活思想背景之關聯性。

【10】人物訪談之取樣有兩個要素，一是對方為善說當地之傳說、民間故事、笑話、俗諺語等，或者對方長期關心當地鄉土民情，對該地區了解深入者，故本文在人物訪談過程中採此模式進行。

　　關於田野調查中所設定的采集範圍，理論上應遍及濁水溪所流經之鄉鎮，采集與濁水溪有關之民間文學作品，然因時間及能力上之考量，故以濁水溪中下游之竹山鎮、二水鄉、西螺鎮、溪州鄉、北斗鎮、竹塘鄉等六個鄉鎮為主要采集地區，這六個鄉鎮具有代表性，不僅是濁水溪流域之農業精華區，鄉鎮居民的生活背景與濁水溪這條河流更有密不可分之關聯性，因此將探討這六個鄉鎮與濁水溪之關係為主要。

　　待日後如有機會，再將研究觸角延伸，從濁水溪上游至出海口所流經之鄉鎮進行采集，並加以比較這些鄉鎮間所流傳與濁水溪有關傳說之間的差異。

論　述　篇

第二章　濁水溪自然地理環境之探析

本章針對濁水溪之自然地理環境作一介紹，從客觀的角度描述濁水溪，包括濁水溪之地理環境特色、溪水混濁之特性、河道之變遷等等，藉以瞭解濁水溪之自然環境背景。

第一節　濁水溪之自然地理環境

　　濁水溪名為「濁水」，其主要原因在於溪水中的含砂量大【11】，挾帶大量的淤泥，溪水終年混濁，不得澄清，故名

【11】陳正祥：《臺灣地誌》（臺北市：南天出版社，1993年10月），二版，中冊，第十一章〈水資源及其利用〉，頁403。據集集水文觀測站觀測結果，其含砂量每年達六千萬公噸之多，居全省各溪之冠。

濁水溪【12】。康熙末年時雖已出現濁水溪之名稱【13】，但並未見於康熙、乾隆年間諸方志輿圖中，土人呼之為濁水，如翟灝於乾隆末年、嘉慶初年間任官臺灣，曾寫〈濁水記〉誌其水混濁不清之特色：

> 竹城古彰邑名之南有水，其源出自內山，有黑沙流出，土人以之灌田，雖分派支流，亦皆混暗如煙，名曰濁水。後因地震山崩，衝分為二。其一由嘉屬之斗六莊，其一則自彰邑安里社由北而南，復趨而西，下流十里，合注於海，總名之曰虎尾溪，浩浩蕩蕩，波濤怒湧，黑勢汪洋，行人裹足。溪之名或以其險而名之歟【14】？……。

【12】濁水溪的淤泥主要是來自於其支流萬大北溪與丹大溪，這些溪流之上游地層結構屬於第三紀的沉積岩、石墨片岩、粘板岩、黑色片岩、粗粒砂岩等，大多屬於較鬆軟容易被侵蝕剝離的岩層，被激流沖洗，因流速急促，無法沉澱，水色常帶混濁，上游萬大溪、群大溪諸溪沿岸陡峭易產生山崩，每年颱風、暴雨的不定期侵襲亦加速了岩層的風化與瓦解，風化出來的沙粒及岩石隨著雨水的沖刷而流入溪谷中，造成濁水溪始終混濁作灰黑色，故有此濁水溪之名稱。

【13】「自斗六門沿山入，過牛相觸，溯濁水溪之源，翌日可至水沙連內山。」見藍鼎元：《東征集》（臺北：文海出版社，1900年），卷六，〈紀水沙連〉，康熙末年刊本，沈雲龍主編，近代中國史料叢刊續編第四十六輯，頁251。

【14】翟灝：《臺陽筆記》（臺北市：臺灣銀行經濟研究室，1958年5月），〈濁水記〉，嘉慶年間刊本，台灣文獻叢刊第二十種，頁13。翟灝字笠山，山東淄川人，從文中所記歲月，可知其於清乾隆辛丑（四十六年）三月仕閩

翟灝並未明確指出濁水溪發源於何地，僅說是其源出自內山，凡山之險阻，人跡不到者，統稱內山，因漢人足跡罕至，故所知不多。此外另有稱羅水者，道光十年（1830年）三月三十日，林師聖所紀錄報告以濁水為羅水，概土人之音釋：

> 羅水者，濁水也土人謂濁為羅。其源不知所自出，水道自沙連牛相觸山，由鼻子頭山，下至東螺、西螺及虎尾溪。其水與沙相半，勢甚浩大，輪囷旋轉，自上而下，大小石塊隨波逐浪，下落深溪，聲若巨雷。涉者一失足，則水重、沙埋、石壓，決無生理。泅者、渡者，或遇大木橫撞而跌，命亦難全。……水之形勢，迴環若螺，若虎尾，因以名溪【15】。……。

　　林師聖所見濁水溪水勢甚大，將涉水者驚險萬分之情狀描繪深刻，稍微不慎，便可能葬身溪中。濁水溪水之形勢迴轉如螺，又如同虎之尾反覆無常與兇猛可怕，因此有螺溪【16】、虎尾溪之稱。

南，癸丑（五十八年）春奉檄調臺，嘉慶乙丑（十年）解組歸里，在臺凡十三年，《臺陽筆記》即撰於此時期中。

【15】陳國瑛等輯：《臺灣采訪冊》，（臺北：成文出版社，1983年3月），〈羅水〉篇，民國五十七年林勇校訂排印本影印，中國方志叢書臺灣地區第二九號，頁14。

【16】前成大歷史系教授黃典權先生曾自清代乾隆間彩繪紙本之〈臺灣地圖〉上考證認為，濁水溪中下游除了分出虎尾溪之外，尚有東螺溪與西螺溪兩條

　　濁水溪又名潦水溪，清同治五年林豪《東瀛紀事》曾謂：「嘉彰分界處有潦水溪，源出內山，流急而濁」即是指此溪【17】。

　　支流，其論點以「濁水」之與「螺」字有著實質的關係，因為「濁」字之河洛語發音與「螺」同音，該寫成王勃〈滕王閣序〉中「潦水盡而寒潭清」這一句子中的「潦」字。據《集韻》，「潦」字得「魯皓切」（ˇㄌㄠ）（皓韻）、「郎到切」（ˋㄌㄠ）（號韻）、「郎刀切」（ˊㄌㄠ）（豪韻）和「憐蕭切」（ˊㄌㄧㄠ）（蕭韻）等讀法，臺灣閩南語音「濁水」的說法正是那「豪韻」的「潦」字；通常「刀」的取韻又每與「歌」混。於是「潦」字的讀法就跟「螺」字變成一樣。故從聲韻學上來看，「螺」字較「濁」或「潦」要雅化得多，「濁水溪」寫成「螺水溪」而轉變成「螺溪」，也就曲折而有緻了。既然「螺溪」成名，「濁水」分支，自然產生了「東螺溪」與「西螺溪」。見黃典權：〈「臺灣地圖」考索〉，《慶祝成立四十週年紀念論文專輯》（臺中市：臺灣省文獻委員會，1988年6月），頁125。黃教授之考察，雖然有其道理存在，然以當時人們命名之考量，是否會有如此婉轉曲折的過程？必須進一步探究。清康熙年間蔣毓英《臺灣府志》卷之三〈敘川‧諸羅縣水道〉已出現濁水溪之分流吼尾溪（即虎尾溪）、東螺溪之名，但此時並未出現濁水溪之名稱，高拱乾《臺灣府志》（康熙三十五年刻本）、周元文《臺灣府志》（康熙五十一年刻本）、劉良璧《重修福建臺灣府志》（乾隆七年刻本）、范咸《重修臺灣府志》（乾隆十二年刻本）等方志亦皆未記載濁水溪之名稱，僅有其分流虎尾溪、東螺溪、西螺溪之敘述，周璽《彰化縣誌》（道光十六年刊本）才正式在〈彰化山川全圖〉記載濁水溪，也就是說其分流虎尾、東螺、西螺等溪之名早已先存在於清初諸方志中，而濁水溪是後來因傳聞土人呼為「濁水」、「羅水」及狀其水混濁不清而有此名稱，故筆者認為上述從聲韻學的論點，先有濁水溪之名，再依聲音之關係轉變成螺水溪，而成螺溪，才有東螺溪、西螺溪之名稱產生，此一觀點值得商榷。

【17】林豪：《東瀛紀事》（臺北：成文出版社，1983年3月），卷下，〈災

濁水溪之發源地為何處？從方志輿圖而言，清初時期蔣毓英《臺灣府志》並無輿圖，其卷之三〈敘川·諸羅縣水道〉說明濁水溪之分流吼尾溪、東螺溪，都自斗六門寫起【18】，斗六門以上完全不知，無溪源之地理描述，當時亦無濁水溪之名稱，其分流情形為：

> 吼尾溪，自斗六門西過柴裡社，南折至猴悶社之北，又折過他里霧北，受蔴芝干社細流，至南社而西入於海【19】。

> 東螺溪，自斗六門與吼尾溪同流，西至東螺之眉里社分支北流，西過西螺社，又西過蔴芝干社，為北社溪，西入於海【20】。

祥〉篇，清光緒六年刊本，中國方志叢書臺灣地區第五五號，頁167。澇水與濁水之河洛語音相同，故稱澇水溪。

【18】康熙末年，乃譯斗六社之音為地名，稱「斗六門」，在音譯的名稱後面加上一個門字，形成斗六門的地名，乃因當時位置適當諸羅縣東方之門鎖重鎮故也，地理交通位置重要，斗六門為進入山區的重要門戶，雍正二年（1724年）《諸羅縣志》已有載有「斗六門莊」，雍正六年設「斗六門汛」於此，道光以後刪去「門」字，稱「斗六」，見臺灣省文獻委員會編：《重修臺灣省通志》（南投市：臺灣省文獻委員會，1995年8月），卷三，〈住民志·地名沿革篇〉，頁354。

【19】蔣毓英：《臺灣府志》（北京：中華書局，1985年5月），康熙二十五年刊本，卷之三〈敘川·諸羅縣水道〉，頁56。

【20】同註19，頁56-57。

　　吼尾溪即虎尾溪之別稱，從斗六門往西流經柴裡社，即今之雲林縣斗六市忠孝、仁愛、四維里一帶[21]，往南折至猴悶社之北，猴悶社，地點不詳，待考[22]，又折過他里霧社之北，他里霧社，即今之雲林縣斗南鎮舊社里[23]，接著合麻芝干社之細流，麻芝干社，在今之雲林縣崙背鄉豐榮村[24]，最後流至南社而西入於海，南社，為現今之雲林縣崙背鄉西榮、南陽、崙前等村[25]。東螺溪則是自斗六門與虎尾溪同流，往西至東螺之眉里社分支北流，即與虎尾溪分流往北而行，眉里社所在地即今彰化縣溪州鄉舊眉村[26]，往西過西螺社，即今之雲林縣西螺鎮漢光里[27]，再往西又

【21】臺灣省文獻委員會：《臺灣省通志》（臺中市：臺灣省文獻委員會，1972年12月），第九冊，卷八，〈同胄志‧平埔族篇〉，頁19。

【22】高拱乾《臺灣府志》卷之二〈規制志〉曾紀錄：「猴悶社，離府治二百八十五里。」、「柴裡斗六社，離府治二百九十五里。」又其〈臺灣府總圖〉中標明猴悶社之位置在柴裡斗六社附近，故推測猴悶社也應在雲林縣斗六市一帶；《臺灣省通志》僅有其荷蘭戶口表之紀錄，並無往昔聚落所在地之現在相當地點之記載，然《重修臺灣省通志》卻在〈雲林縣地名沿革〉中提到土庫鎮名稱之由來與當地猴悶社之譯音有關，因此猴悶社之正確地點仍有待考察。

【23】同註21。

【24】同註21。

【25】同註21，頁20。

【26】同註21，頁22。

【27】同註21，頁22。

過麻芝干社，為北社溪，向西入於海。由上述發現蔣
毓英《臺灣府志》既言吼尾溪至南社而西入於海，入
海地點即今之雲林縣崙背鄉，與所述之東螺溪幾為同一
地點出海，令人生疑，推測可能的原因是此時期對於臺
灣山川河流位置仍處於模糊不清時期，因此才有誤將虎
尾溪出海口位置與東螺溪混淆之情形發生，以上為康熙
二十五年之前的情形。

　　高拱乾《臺灣府志》雖有新增之資料，然大部分本於蔣
毓英《臺灣府志》，對於濁水溪之分流吼尾溪、東螺溪之描
述仍沿襲蔣毓英之說，隻字未更動，其〈臺灣府總圖〉，及
〈臺鳳諸三縣澎湖圖〉，無法清楚顯示出三條分流的相對位
置，此時屬於地圖繪製的草創時代。

　　周元文《重修臺灣府志》之輿圖與高拱乾《臺灣府志》
完全相同，亦即到康熙四十九年，清廷對臺灣統治已二十六
年，而對濁水溪源頭認識十分有限，仍停留在傳聞階段。

　　周鍾瑄《諸羅縣志》在〈山川總圖〉中可見虎尾溪、東
螺溪之位置，其記載為：

虎尾溪，發源於水沙連內山，南出剌嘴社名，以其番女皆鐵剌嘴吻
也，方言赤嘴過水沙連社，合貓丹社名、巒蠻社名之濁流二水甚濁，
西過牛相觸山名，北分於東螺，又南匯阿拔泉之流為西
螺，過黃地崙庄名，有渡、布嶼稟有渡，出白沙墩之北，至
於臺仔挖入於海舊港名，港口原有浮嶼，內可泊船，近年嶼沒港湮，南風時人多於此捕

魚【28】。

東螺溪，分自虎尾溪之牛相觸_{水色皆黑，土人云：虎尾、東螺水清，則時事有變}，北折而西；過打馬辰_{有渡}、樹仔腳_{有渡}、貓而干_{社名，有渡}，匯於海豐港_{海汊商船到此載脂麻粟豆，港水入至北路防汛前止}，入於海，遵海而北，為三林港_{海汊港口有網藔捕魚，商船到此載脂麻粟豆，港水入至二林社止}【29】。

【28】周鍾瑄主修、陳夢林總纂：《諸羅縣志》（臺北市：成文出版社，1983年3月），第一卷，〈封域志‧山川〉，清康熙五十六年序刊本，中國方志叢書臺灣地區第七號，頁104-105。

【29】同註28，頁105。

圖2-1　高拱乾《臺灣府志》之〈臺灣府總圖〉局部

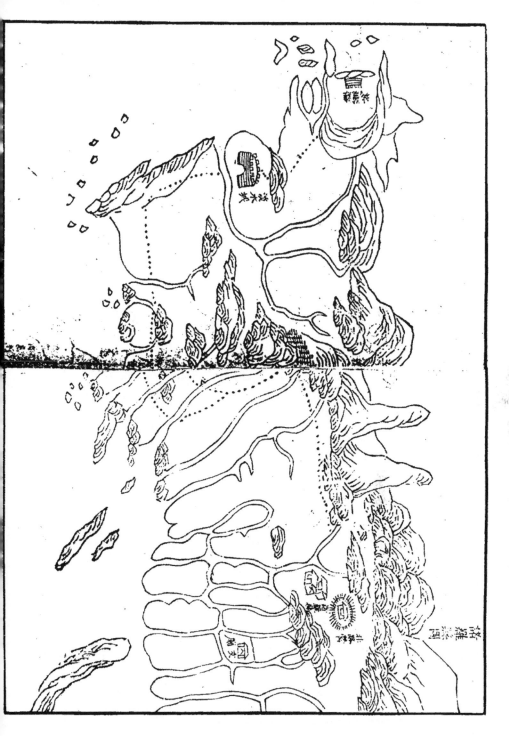

圖2-2　高拱乾《臺灣府志》之〈諸羅縣圖〉

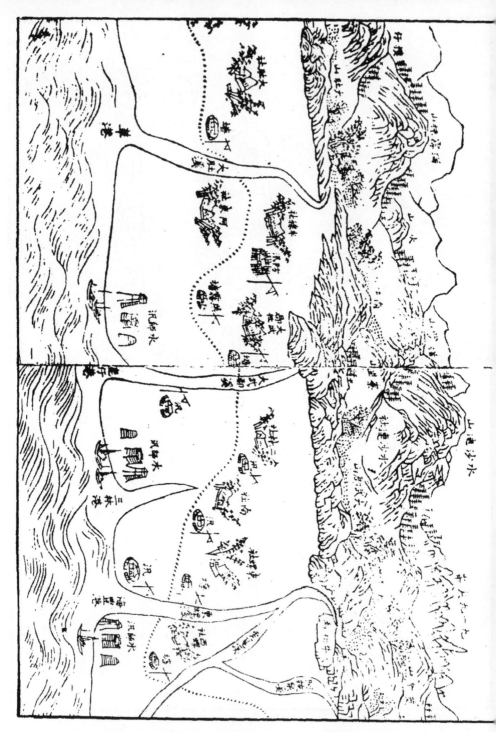

圖2-3　周鍾瑄的《諸羅縣志》之〈山川總圖〉局部

圖2-4 康熙《臺灣輿圖》局部

資料來源：洪英聖：《畫說康熙臺灣輿圖》

（南投市：行政院文化建設委員會中部辦公室，1998年8月），頁107。

周鍾瑄的《諸羅縣志》敘述虎尾溪發源於水沙連內山，其地點所指範圍廣大，「查水沙連內山，係屬總名【30】。」包括水沙連化番十社所居之地。南出刺嘴（番社名），接著經過水沙連社，即今日南投縣魚池鄉的水社村、日月村，昔日簡稱為水社【31】。貓丹、巒蠻亦為社名，為歸化生番所居，在水沙連內；合貓丹、巒蠻之濁流後，西過牛相觸，一在虎尾溪之南，斗六門界；一在虎尾溪之北，大武郡界，「南北兩峰，如牛奮其角而將觸；中界一溪，益嵯岈怒，激而隆起【32】。」把兩山相迫對峙的狀態，比喻為牛觸角相鬥之態，以此命名。虎尾溪出牛相觸山後於北邊分出東螺溪，南邊匯阿拔泉之流分出西螺溪，然其〈山川總圖〉並未畫出西螺溪，故無法得知其位置。過黃地崙，黃地崙為庄名，

【30】閩浙總督劉韻珂於清道光二十七年（西元1847年）五月曾親勘水沙連六社番地，其〈奏勘番地疏〉有一段記載：「查水沙連內山，係屬總名；而田頭、水裏、貓蘭、審鹿、埔裏、眉裏六社附於中。在彰化之東南隅，南以集集鋪為入山之始，南投係其門欄；北以內木柵為番界之終，北投係其鎖鑰。自集集鋪東行十里為風硿口，……又五里為田頭社。越社南之蠻丹嶺，東行五里為水裏社，由水裏社東北行五里為貓蘭社，又五里為審鹿社，又二十里為埔裏社（社名加冬里），北十餘里為眉裏社。……。」可知水沙連內山包括南投縣魚池、埔里一帶。見丁曰健：《治臺必告錄》（南投市：臺灣省文獻委員會，1997年6月），臺灣歷史文獻叢刊第二輯，頁212-228。

【31】臺灣省文獻委員會編：《重修臺灣省通志》（南投市：臺灣省文獻委員會，1995年8月），卷三，〈住民志‧地名沿革篇〉，頁804。

【32】同註28，頁94。

約在雲林縣土庫鎮奮起里東側與斗南鎮舊社里之間，今佚名，地點待考【33】。布嶼稟，即今日的二崙及崙背一帶，康熙六十年代建一堡，稱「布嶼稟堡」，乾隆年間去掉「稟」字，改為「布嶼」。白沙墩，即今日雲林縣元長鄉一帶。最後於臺仔挖入於海，臺仔挖，舊港名，在雲林縣口湖鄉，「港口原有浮嶼，內可泊船，近年嶼沒港湮【34】。」此亦可見其壅塞已屬年久。而《諸羅縣志》對東螺溪的記載則是自牛相觸與虎尾溪分流，北折向西過打馬辰，打馬辰，在今雲林縣林內鄉；樹仔腳，為今之雲林縣莿桐鄉興貴村【35】；貓兒干，即雲林縣崙背鄉之豐榮村；匯於海豐港【36】，入於海，海豐港在今麥寮鄉海豐村；遵海而北，為三林港，同三林港入於海，三林港，在今彰化縣芳苑鄉永興村，昔日舊稱溝仔

【33】洪英聖：《畫說乾隆臺灣輿圖》（南投市：行政院文化建設委員會中部辦公室，1999年8月），頁116。

【34】同註28，頁104。

【35】洪敏麟：《臺灣地名沿革》（臺中市：臺灣省政府新聞處，1979年6月），頁111。

【36】海豐港因「溪水匯注沖刷，甚為深廣。」且鹿港口門淤淺，商舟不前，乃開為正口。海豐港又稱五條港，閩浙總督孫爾準稱「海豐港即五條港。」且離港十五里，有村名麥仔寮，商民貿易均在是處，見《臺案彙錄丙集》（臺北市：臺灣銀行經濟研究室，1964年11月），〈戶部「為內閣抄出閩浙總督孫爾準奏」移會〉，臺灣文獻叢刊第一七六種，頁283-284。但是夏獻綸《臺灣輿圖並說》則分載二港，由於兩港距離接近，因不易完全確定港口所在，故暫作二者同一港，待考。

堎，是清初三林港的所在地【37】。

周鍾瑄的《諸羅縣志》出現較多新史料且更加詳細，因晚高拱乾《臺灣府志》已二十三年，且移民開發，與番人往來交涉逐漸增加，已能將濁水溪之源由蔣毓英、高拱乾只敘述到斗六門為止，更進一步推至水沙連內山。

康熙《臺灣輿圖》上可看到虎尾溪、西螺溪、東螺溪之名稱【38】，比對周鍾瑄《諸羅縣志》所述，可知西螺溪之位置介於東螺溪之出海口海豐港與虎尾溪之出海口臺仔挖之間出海，然圖上並無紀錄西螺溪出海地點，但有標明西螺溪至東螺溪拾里，換算今日之里程約五點七六公里，即於今日之之雲林縣麥寮鄉、臺西鄉一帶出海。值得注意的一點是東螺溪是自牛相觸與虎尾溪分流，因此可知康熙《臺灣輿圖》將東螺溪其源畫錯，應銜接西螺溪才對。

【37】安倍明義：《臺灣地名研究》（臺北市：杉田書局，昭和十三年），頁189。清雍正九年（1731年）開闢三林港作為臺灣島內對大陸廈門商船和漁船兩用的出入要港之一。但是好景不常，清道光年間淤積，港口機能衰退，繁榮不再，港口和汛防都轉移到番仔挖。

【38】康熙《臺灣輿圖》，國立臺灣博物館藏。

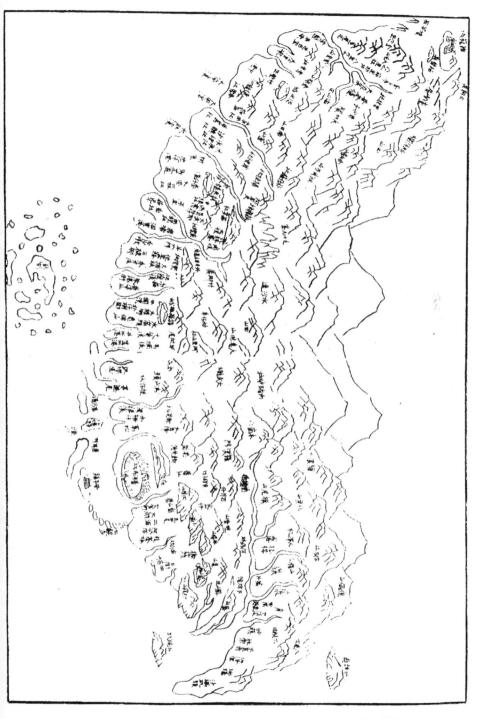

圖2-5　劉良璧《重修福建臺灣府志》之〈福建臺灣全圖〉

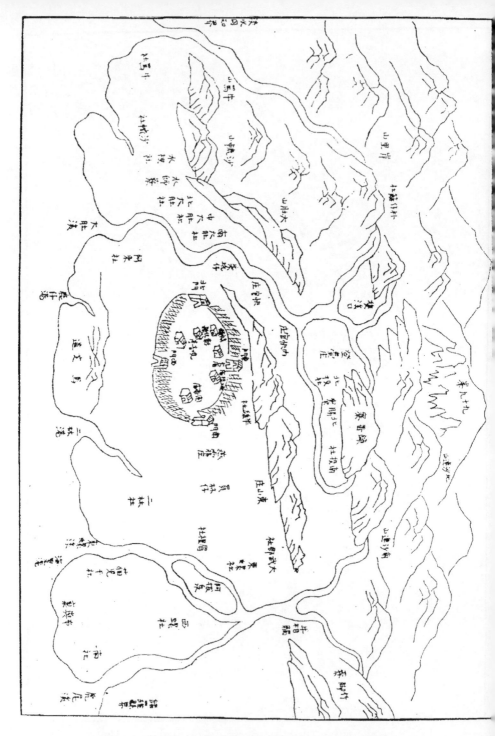

圖2-6 劉良璧《重修福建臺灣府志》之〈彰化縣圖〉

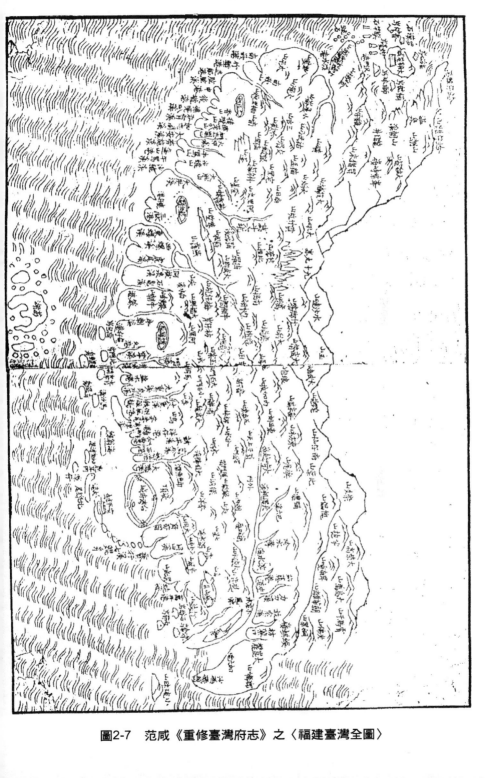

圖2-7　范咸《重修臺灣府志》之〈福建臺灣全圖〉

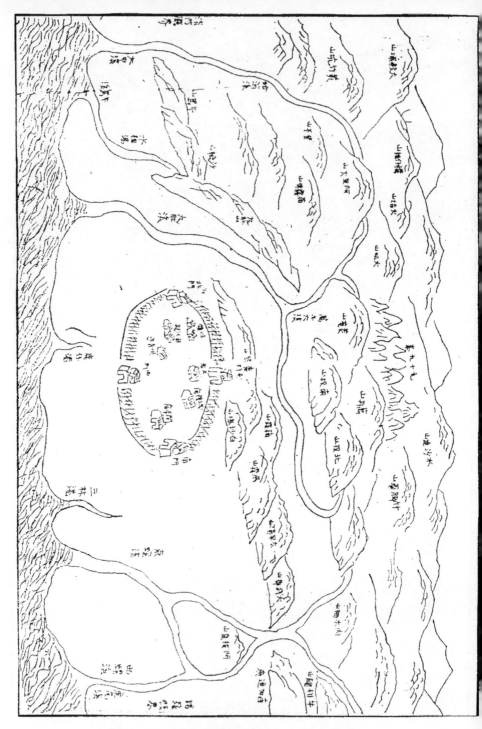

圖2-8 范咸《重修臺灣府志》之〈彰化縣圖〉

　　劉良璧《重修福建臺灣府志》對於濁水溪之分為虎尾溪、東螺溪之位置敘述大致與周鍾瑄《諸羅縣志》相同，對於虎尾溪僅增加了「溪南屬諸羅界，溪北屬彰化界。水濁而迅，泥沙滾滾。人馬牛車渡此，須疾行；稍緩，則有沒腹埋輪之患。夏、秋水漲，有竟月不能渡者[39]。」可知虎尾溪當時之湍險。

　　此部方志亦未記載西螺溪，其〈彰化縣圖〉分別標示東螺社、眉裡社、西螺社、貓兒干社、南社之位置，可知是依蔣毓英《臺灣府志》對於虎尾、東螺二溪之敘述而繪成，其中貓兒干社即麻芝干社之別稱[40]。

　　范咸《重修臺灣府志》對虎尾溪、東螺溪之描述沿襲了劉良璧《重修福建臺灣府志》之說，但有加上里程紀錄，「虎尾溪在縣治北六十五里[41]。」指虎尾溪在諸羅縣北方六十五里處，同時也是諸羅縣與彰化縣界之溪，「東螺溪在縣治南四十里[42]。」指東螺溪在彰化

【39】劉良璧：《重修福建臺灣府志》（臺北市：成文出版社，1983年3月），卷三，〈山川〉，清乾隆七年刊本，中國方志叢書臺灣地區第三號，頁243-244。

【40】「郡志作麻芝干。」可知貓兒干社即麻芝干社。同註28，卷之二，〈規制志‧社〉，頁148。

【41】范咸：《重修臺灣府志》（臺北市：成文出版社，1983年3月），卷一〈封域志‧山川〉，乾隆十二年刻本，中國方志叢書臺灣地區第四號，頁1377。

【42】同註41，頁1380。

縣南方四十里處。對於西螺溪僅說明「西螺溪在縣治南
五十里【43】。」並無任何西螺溪之相關記載，但可知東螺溪
與西螺溪相距十里，與康熙《臺灣輿圖》所言東、西螺溪相
距十里相同，其〈彰化縣圖〉雖已標示出西螺溪之名稱，然
未畫出西螺溪之河道，因此對於西螺溪之位置仍是模糊。范
咸《重修臺灣府志》之〈福建臺灣全圖〉及〈彰化縣圖〉較
劉良璧《重修福建臺灣府志》之輿圖詳細些，且記山川時多
了里程，或可據以做為判斷地望之資料。

　　余文儀《續修臺灣府志》主要沿襲范咸《重修臺灣府
志》，其〈臺灣府總圖〉及〈彰化縣圖〉與范咸《重修臺灣
府志》同，故不贅述。

　　乾隆《臺灣輿圖》【44】繪畫相當詳細，也比較正
確，例如阿拔泉溪出牛相觸山後至觸口與濁水溪合流，
此圖上之阿拔泉溪位置大致無誤，周鍾瑄《諸羅縣志》
之輿圖則將阿拔泉溪畫錯。乾隆《臺灣輿圖》中之虎尾
溪已明顯分出虎尾新溪和虎尾舊溪，然虎尾溪另分出新
虎尾溪乃嘉慶七年七月之事【45】，乾隆《臺灣輿圖》竟

【43】同註41，頁1380。

【44】乾隆《臺灣輿圖》，臺北故宮典藏原圖。

【45】「嘉慶七年七月，大雨數日，山內峰頹岸圮，羅水大至，木石民舍多被
漂流，屍橫溪埔，不記其數。復沖出他里霧上一溪，由鹿寮出笨港，又以新
虎尾名焉。」同註15，頁14。又同治初年《臺灣府輿圖纂要》亦記載此事：
「嘉慶七年間風雨暴漲，他里霧北復沖一溪，由笨港入海，又名新虎尾。」

出現新、舊虎尾溪之別，令人生疑，故其圖之完成年代
需要進一步考證【46】。

　　道光年間周璽《彰化縣誌》之輿圖上記載濁水溪此一名
稱，對於濁水溪之描述如下：

不著撰人：《臺灣府輿圖纂要》（臺北市：臺灣銀行經濟研究室，1961年5
月），〈臺灣府輿圖冊‧山水〉，臺灣文獻叢刊第一八一種，頁31。

【46】本地圖繪製年代不詳，陳漢光先生考其內容列置，並觀其所載街庄，
推定為乾隆中葉所繪，並名為《乾隆中葉臺灣輿圖》。黃典權先生則推論本
圖為乾隆三十二年以前所繪，見黃典權：〈「臺灣地圖」考索〉，《慶祝成
立四十週年紀念論文專輯》（臺中市：臺灣省文獻委員會，1988年6月），
頁121-132。施添福先生認為其繪製年代上下限應為乾隆二十一至二十四年之
間，見施添福：〈「臺灣地圖」的繪製年代〉，《臺灣風物》第三十八卷第
二期（1988年6月），頁95-96。

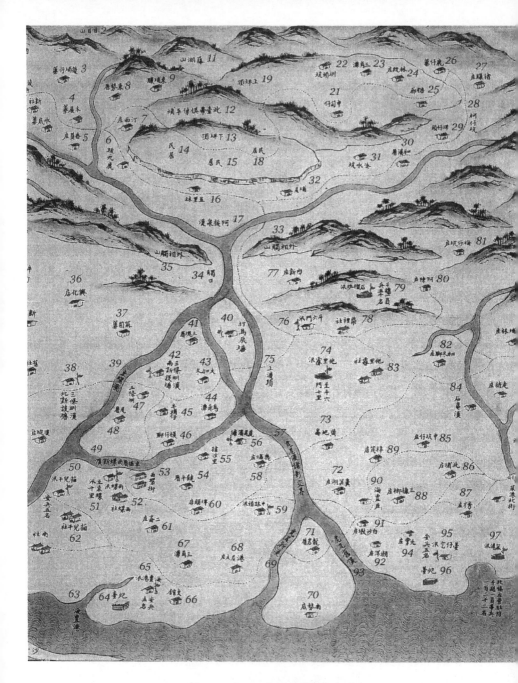

圖2-9　乾隆《臺灣輿圖》局部

資料來源：洪英聖：《畫說乾隆臺灣輿圖》

（南投市：行政院文化建設委員會中部辦公室，1999年8月），頁111。

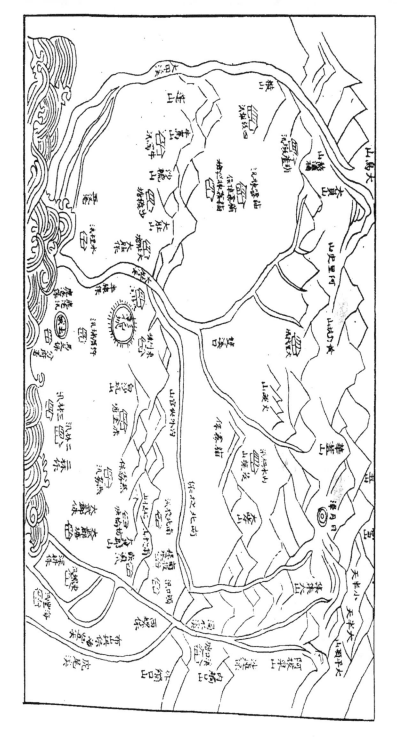

圖2-10　周璽《彰化縣誌》之〈彰化山川全圖〉

濁水溪發源於內山，莫知所自出。相傳水源本清流，至一潭方變為濁。至福骨卓扣三社名，合南港丹蠻郡三社名之水過集集山名，逕外觸口分為虎尾、西螺，東螺、三條圳，西折崁頭厝，三條圳又與西螺合，至番仔挖，入於海【47】。

周璽《彰化縣誌》不知濁水溪之源，然周鍾瑄《諸羅縣志》已記載虎尾溪發源於水沙連內山，或可說明當時漢人將不知道的內山都叫「水沙連」的事實。

此外對於虎尾溪、東螺溪的記載與周鍾瑄《諸羅縣志》相同，多了濁水溪之分流西螺溪、三條圳溪之紀錄：

西螺溪，源出濁水溪，至崁頭厝庄名，與三條圳合，入於海【48】。

三條圳溪，源分濁水，在東西螺交界之中，西至崁頭厝，與西螺溪合，入於海【49】。

【47】李廷璧主修、周璽總纂：《彰化縣誌》（臺北市：成文出版社，1983年3月），卷一，〈封域志‧山川〉，清道光十六年刊本，國立中央圖書館臺灣分館所藏原刻本影印，中國方志叢書臺灣地區第十六號，頁181。在179頁中記載虎尾溪於「番仔挖入海」，番仔挖位於今之彰化縣芳苑鄉，其紀錄錯誤或筆誤，不得而知，應改為臺仔挖才是，臺仔挖在今之雲林縣口湖鄉。

【48】同註47，頁180。

【49】同註47，頁180-181。

三條圳，在今之雲林縣莿桐鄉三汴頭一帶【50】，三條圳溪則在彰化縣溪州鄉三圳村【51】，唯在乾隆以後所繪的地圖，即不再出現有三條圳溪，僅稱三條圳。由周璽《彰化縣誌》記載之東螺溪當時是由今之雲林縣麥寮鄉出海，其河道與今日的西螺溪相符，可見後來因洪水使主支流變動導致東螺溪北移，換言之，當時所稱之東螺溪之河道即現今西螺溪之河道。

同治初年的《臺灣府輿圖纂要》中敘述虎尾溪、東螺、西螺溪時皆加上其溪以及該出海口之寬度與深度：

> 虎尾溪係狀元挖舊澳，現已淤塞，不能泊船。係清、濁二溪西出至外觸口山南，……。自西稍下，至鹿場過白沙墩之北，出海豐汛而入於海。溪寬一里許，中間沙淤，兩岸各有水溜，不過十餘丈，深五、六尺。……海口寬一里許，深六、七尺不等。……有澳名狀元挖，現已淤塞，不能泊船【52】。……。

【50】同註33，頁114。

【51】同註33，頁114。

【52】清・不著撰人：《臺灣府輿圖纂要》（臺北市：成文出版社，1983年3月），〈彰化縣輿圖纂要〉，中國方志叢書臺灣地區第五十八號，頁233-234。臺灣自清乾隆二十九年余文儀《續修臺灣府志》後至光緒建元，其間罕有通府地理志的編纂，故《臺灣府輿圖纂要》可謂前繼余文儀《續修臺灣府志》、後逮夏獻綸《臺灣輿圖》上下相承的輿地文獻。

東螺溪即寶斗溪，又名北斗溪。發源於濁水溪，在西螺溪之北十
里；自西分下，離城四十里；向西北斜流，至王功港
口而入於海。遵海而北，即鹿港、二林港也。溪寬二
里，深五、六尺；北岸深八、九尺不等；有渡船以濟
行人。海口寬二里許，深與裏面同【53】。……。

西螺溪即茂利干溪發源於濁水溪，在虎尾溪之北，自西分
下，離城五十里，再由溪北斜流，至番仔挖之南而出
海。溪寬半里，深五、六尺。……海口寬半里，餘深
五、六尺不等。……【54】。

《臺灣府輿圖纂要》附有〈彰化縣圖〉，由其圖可知虎
尾溪自海豐汛入於海，東螺溪自王功港出海，西螺溪則是自
番挖港出海，但是東螺溪畫錯，圖上看似東螺溪與虎尾、西
螺二溪是不同的系統，其源應銜接西螺溪才對。比對《臺灣
府輿圖纂要》與周璽《彰化縣誌》所述之虎尾溪、東螺溪之
出海位置已不同，周璽《彰化縣誌》言虎尾溪自臺仔挖入於
海，其地點為今之雲林縣口湖鄉，《臺灣府輿圖纂要》則稱
自海豐汛出海，即今之雲林縣麥寮鄉海豐村，此一地點曾是
周鍾瑄《諸羅縣志》所述東螺溪入於海之處，或可做為河道
流路變遷之證明。

【53】同註52，頁234。

【54】同註52，頁234。

　　光緒六年夏獻綸《臺灣輿圖》之〈彰化縣圖〉，其河道
情形並無太大改變，故不贅述。

　　光緒中葉的《臺灣地輿全圖》之〈彰化縣圖〉、〈雲林
縣圖〉可知東螺溪由今王功港出海，西螺溪為彰化縣與雲林
縣之界溪，由番挖港出海，虎尾溪則由海豐港出海。

　　以上為清代諸方志輿圖對於濁水溪及其分流虎尾、東
螺、西螺等溪所記載之情形，或可為濁水溪河道變遷之證
明，清代在輿圖繪製上到了清中葉以後，才逐漸朝科學化的
方式進行繪製。

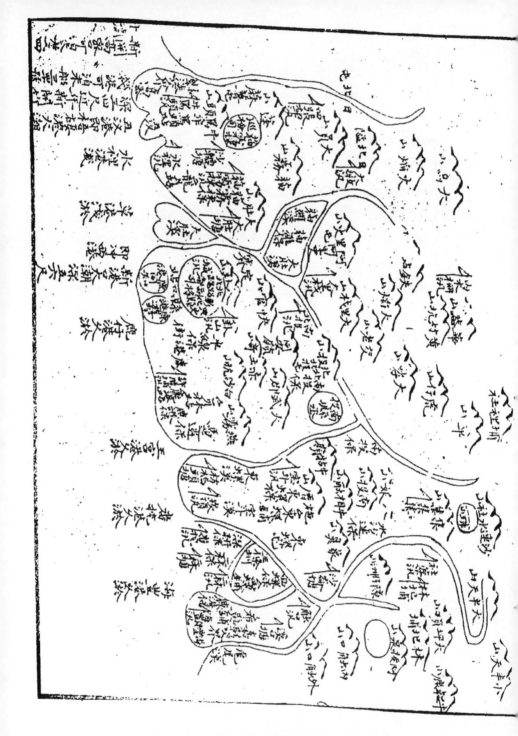

圖2-11　《臺灣府輿圖纂要》之〈彰化縣圖〉

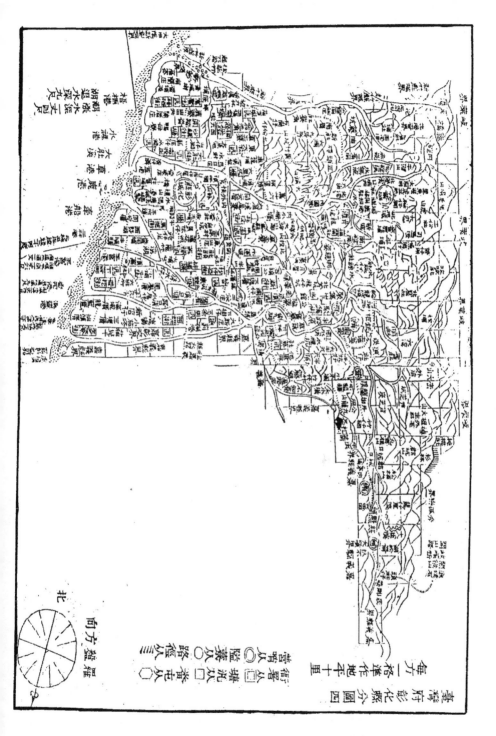

圖2-12　夏獻綸《臺灣輿圖》之〈彰化縣圖〉

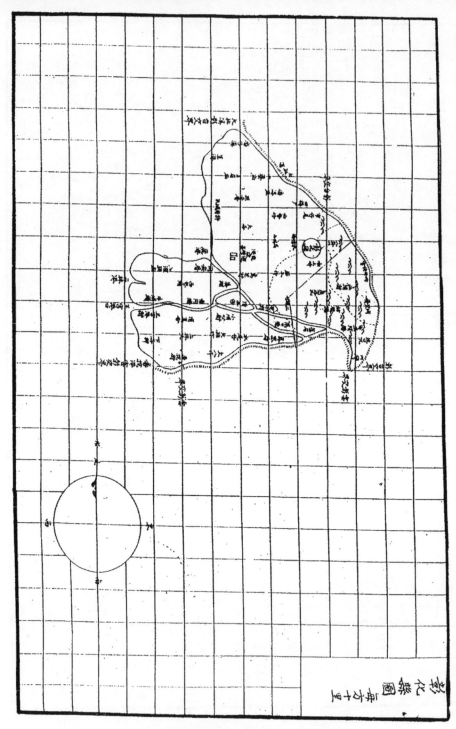

圖2-13 《臺灣地輿全圖》之〈彰化縣圖〉

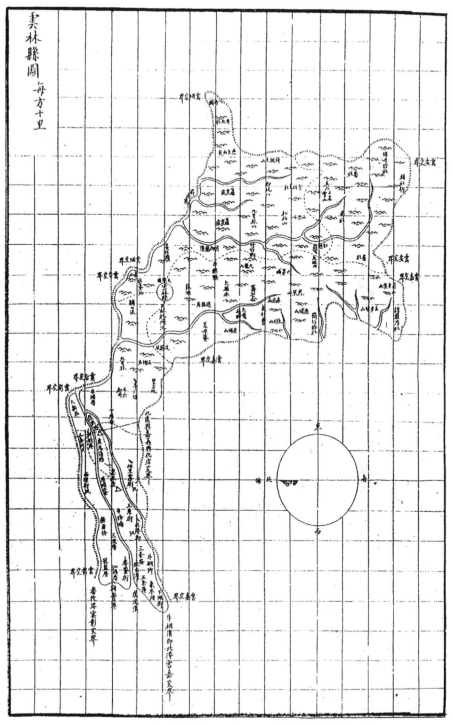

圖2-14　《臺灣地輿全圖》之〈雲林縣圖〉

第二節　濁水溪之河道變遷

　　濁水溪三條分流，南條虎尾溪、中條西螺溪、北條東螺溪，平時溪水滲入礫下，呈絕其流滴之狀，然一遇降雨，水量增加，遽而成為一巨流，至漲溢四出無際涯，故河身常變動無常，清代康熙年間郁永河自臺南北上淡水採硫時，東螺溪當時之湍急及水深程度超過西螺溪：

> 　　初十日，渡虎尾溪、西螺溪，溪廣二三里，平沙可行，車過無軌跡，亦似鐵板沙，但沙水皆黑色，以臺灣山色皆黑土故也。又三十里，至東螺溪，與西螺溪廣正等；而水深湍急過之。轅中牛懼溺，臥而浮，番而十餘，扶輪以濟，不溺者幾矣【55】。

　　三百年前郁永河所渡涉之濁水溪，似以東螺溪為主流，二百七十餘年前藍鼎元則描述虎尾溪之洶湧危險及東螺溪的盈涸無常：

> 　　虎尾溪，濁水沸騰，頗有黃河遺意，特大小不同耳。……。溪底皆浮沙無實土，行者宜疾趨，乃可過；稍駐足，則沙沒其脛，頃刻及腹，至胸以上，則數人拉之不能起，遂滅頂矣。溪水深二、三尺，不通舟，夏

【55】郁永河：《裨海紀遊》（臺北：臺灣銀行經濟研究室編印，1959年4月），卷中，台灣文獻叢刊第四十四種，頁18。引文中初十日為陰曆四月。《裨海紀遊》一作「裨」一作「稗」，版本不同之故，何者為是，未成定見。在此不詳述。

秋潦漲，有竟月不能渡者。余以辛丑秋初，巡斗六門
而北，將之半線，至溪岸，稍坐，令人馬皆少休；
已而揚鞭疾馳，水半馬腹，車牛皆騰躍而過，亦奇景
也。溪源出水沙連，合貓丹、蠻蠻之濁流，為濁水
溪。從牛相觸二山間流下，北分為東螺溪，又南匯阿
拔泉之流為西螺溪。阿拔泉溪發源阿里山，過竹腳寮
山，為阿拔泉渡，西入于虎尾。四溪牽合雜錯，而清
濁分明，虎尾純濁，阿拔泉純清。惟東螺清濁不定，
且沙土壅決，盈涸無常。吾友阮子章詩云：「去年虎
尾寬，今年虎尾隘；去年東螺乾，今年東螺澮。」又
云：「餘流附入阿拔泉，虎尾之名猶相沿。」亦可以
知諸溪之大概矣【56】。

【56】藍鼎元：《東征集》（台北：文海出版社，1900年），卷六，〈紀虎
尾溪〉，沈雲龍主編，近代中國史料叢刊續編第四十六輯，頁247-248。引文
中辛丑即1721年。斗六門為庄名，半線是彰化之古稱，取名自平埔族「半線
社」的語音直譯，貓丹、蠻蠻為水沙連內山之社名；阿拔泉溪源出阿里山，
此外，《赤崁集》詩中稱虎尾溪為吼尾溪，「水迴沙走不敢立，停留頃刻身
蹉跎」，《後蘇龕合集》詩中亦描述涉虎尾溪「百險依然同履虎」，阮子章
記虎尾溪：「東螺虎尾之分派，北流西折而聯界。去年虎尾寬，今年虎尾
隘；去年東螺乾，今年東螺澮。大宗盛時子支依，支子若干大宗壞。餘流附
入阿拔泉，虎尾之名猶相沿。阿拔之泉阿里山，虎尾之源水沙連。譬如兄弟
鬩牆變，卻於異姓共周旋。水有源頭水有本，不信但看棠棣篇。」詩人陳學
聖亦有記虎尾溪之作，詩曰：「履險曾傳虎尾灘，沙泥濁湧水奔湍。黃河亦
有澄清日，真比包公一笑難。」由此知渡虎尾溪的危險與困難。

由藍鼎元之敘述中可知虎尾溪名為虎尾，如同猛虎之尾，形容其溪反覆無常與可怕，渡溪時人各自保，不能相救，雍正元年從諸羅縣中設彰化縣時，即以虎尾溪為彰化縣南界，足見該溪當時必為主流之一。濁水溪其主流曾經有數次遷移，列表如下：

【57】濁水溪堤防修築完成後，東螺溪則成為溪州、北斗、埤頭、溪湖、二林、芳苑、福興鄉的排水渠道，由福興鄉的麥嶼厝出海，所以又稱麥嶼厝溪，通稱舊濁水溪，即今之員林大排水溝，擔負重要的排水及灌溉功能。西螺鎮兩岸增設堤防護岸，導水入海後，西螺溪遂成為今日濁水溪之主流，東螺溪和新虎尾溪被填塞後，雖然使得濁水溪流域內的水量匯聚在一起，然此項水利防洪工程，卻形成南北兩岸的距離越拉越遠，成為兩地居民交通上最大阻礙。

表2-1　濁水溪河道變遷情形

時　間	濁水溪河道變遷原因	主河道名稱
清康熙36年 （西元1697年）	根據郁永河《裨海紀遊》渡東螺溪時之描述其水深湍急甚於虎尾溪、西螺溪，推測東螺溪應為主流。	東螺溪
清嘉慶7年 （西元1802年）	發生洪水，南遷以虎尾溪為主流，同時在西螺與虎尾二溪之間，沖開一新河道，即今之新虎溪，舊虎尾溪經海豐汛入於海。	虎尾溪
日明治31年 （西元1898年）	歲次戊戌，發生戊戌大水災，溪水之流勢變化，使東螺溪成為成為濁水溪之主流。	東螺溪
日大正8年 （西元1919年）	日本政府為保護彰化平原居民之安全，沿濁水溪下游北岸築堤引導東螺溪南移西螺，稱西螺溪，自此，西螺溪成為濁水溪下游主要河道至今[57]，為彰化縣與雲林縣的界溪。	西螺溪

　　以上為濁水溪主流變遷較大之情形，至於其微小變動之次數，則幾不勝枚舉。其沙土遷決無常之特性屢予其流域地方帶來顯著沖壞之患害。此外，因其溪流變遷未定，形成於河口之港勢，亦難免古今之消長。《諸羅縣志・雜記志・外紀》記其康熙末年之情形為：「大線頭，昔為大澳。舟出外洋，於此候風；鹿仔港、臺仔挖，舊可泊巨艦，今俱沙壅【58】。」所言即是。如東螺溪經西北方向流經鹿港入海，去內地水程最近，時無論春冬，風無論南北，揚帆而西，竟日可達內地，比鹿耳門更為便捷，所以商業鼎盛，為全臺第一門戶【59】。然鹿港實係東螺溪所形成的河港，而非海港。溪中因挾帶大量泥沙，經年累月的淤積於海口，又缺乏疏濬工程

【58】同註28。

【59】鹿港昔為本區最大港口，原稱「鹿仔港」，為海峽兩岸貿易的中部要港，為本省早期主要港口之一，曾有「一府二鹿三艋舺」之稱。船隻北上天津，南下廣州，商業往來之範圍頗廣；惟以東螺溪在該港附近入海，故淤塞迅速，在清領中期，港口已不便進出，其後港道日淺，而船隻噸位漸大；兼以政治經濟重心北移，貿易趨向淡水，鹿港終為時代所遺棄。「鹿仔港煙火萬家，舟車輻輳，為北路一大市鎮。」（《彰化縣誌》卷一）；「彰化港口，以鹿港為正口，然沙汕時常淤塞，深則大船可入，淺惟小船得到。如王宮、番仔挖，遷徙無常；近日草港、大肚尾、五汊港等澳小船，遇風亦嘗寄泊。惟配運大船，則不能入耳。滄桑之變，類如斯夫。」、「鹿港大街，街渠縱橫，皆有大街長三里許，泉廈郊商居多，舟車輻輳，百貨充盈。臺自郡城而外，各處貨市，當以鹿港為最。……。」（《彰化縣誌》卷二）皆可看出當時鹿港的繁榮盛況。

的技術與人力，所以到了道光年間以後，鹿港之港終於被泥沙堵塞，船隻已無法進出，使得今日之鹿港已不見港。當時東螺溪能夠入海成港，顯見其水量大，水勢湍急。足見東螺溪、虎尾溪其入海所形成之港口，雖曾興盛一時，然都因受濁水溪泥沙之害，維持不到百年即因泥沙淤積，堵塞港口沒落。

　　若從今日之地理學角度而言，更能清楚說明濁水溪之自然環境，其主流發源於合歡山主峰與東峰之佐久間鞍部【60】，海拔約三千兩百公尺，先匯集合歡山東坡之水，至廬山附近與塔羅溪相匯，西南流約三十五公里匯卡社溪，蜿蜒再西南行約十一公里南匯丹大溪及郡大溪，後折向西流約十五公里納陳有蘭溪，自此以

【60】佐久間鞍部名稱之由來，乃日治時期日人佐久間左馬太上任臺灣總督時，進行「五年理蕃事業」，欲將臺灣山地所有的原住民完全納入掌控之中。期間所採取的策略是先延伸加強隘勇線到臺灣山地深處，同時於臺灣山地間廣設警察駐在所，繳收原住民平時賴以維生的槍枝，並對於不肯服從或是不願受到拘束的原住民，便派警察、軍隊進行鎮壓，其中一次大規模的鎮壓行動是在一九一四年對太魯閣泰雅族的攻擊作戰。此次戰役不僅佐久間親自參與指揮，而且動員了軍警挑夫等一萬餘人，在討伐過程中，關於日本軍警駐紮在現今合歡山滑雪場一帶的緩坡上，事後總督府當局將合歡山附近的一個鞍部命名為佐久間鞍部以資紀念，佐久間鞍部即濁水溪主流的發源地，這個名字也一直從日治時代沿用至今。關於日治時期實行之「五年理蕃事業」可參考藤井志津枝：〈日據時期佐久間總督的理蕃事業〉，《慶祝成立四十週年紀念論文專輯》（臺中市：臺灣省文獻委員會，1988年6月），頁215-237。

下，河谷漸行開闊，坡度漸次遞減【61】，從水里乃納水
里溪、清水溝兩溪，於二水鐵橋下，再納東埔蚋及清水
溪兩溪，進入下游階段【62】，一般的分法，丹大溪以上
為濁水溪上游，其中在上游集水區部份更是高達二千
公尺以上的山地，濁水溪上游所流經的區域幾乎皆屬
於山地區，高峰錯縱，河谷深邃，斷崖和崩塌地極多；
丹大溪至清水溪之間為中游，由二水鄉鼻仔頭至出海
口為下游，其主流全長一百七十八點六公里，流域面
積四千三百二十四平方公里，皆居全省之首【63】。濁水

【61】張瑞津：〈濁水溪平原的地勢分析與地形變遷〉，《國立台灣師範大學
地理研究報告》第十一期（1985年7月），頁200。

【62】見附圖濁水溪流域圖。濁水溪源遠流長，由東向西南方向注流入海，
其支流塔羅灣溪與萬大溪分別在南投縣仁愛鄉與濁水溪交會，卡社、丹大溪
在信義鄉與主流會合，陳有蘭溪及水里溪則於水里鄉匯流，清水溪則是在雲
林與南投交界處注入濁水溪。其中清水溪在九二一大地震中因山川移位而改
變了原有面貌，清水溪發源於阿里山北麓，其水流至竹山鎮桶頭時，河床漸
寬，九二一地震後，原本在雲林縣草嶺山因為崩塌的關係，自右方的雲林縣
往南搬到嘉義縣境內，大量的土石堵住下方的清水溪，造成一個長達五公里
多的堰塞湖。

【63】濁水、大肚兩溪流域自然與文化史科際研究計劃地形組第二年度研究
報告之〈濁水溪流域的地形學計量研究〉指出以往各研究單位計算濁水溪流
域面積時，下游部份並未包括整個沖積扇平原，僅及於主流兩岸狹窄地帶，
故面積只得三千一百五十五點二一平方公里，乃次於高屏溪而為全省第二大
川，但該組認為在計測時應包括沖積扇平原全部，達四千三百二十四平方公
里，為台灣流域面積最廣的河川。見石再添等人：〈濁水溪流域的地形學計
量研究〉，《台灣文獻》第二十七卷第二期（1976年12月），頁2。

溪穿越山地，越過平原，灌溉了南投縣的水里鄉、名間鄉、竹山鎮、集集鎮、信義鄉、仁愛鄉、鹿谷鄉，彰化縣內的二水鄉、溪州鄉、大城鄉、竹塘鄉，雲林縣的林內鄉、莿桐鄉、崙背鄉、西螺鎮、麥寮鄉等，帶來了沿河兩岸的富庶繁榮[64]，最後於彰化縣大城鄉的下海墘村與雲林縣麥寮鄉許厝寮之間，進入臺灣海峽。

日大正七年（西元1918年）一場連日豪雨造成嚴重的山洪爆發，中央山脈各個山區匯流而下的滾滾洪濁沟湧奔騰的俯衝到下游地區，濁水溪河床在濤濤濁浪的巨大力量衝擊下，將濁水溪河床沖刷成目前約四公里的河床，兩岸的往來交通，至此已完全被阻絕。從此以後，濁水溪河床上的礫石密佈，沙洲淤積，除了水量大為減少外，溪流的速度也變得相當緩慢。

濁水溪是臺灣南北之分的天然界河，濁水溪以北稱頂港，以南為下港。其溪橫流西海岸平原，為臺灣中部第一河流，同時也是界分臺灣南北的天然界線，南北兩岸的氣候與農作物形成對比，濁水溪以南富熱帶氣息，以北呈亞熱帶氣候，臺灣的農業，也一直採取南糖北米的政策，也就是溪南鼓勵種甘蔗，溪北鼓勵種稻穀。濁水溪自古以來就被當作劃分臺灣南北的自然和人文界線，濁水溪南北兩岸氣候截然不同，溪南是典型的熱帶型氣候，溪北則為亞熱帶型氣候，濁

【64】漢光文化編輯部：《臺灣河川風情》（臺北縣：漢光文化出版社，1998年），〈中部〉篇，頁127。

水溪成為自然劃分臺灣南北的特色。日治時期，日本政府曾
經推行工業日本、農業臺灣的政策，在臺灣打出南糖北米，
便是以濁水溪為臺灣南北自然界線的特性，在溪北鼓勵種植
稻米，在溪南則勸種甘蔗。濁水溪因其流域面積遼闊，
位置適中，故無論在文化史或自然史的探討上顯具重要
地位。就地形觀點而言，本流域之古地形演變不知凡
幾，河流之發育、水文之變化、分水嶺之移動、海埔
地之擴展、海岸線之隆降、皆影響影響史前人類的活
動【65】，濁水溪之地理環境與人文變遷，二者之間實有
密切之關係。

【65】依據中研院歷史語言研究所對濁水溪上游考古遺址之挖掘調查，證實在
濁水溪上游一帶的曲冰不僅有人類史前遺址存在，而且其規模之龐大，聚落
遺址之完整，也是在臺灣高山地區首次發現的。顯示出遠在西元一千五百年
左右，就可能有人類移居至濁水溪上游河谷生活定居，見陳仲玉：《曲冰》
（臺北市：中央研究院歷史語言研究所，1994年6月），頁11。

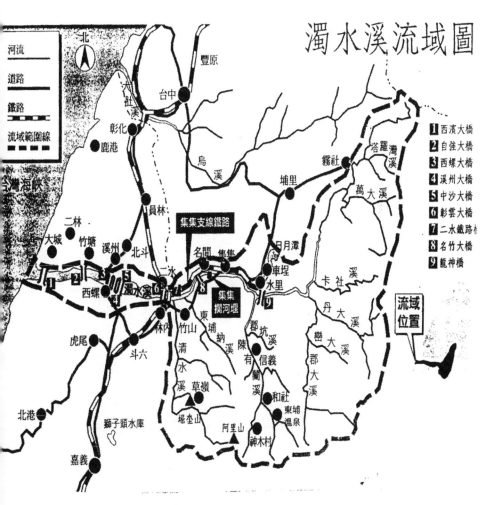

圖2-15　〈濁水溪流域圖〉

資料來源：第四河川局

一般的分法，丹大溪以上為濁水溪上游，濁水溪上游流經區域為山區，在上游集水
區部份達二千公尺以上之山地，丹大溪至清水溪間為中游，由二水鼻仔頭至出海口為
下游。

第三章　濁水溪人文變遷之探析

本章將針對濁水溪之人文變遷作一介紹，包括濁水溪沖積平原之開發與水利建設經過、濁水溪與所流經鄉鎮之關係進行探究，藉以了解濁水溪這條河流與居民的共生情感。

第一節　濁水溪沖積扇平原的開發

濁水溪下游沖積扇平原面積廣達一千三百三十九平方公里【66】，北部包括整個彰化平原，其面積約佔三分之二；南岸包括雲林縣之西北部，面積約佔三分之一，

【66】張瑞津：〈濁水溪平原的地勢分析與地形變遷〉，《國立台灣師範大學地理研究報告》第十一期（1985年7月），頁201。沖積扇之形成是因支流匯入大河流或大海時，在匯流口處因流水由狹窄河面進入寬闊水域，流速瞬時減緩，由河水所挾帶之泥沙會逐漸堆積於該匯流之出口處，而形成扇面之陸地。

將溪南部分從嘉南平原劃出而併入本區，是因為此部份
的地理特徵，特別是地形與水文，比較接近溪北彰化平
原的緣故。其扇頂在二水鄉鼻仔頭，扇端則及臺灣海峽
之海岸[67]，其平原高度平緩，向西傾斜，又有許多水
圳灌溉，因此水利系統發達，是彰化富庶的平原[68]，
也是濁水溪流域人口、交通、經濟、聚落之密集、農業
精華區[69]。濁水溪沖積扇扇面之分流成放射狀散開，
主要河系有五條，即東螺溪（麥嶼厝溪）、西螺溪、新
虎尾溪、舊虎尾溪及虎尾溪[70]，由於河岸低平，河床
不斷淤積，流路變動頻繁，而人工渠道常成為分流與分
流間之分水嶺。

---

[67] 見下頁濁水溪沖積扇圖。

[68] 彰化平原呈北窄南寬之三角形，在地形上大致分成三個區域：其一為八
卦台地，自烏溪南岸至濁水溪北岸，由彰化芬園至二水，其地勢南高北低，
形成濁水溪與烏溪之分水嶺，臺地的西北部通稱八卦山；其二為濁水溪下游
沖積扇平原；其三為彰化隆起海岸平原，位於濁水溪沖積扇的外緣，沿海地
帶有沙丘分布於濁水溪口兩側。

[69] 濁水溪沖積扇平原是臺灣最大沖積扇，地下水蘊藏豐富，為重要地下水
區之一，有助農業發展。

[70] 見下頁濁水溪沖積扇圖。

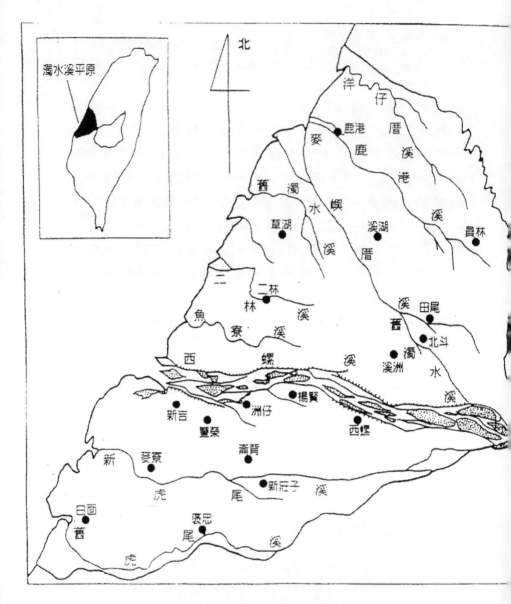

圖3-1 〈濁水溪沖積扇圖〉

資料來源：張瑞津：〈濁水溪平原的地勢分析與地形變遷〉，

《國立台灣師範大學地理研究報告》第十一期（1985年7月），頁219。

　　荷人於西元一六二四年據臺後，開始重視平原地區的開墾，招募閩粵移民入墾種植稻米及甘蔗，因此漢人移往臺灣的數目逐漸增加，如《臺海使槎錄》所記載：

> 蓋自紅夷至臺，就中土遺民，令之耕田輸租，……，其陂塘堤圳修築之費、耕牛農具籽種，皆紅夷資給，故名曰王田【71】。

　　荷蘭人所建立的王田制度，土地之所有權為荷蘭人所有，農民只有土地之經營管理權，漢人以佃人之身分租用土地，所需之耕作農具、水圳修建、牛隻、種籽等等，皆由荷蘭人提供。不過當時漢人之開拓僅以今日的臺南為中心點，北至濁水溪南岸為止【72】，平原地區仍為平埔族之勢力範圍，「當設縣之始，縣治草萊，文武各官僑居佳里興；流移開墾之眾，極遠不過斗六門【73】。」到了清康熙中葉，十八世紀初期以後，清代

【71】黃叔璥：《臺海使槎錄》（臺北市：成文出版社，1983年3月），卷一，〈赤嵌筆談・賦餉〉，清乾隆元年序刊本，中國方志叢書臺灣地區第四十七號，頁52。

【72】漢人陸續渡海來臺時，先住民已普遍散佈在西部平原上，早期的漢人足跡多集中在濁水溪至北港的沿岸地區，其主要原因在於臺灣本島沿岸地區離閩粵距離最近。

【73】周鍾瑄主修、陳夢林總纂：《諸羅縣志》（臺北市：成文出版社，1983年3月），第七卷，〈兵防志・總論〉，清康熙五十六年序刊本，中國方志叢書臺灣地區第七號，頁354。

之移民禁令逐漸鬆馳【74】，此時臺灣局勢趨向穩定，而且清政府對漢人入墾政策改變，由藍鼎元與巡道吳昌祚論治臺之道可知當時情形：

> 臺北彰化縣，地多荒蕪，宜令民開墾為田，勿致閒曠；前此皆以番地禁民侵耕，今已設縣治，無仍棄拋荒之理，若云番地，則全臺皆取之番，欲還不勝還也。宜先出示，令各土番自行墾闢，限一年之內，盡成田園，不墾者聽民墾耕，照依部例即為業主，或令民貼番納餉，易地開墾，亦兩便之道也【75】。

【74】臺灣入清後，無論是人口的繁衍或是土地的開發，皆深受渡臺禁令的影響。在清代前後達一百九十年的渡臺禁令實施期間，有五次之禁令。這些禁令忽寬鬆忽嚴厲，最嚴格時甚至停止發照，完全不准人民渡臺。直到光緒元年（1875年），清廷鑑於日軍犯臺的衝擊，終於廢止一切渡臺禁令，實施「移民實邊」的政策，並且在廈門、汕頭和香港等地，設立招墾局，只要是要前往臺灣的人，可以免費乘船，並贈口糧、耕牛、農具和種子等。「移民實邊」的政策，對於臺灣土地的開發以及農業的發展，有積極的作用。第一次渡臺禁令在康熙二十三年（1684年）發布，規定凡是渡臺者都必須經過批准，獲准渡臺者不得攜帶家眷；第二次禁令在康熙五十七年（1718年）發布，閩浙總督奏請嚴禁偷渡，雍正六年（1728年）藍鼎元奏請准予人民攜眷搬眷來臺，但未受清廷採納。第三次禁令在雍正七年（1729年）發布，皆只是重申第一次禁令的內容；第四次禁令在雍正十年（1732年）發布，放寬了攜眷規定，但以在臺居住且有產業者為限；第五次禁令在雍正十三年（1735年）發布，乾隆即位後治臺政策又再返於消極的封禁時期。關於清代治臺之政策主張可參考莊金德：〈清初嚴禁沿海人民偷渡來臺始末〉，《臺灣文獻》第十五卷第三期（1964年9月），頁1-11。

【75】藍鼎元：《鹿洲初集》（台北：文海出版社，1900年）卷二〈與吳觀

由是閩粵流民接踵而至，漢人墾務大有進展，墾闢漸廣，至康熙四十三年（西元1704年）時，「流移開墾之眾，已漸過斗六門以北矣【76】。」康熙四十九年（西元1710年）以後，「蓋數年間而流移開墾之眾，又漸過半線大肚溪以北矣【77】。」由此可知康熙四十年至康熙五十年間，漢人於濁水溪下游沖積扇平原已展開全面拓墾之工作。

平埔族原先的生活方式是運用濁水溪滋潤下而生長的農作物，及獵取生存其間的野生動物，能夠自給自足，但是漢人帶來閩粵的水耕生活，及生產技術經驗，又能巧妙運用灌溉技術，因此土地的生產力大大提高，平埔族也發現了灌溉的重要，然而無法與漢人進行農業競爭，為了分享灌溉用水，不惜割地交換【78】，平埔族

察論治臺灣事宜書〉，沈雲龍主編，近代中國史料叢刊續編第四十一輯，頁101-102。

【76】同註73，卷七，〈兵防志‧總論〉，頁355。

【77】同註76。

【78】平埔族與漢人相處日久，「亦知以稼穡為重，凡社中舊管埔地，皆芟刈草萊，墾闢田園。有慮其旱潦者，亦學漢人築圳，從內山開掘，疏引溪流，以資灌溉。片隅寸土，盡成膏腴。」見六十七：《番社采風圖考》（臺北市：臺灣銀行經濟研究室編印，1961年11月），臺灣文獻叢刊第九十種，頁2。中部平埔族岸裡社曾由漢人出資開圳，然後將一部份土地用來與漢人交換水權，稱「割地換水」。日人伊能嘉矩認為入清以後，漢移民取得土地的方式，有以下四種：其一為土地交換：漢人利用平埔族不諳耕作，加上憨直之性格，經常以少許的酒、布匹換取廣大之土地。其二則是運用結婚策

漸居劣勢，在漢族移民的壓力下，產生逐步退讓的現
象，但山地區又為高山族所據，不能容納，在進退兩難
下，無法覓得土地者，只好接受漢化，提升自己的生產
技術，但也有不少平埔族決定遷移【79】，因為土地已淪

略：因平埔族以女子繼承家業之習俗而入贅於平埔族女子，取得土地，再依
漢俗傳之子嗣。其三為擬似策略：漢人親入平埔族之境，模仿其習俗，或與
平埔族結盟兄弟，博取其歡心之後，進而達到土地佔有之目的。黃叔璥對此
陋習曾提出批評：「半線社多與漢人結為副遷。副遷者，盟弟兄也。漢人利
其所有，託番婦為媒，先與本婦議明以布數匹送婦父母，與其夫結為副遷，
出入無忌。貓兒干、東西螺、大武郡等社，亦踵此惡習，但不似半線太甚
耳。」《臺海使槎錄》（臺北市：成文出版社，1983年3月），卷五〈番俗
六考‧北路諸羅番六-婚嫁〉，清乾隆元年序刊本，中國方志叢書台灣地區第
四十七號，頁280。其四直接騙取土地：平埔族不識漢字，漢人便以少數錢
財與之，訂定契約，在約定條文裡加上諸多不利於平補族的事項，再利用對
於契約文字之解釋差異，騙取契界以外之土地，其後族人發現有異而訴之於
官，然而漢人早已與通事勾結，顛倒事理，反告之於官，平埔族既無法充分
表達，不但敗訴，且遭受一頓苛責。參見《臺灣慣習記事》（臺北市：古亭
書屋，1969年9月），第四卷第八號，明治三十七年發行，頁669-676。同治
十五年，柯培元曾作〈熟番歌〉，將平埔族在土地爭奪上的失敗與無奈形容
相當貼切：「人畏生番猛如虎，人欺熟番賤如土；強者畏之弱者欺，無乃人
心太不古！熟番歸化勤躬耕，山田一甲唐人爭；唐人爭去餓且死，翻悔不如
從前生。竊聞城中有父母，走向堂前崩厥首；啁啾鳥語無人通，言不分明畫
以手。訴未終，官若聾，仰視堂上有怒容。堂上怒呼將仗具，仗畢垂頭聽官
諭：『嗟爾番！汝何言？爾與唐人吾子孫，讓耕讓畔胡弗遵？』吁嗟乎！生
番殺人漢人誘，熟番翻被唐人醜；為父母者慮其後！」收編於黃逢昶《臺灣
生熟番紀事》（臺北市：臺灣銀行經濟研究室編印，1957年11月），臺灣文
獻叢刊第五十一種，頁15。

【79】道光三年（西元1823年）萬斗六社通事田成發，先與埔里社之原住民

高山族謀成，招濁大地區之平埔人，前往開墾，從而今日大甲、臺中、彰化、南投、豐原、虎尾、斗六等地的平埔族紛紛向埔里邊移，一直到了咸豐年間，絡繹不絕，而先後皆順利達到目的。此次移往埔里之所以成功，主要因為獲得當地高山族的合作。埔里盆地原為生番所擁有，但遭漢人郭百年等人侵墾焚殺，《東槎紀略》曾記載此事：「嘉慶十九年，有水沙連隘丁首黃林旺，結嘉、彰二邑民人陳大用、郭百年及臺府門丁黃里仁，貪其膏腴，假已故生番通事土目赴府，言積缺番餉，番食無資，請將祖遺水裏、埔裏二社埔地，踏界給漢人佃耕。知府某許之，大用隨出承墾，先完欠餉，約墾成代二社永納，餘給社眾糧食；儻地土肥沃，墾成田園甲數，仍請陞科，以裕國課。二十年春，遂給府示，并飭彰化縣予照使墾；然未之詳報也。受其約者，僅水沙連社番而已，二十四社皆不知所為。郭百年既得示照，遂擁眾入山，先於水沙連界外社仔墾番埔三百餘甲。由社仔侵入水里社，再墾四百餘甲。復侵入沈鹿，築上圍墾五百餘甲。三社番弱，莫敢較。已乃偽為貴官，率民壯佃丁千餘人至埔裏社，囊土為城，黃旗大書開墾。社番不服，相持月餘。乃謀使番割詐稱罷墾，官兵即日撤回，使壯番進山取鹿茸為獻。乘其無備，大肆焚殺。生番男婦逃入內谾，聚族而嚎者半月。得番串鼻熟牛數百，未串鼻野牛數千，粟數百石，器物無數。聞社中風俗，番死以物殉葬，乃發掘番塚百餘，每塚得鎗刀各一。既奪其地，築土圍十三，木城一，益召佃墾。眾番無歸，走依眉社、赤嵌而居。」（臺北市：成文出版社，1984年3月），〈埔裏社紀略〉，清道光十二年序刊本，中國方志叢書台灣地區第五十二號，頁81-83。黃林旺是一個很有野心的漢人通事，很早就垂涎埔里地區的肥沃土地，於是勾結郭百年、陳大用謀墾，並得臺灣府門丁黃里仁協助，冒充通事土目，聲稱以水社、埔里社土地予漢人開墾。1815年，彰化縣予以開墾照單，郭等人遂擁眾入山，侵墾埔里盆地，看到荒埔就插上黃旗，據為己有，水沙連的生番族人不甘損失，雙方形成對峙，後來郭百年耍詐，佯稱罷墾，卻乘夜殺其部落，幾乎將族人殺光。侵墾之漢人雖已遭官府驅逐，但原住之生番已一蹶不振，因人少自危，故招平埔族移住，以相互扶持。後來平埔族反客為主，竟以漢人對待平埔族取得土地之方法，轉而施之於高山族，甚至逼其離開。關於平埔族由濁水溪沖積平原逐漸向埔里一帶的

落在漢人手中，被迫往埔里一帶移動，漸漸的平埔族也因遷移、漢化之後，無形中消失於濁水溪沖積平原之上。平埔族的土地，在漢人軟硬兼施的手段下，大部分為漢人所侵佔，康熙末年諸羅知縣周鍾瑄上閩浙總督覺羅滿保書中即云：

> 番俗醇樸，太古之遺。一自居民雜沓，強者欺番，視番為俎上之肉；弱者媚番，導番為升木之猱；地方隱憂，莫甚於此。……自比年以來，流亡日集，以有定之疆土，處日益之流民，累月經年，日事侵削。向為番民鹿場麻地，今為業戶請墾，或為流寓佔耕，番民世守之業，竟不能存什一於千百[80]。

政府開放禁令有條件地允許漢人墾耕番民鹿場麻地，但民番的土地爭奪易演變為生存上的競爭，形成地方上的隱憂。

清代台灣之土地可分為界內、界外兩種。界內地又分有無主地和熟番地；界外為生番地，嚴禁漢人侵入。生番地、無主地的地權屬官方所有。乾隆三年（西元1738年），朝廷更頒布諭示，以保護熟番的土地權益，並將漢人的田園納入

大遷移可參考濁水、大肚兩溪流域自然與文化史科際研究計劃地形組第三年度研究報告，石再添等人：〈濁大流域的聚落分布與地形之相關研究〉，《臺灣文獻》第二十八卷第二期（臺中市：臺灣省文獻委員會：1977年6月），頁82。

【80】同註71，卷八，〈番俗雜記‧社餉〉，頁388-389。

管理：

> 乾隆三年，總督郝玉麟奏准：熟番與漢民所耕地界，
> 飭令查明，有契可憑、輸糧已久者，各照契內所開四
> 至畝數，立界管業。⋯⋯，有未墾、未陞田園，應令
> 開墾報陞；⋯⋯，亦諭各業戶，呈縣驗明蓋印。該
> 縣設立印簿，照契內買賣本人及中保姓名、畝數、價
> 銀、輸糧額數、土名、四至，逐一填明簿內。有未
> 墾、未陞若干，一併登明，毋許弊漏；仍照式彙造清
> 冊，送司存案。將來倘有轉售，劃一呈驗登填，庶田
> 地有冊可考，不致侵佔番業。倘有契外越墾並土棍強
> 佔者，令地戶官查出，全數歸番，分晰呈報。嗣後永
> 不許民人侵入番界。⋯⋯，令地方官督同土官劃界立
> 石，刊明界限土名；仍將各處立過界址土名，造冊繪
> 圖申送，以垂永久【81】。

朝廷的禁諭，對於漢人取得平埔族土地的方式，訂定詳
細之規範，其中有契約為憑證，並已報陞輸糧者，可以按照
契約內容之耕地面積，從事農業經營。而有未墾、未報陞的
田園，須立即開墾報陞，由各縣載明其買賣人及中保姓名，
同時包括土地的位置、面積畝數、範圍、輸糧額數等，造冊

【81】六十七、范咸纂修：《重修臺灣府志》（臺北市：成文出版社，1984年
3月），卷十六，〈番俗通考〉，清乾隆十二年序刊本，中國方志叢書臺灣
地區第四號，頁1010-1011。

以供察考，不致侵占番業。此外，亦嚴禁移民越墾番地，以強佔手段據地拓墾。但在迫切需求耕地之情況下，移民者仍然憑藉其文化上的優勢，逐漸侵佔平埔族的土地，終致平埔族喪失生存的空間，於道光年間集體他遷。

第二節　濁水溪之水利建設

在漢人入墾濁水溪沖積平原之前，平埔族所經營的農業是原始而粗放，當時平埔族的文化水平低落，農業又並非其主要的經濟活動，因此，平埔族的耕作方式，是在播種後任其生長，不施任何管顧，更談不上懂得如何開圳築埤，利用灌溉系統來增加農作物的生產量。對於以漁獵為主要經濟活動的平埔族而言，這種原始農業，配合地廣人稀的地理條件，尚可維持溫飽，如《諸羅縣志》卷八〈風俗志〉所述：

> 種禾於園，種之法先於秋八、九月誅茅，平覆其埔；使草不沾露，自枯而朽，土鬆且肥，俟明歲三、四月而播，場功畢，仍荒其地；隔年再種。法如之，禾秸高而柔，慮為風雨摧折，雜植薏苡，薏秸粗硬，又差高於禾，如藩籬然，一畦之中，兩種並穫【82】。

「場功畢，仍荒其地；隔年再種。」表示當時休耕期只是一年，所耕種之土地尚肥沃，同時進行混種方

【82】同註71，卷八，〈風俗志〉，頁511-512。

式，一塊土地中同時種植不同農作物，即「一畦之中，
兩種並穫。」這種生產方式是人類文化對自然環境的適
應，土地的肥瘠與人口的多寡，則是決定輪耕及休耕期
間長短的主要因素。稻米宜產於平坦、灌溉良好之地，
此時土地開發之目標主要在種植水稻【83】。自漢移民進

【83】早期漢人移居臺灣所從事的農業，因生態條件的限制，另一方面也可能
由於市場的需求，大都偏重於甘蔗的種植，而相對稻米的生產反而較不被重
視。日本學者森田明研究指出，清領臺至康熙末年間臺灣新增的耕地面積，
以蔗園為主的旱田增加速度比水田為快。參見森田明：《清代水利史研究》
（日本東京都：亞紀書房，昭和49年），頁524-525。森氏同時指出，臺灣中
部彰化一帶在開墾之初，米穀生產的條件仍然十分不足，而甘蔗的栽培與砂
糖的生產方面，由於商品性價值很高，蔗園的開墾比水田耕作來的容易，所
以在此時期中，蔗作要比稻米種作佔較重要地位。糖之價格較米價高昂，獲
利高，但稻米畢竟是糧食作物，地方官員基於民以食為天的觀念，認為種稻
優於種植經濟作物的甘蔗，況且捨種稻而就插蔗，或許可獲得短暫的經濟收
益，然時日一久，非但容易造成米荒，同時甘蔗的價格也會隨著甘蔗產量的
增加而下跌，實非農民之福，故有禁止種蔗之令，如分巡臺廈兵備道高拱乾
曾發出禁飭插蔗并力種田之諭示：「舊歲種蔗，已三倍於往昔；今歲種蔗，
竟十倍於舊年。……須知競多種蔗，勢必糖多價賤，允無厚利。莫如相勸
種田，多收稻穀，上完正供，下贍家口；免遇歲歉，呼饑稱貸無門，尤為有
益。……倘敢仍前爭效插蔗，以致將來有誤軍糈，自干提究，嗟臍莫及！其
凜遵之，勿忽！」見高拱乾：《臺灣府志》（臺北市：臺灣銀行編印，1960
年3月），據日本內閣文庫所藏康熙三十五年序刊補刻本排印，臺灣文獻叢
刊第六十五種，頁250-251。到了雍正初年，稻米的種植漸被看重。稻米種
植的被重視，是由於康熙末年以來，臺灣人口大為增加，所需米穀激增。另
一方面又由於大陸各省米糧不足，米價大為提高。雍正三年（1725年），臺
灣米開始銷售到大陸沿海各省，此部份之觀點可參考王世慶：〈清代台灣的
米產與外銷〉，《臺灣文獻》第九卷第一期（1958年3月），頁15-26，且此

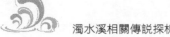

入濁水溪沖積平原之後，平埔族這種農業經營方式，在具備高度農業文明的漢人看來，非常不具備經濟效益，特別是閩粵移民大批拓墾之後，每個墾戶所擁有的耕作面積逐漸縮小，在品種改良、施肥等技術問題尚未解決之前，欲提高單位土地面積的生產量，並降低水稻栽培的風險，唯有從興建灌溉系統上著手【84】，方能克服地狹人稠所帶來的難題。

時蔗糖生產過剩，價格也相對低落，因此一些原來從蔗糖上獲得厚利之資本家，開始轉向於水利的開發，以促進水稻耕作。

【84】開鑿陂圳，乃在引導溪水，以灌溉農田。《諸羅縣志》卷二〈規制志・水利〉：「凡築堤瀦水灌田，謂之陂；或決山泉、或導溪流，遠者數十里、近亦數里。不用築堤，疏鑿溪泉引以灌田，謂之圳；遠者七、八里，近亦三、四里。地形深奧，原泉四出，任以桔橰，用資灌溉，謂之湖，或謂之潭，此皆旱而不憂其涸者也。又有就地勢之卑下，築堤以積雨水，曰洇死陂，小旱亦資其利，久則洇已。」又據《彰化縣誌》卷二〈規制志・水利〉：「彰化水利，在築陂開圳，引水灌田，為兆民賴。陂者何？因溪水山泉，勢欲就下，築為隄防，橫截其流，瀦使高漲，乃開圳於側，導水灌田；即古隄防遺法也。圳者何？相度地勢高處，導水引入小溝，用資灌溉；亦古溝洫遺法也。陂之高計以丈，低計以尺。圳之遠數十里，近亦數里。」又「凡陂圳開築修理，皆民計田鳩費，不縻公帑焉。」早期灌溉農田的水源有：天然湖潭、水陂、圳水等等，從以上所述可知，彰化平原的灌溉系統是以圳和陂為主體，陂，即俗稱之埤，其建造方法，是在溪流坡度較大之處，興築堤閘，橫截溪流，以儲水灌溉田畝。圳的開鑿，必須選擇在溪流坡度適中之處，才能順利導水灌溉。這兩種灌溉系統，皆是中國古代農業水利所流傳下來的，來自中國大陸東南沿海的移民，將這種灌溉方式引進濁水溪沖積平原。

　　對農業發展而言，灌溉用水最為重要，臺灣的河流短急，雨量雖然充沛，但是乾旱之日也多【85】，由於降雨量的驟增劇減而產生季節性的水旱災，水利的開發在臺灣這樣的地理環境下有絕對的必要，不論種稻或植蔗均需灌溉，其間只是程度不同而已。因此水利建設成為清代漢人在濁水溪下游沖積平原拓展之主要目標，灌溉豐足，穀物收穫量則提高以倍數，所以大租戶開墾土地，至此時對水利的投資不遺餘力，其中以康熙五十八年（西元1719年）完成之濁水圳是最重要的水利工程措施【86】，為台灣古老的圳埤之一，由半線地方墾首施東先生之子施世榜開鑿【87】，也稱施厝圳，圳水流經彰

【85】臺灣河川有「雷公溪仔」之稱，只有在下雨打雷時帶來水流，但雨停後河亦乾，因地形關係，河道短促，坡度陡急，因此無法保持均勻的流量，形成急流，而且降雨量並不平均，遇豪大雨，水位高漲，易造成水災氾濫，進入乾旱季節，則涸竭見底，水流如絲，然農業之發展需要穩定之灌溉用水，必須興建埤圳控制流水，引入田園灌溉，並可調整排水設施，因此水利系統之建立是農業生產中不可或缺之重要環節。

【86】雍正元年（西元1723年），彰化始設縣，管轄十三堡，其十三堡名稱可參見盛清沂等著：《臺灣史》（臺中：臺灣省文獻委員會，1977年4月），第七章〈清代之治臺〉，頁334-335。施厝圳於康熙四十八年由施世榜籌資開鑿，前後費時十載，因所灌溉範圍涵括了十三堡中的東螺東堡、東螺西堡、武東堡、武西堡、燕霧上堡、燕霧下堡、馬芝堡、線東堡等八個堡，故又稱八堡圳。

【87】施世榜，鳳山縣人，康熙三十六年貢生，《彰化縣誌》卷八〈行誼篇〉記載：「施世榜字文標，由拔生選壽寧縣學教諭。遷兵馬司副指揮，性嗜古，善楷書。樂善好施，宗族姻戚多所周卹。凡有義舉，靡不贊成。初居臺

化八個堡，因此通稱八堡圳【88】：

> 其由南而北者曰濁水圳即八堡圳，言灌八保之田也；亦曰施厝圳，言施家所開也。引濁水溪水而導之。凡東西螺、大武郡、燕霧、馬芝數保之田，俱資灌溉【89】。

> 施厝圳，在東螺保，源由濁水分流，康熙五十八年，庄民施長齡築【90】。

水利的建設與農業的發展，有不可分的關係，也對人口之增加有顯著的影響。在康熙末年，水利建設未興

郡，倡建敬聖樓，募僧以拾字紙。……方世榜之在彰也，籌引濁水灌田，屢濬未就。有林先生者，授以方法，世榜如言開築圳，果成。即今八保圳是也。八保農民胥受其利，此功德之最大者，至於倡建祠宇，捐修橋路，充置祀租，難以枚舉，蓋其好善之誠，積厚流光，故垂裕子孫，尚多貴顯。」頁843-844。施世榜經營八堡圳近三十年，畢其一生致力於水利建設，令人景仰，連橫亦讚嘆其功：「墾土之功大矣！天下之富在農，而臺灣又農業之國也。世榜、志申皆以務農起家，為邑望族，好行其德，固非斤斤於私蓄也。」《臺灣通史》（臺北：臺灣時代書局，1975年5月），卷三十一〈施楊吳張列傳〉，頁903-904。

【88】見附圖彰化八堡圳流域圖。

【89】李廷璧主修、周璽總纂：《彰化縣誌》（臺北市：成文出版社，1983年3月），卷二，〈規制志・水利〉，清道光十六年刊本，國立中央圖書館臺灣分館所藏原刻本影印，中國方志叢書臺灣地區第十六號，頁296。

【90】同註89。施世榜以墾戶施長齡之名號，在彰化平原一帶從事墾殖事業，為紀念其修築八堡圳之功，鹿港媽祖廟供有長齡公之祿位，水利會及施家後代每年皆會前往祭拜。

建以前，只有看天田，生產量不多，自然不能吸引眾
多的移民，在行政區劃上，只是諸羅縣一部份而已。但
至康熙末年，尤其是八堡圳、二圳等大圳渠建成之後，
墾民蜂擁而至，形成半線、鹿港二市街，並增設彰化
縣【91】，由諸羅縣正式劃分出區域，濁水溪沖積平原自
此進入拓墾完成階段。

　　八堡圳為清代台灣圳埤建設規模最為宏偉者，灌
溉彰邑八堡內之一百零三庄，約灌溉一萬九千餘甲之
田【92】，因為八堡圳的水利開發，吸引大量漢人拓墾，
奠定了整個台灣中部發展的基礎，對彰化平原的開發，
有深遠的影響【93】。八堡圳不僅規模龐大，而且在這個
灌溉系統成立之後，雖然經歷了各種組織上的變遷，但

【91】藍鼎元建議清廷增設縣治，以利拓墾：「虎尾溪天然劃塹，竊謂諸
　　羅以北，至此可止，宜添設一縣于半線。自虎尾以上至淡水、大雞籠山後
　　七八百里歸新縣管轄，然後北路不至空虛，無地廣兵單之患。吏治民生，大
　　有裨補。」見《東征集》（台北：文海出版社，1900年），卷六，〈紀虎尾
　　溪〉，沈雲龍主編，近代中國史料叢刊續編第四十六輯，頁248-249。此議為
　　當時巡臺御史吳達禮所採納而題奏清廷，獲准增設彰化縣，南至虎尾，北抵
　　大甲。縣治增設，彰化一帶人民生聚日繁，疆土隨之而拓墾，漸廓漸遠。
【92】伊能嘉矩：《臺灣文化志》（臺中：臺灣省文獻委員會，1991年6
　　月），臺灣省文獻委員會編譯，中卷，頁338。
【93】漢人在臺灣之拓展以清代開展速度較快，加上彰化八堡圳水利工程的
　　進行，吸引大量墾拓人潮，整個中部地區開發逐漸完成，八堡圳居功厥偉。
　　關於八堡圳對中部開發之影響可參考：汪松興：〈八堡圳與臺灣中部的開
　　發〉，《臺灣文獻》第二十三卷第二期（1972年6月），頁42-49。

直到今日，基本上它仍能繼續發揮作用，有了水利設施，臺灣的農業也由此開始發展，水利的開發及水稻耕作的普及實為漢人在臺灣開拓的第二時期之特徵，被稱為是臺灣農業史上的第一次革命【94】。

　　在移墾過程中，水利灌溉扮演著化育生民的角色，然清領臺之初，朝廷實施消極的治臺政策，對臺灣的開發並不重視，水利設施在開發過程中雖具有關鍵作用，但清廷並未全力協助移民興建，據《諸羅縣志》所載，彰化平原的水利系統，除康熙五十五年，諸羅知縣周鍾瑄捐粟穀各五十石，補助莊民建打簾莊陂及燕霧莊陂之外，其餘的圳埤，均係移民自力完成，並未花費任何朝廷經費，彰化最大的灌溉系統八堡圳，即是在這種背景下而建設完成。

【94】王崧興：〈濁大流域的民族學研究〉，《中央民族學研究所集刊》第三十六期（1973年12月），頁5-6。

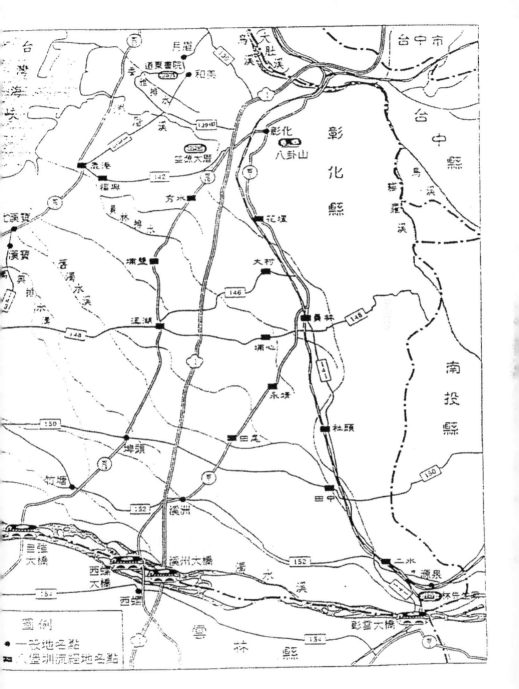

圖3-2 〈彰化八堡圳流域圖〉

資料來源：康原、陳世昌、黃兆慧主編：《在地視野島嶼情》

（臺北市：常民文化出版社，1999年10月），頁21。

至於八堡圳之開圳方法為何？吳德功先生曾據施家開圳
紀錄描述當時情形：

> 於是指陳形勢，鳩工疏瀹，截濁水之流，導之入圳。
> 然地勢有高低，日中視之，未得其詳，爰於夜間，以
> 繩貫燈，牟尼一串，照耀數十里，以觀地勢之高低，
> 高者剷之使平，低者架之以木，因其勢而利導之，數
> 閱月而告厥成功【95】。

　　當時科技並不發達，沒有精密儀器測量，地勢之高
低，完全依據目視，並利用夜間以繩懸燈來檢視，可
知開圳工程之艱辛。上述以燈檢驗地勢高低之法，
應只是開圳其中之片斷，清道光二十一年（西元1841
年），施世榜後裔施鈺因繪水圳圖，併寫〈水圳圖
考〉一文，文中記有八堡圳導水築堤之法：

> 用藤縶木，聯絡成圍，上廣而下狹，形如倒轉魚罩，
> 匠人呼為塤，虛其中以實大小石塊，高下不等，自數
> 尺至十尺以上，視其水之淺深而環立之，則水自入
> 圳，源源而來，遇旱溪淺，更用草薦茅茨以圍密，殆
> 倣古隄防遺意也。雖然隄防係平原實地縱築塘建閘，
> 旱潦因時瀦洩，一勞可以永逸，豎塤在中流，沙浮水

【95】吳德功：《瑞桃齋文稿》：（南投市：臺灣省文獻委員會，1992年5
月），卷下，〈林先生傳〉，頁225-226。

之懷襄不測，即沙之起伏無常，非順勢以列埧，曷由
圳歸源，最忌西南暴雨打沖圳道，夏秋之間尤慮，嘗
見城市經旬炎曦，而內山變為風雨狂作，陷崖拔木，
洪水氾濫，樹浮於港，瀕海拾樵奔競，始知山有沈災
之患，則堅埧決被崩沒，其沙石亂滾塞圳至數百丈，
末流盡歸於彰嘉互界之虎尾溪，配有官山產木，土名
鼻仔頭山，付匠巡守，因生材不給，年來多購喬柯以
待用，天稍晴霽，須善泅者疾趨至溪，迅駕竹筏，星
刻下埧，又宜鳩金雇工，開剝沙石，亟濬圳川，庶支
流不致或斷，否則良田或甲，一二日涸立可待矣。
間有旋開旋雨沙隨積，而埧疊崩中間，費金耗工，曷
可勝數。斯則上關天意，不居人力，何也？以截源入
圳，純是活法故也【96】。

【96】施鈺，字少相，一字霄上，號石房居士，道光年間增貢生，係世榜七房
之孫。於道光年間西渡居泉州，將在臺所見所聞，著成《臺灣別錄》一集，
該集原分二卷，今僅存卷二，連雅堂《臺灣詩乘》僅錄其詩四首，並謂該集
已佚失。本文引自《臺灣文獻》第二十八卷第二期（1976年6月），頁134。
由楊緒賢標訂，並指出此資料之原始所有人乃施鈺之直系裔孫，現住彰化
施繼祖先生，據稱該份資料係其父於六十餘年前由泉州遷回彰化時，順便
攜回，因當時有租權之紛爭，而該集卷二內記有關租權之資料，故只攜回該
卷，以為參考，在臺灣可能僅有該卷，施鈺所繪之八堡圳圖由秀水鄉施登先
生所藏，見下頁之八堡圳略圖附二分水圳圖。

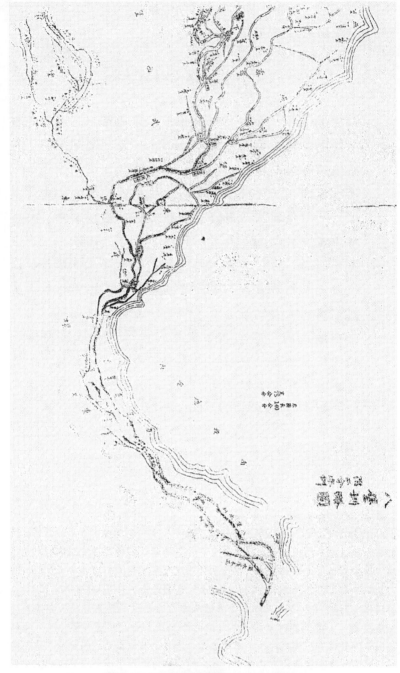

圖3-3 〈八堡圳略圖附二分水圳圖 〉

資料來源：施鈺著、楊緒賢標訂：《臺灣別錄》卷二，引自《臺灣
文獻》第二十八卷第二期（1976年6月）之附八堡圳圖

　　此種導水之法，用於圳頭導引溪水入圳，在大水時可避免水勢直衝而損壞水圳，當乾旱水位降低時，又有匯聚水源導之入圳的功能，而築堤之法，近日尚存，如〈水圳圖考〉所描述，有如倒轉魚罩，不過材料多已由籐竹改用鐵絲，且名稱也有所變，用籐紮木或竹，編製方錐型與圓錐型之埧籠，上廣下狹，以大小石塊填入籠內攔導溪水，再以廣面朝外，狹面向內，形如倒轉，此亦稱「籠仔篙」，其攔水埧籠形狀分為「倒筍」與「圓筍」二種。倒筍俗稱「角堨」，係用硬木做栱，與麻竹梱紮乘方錐形，梱紮的材料為藤、竹篾，今日多改用鐵絲。圓筍俗稱「圓堨」，係以麻竹為拱，與桂竹用鐵絲捆紮成圓錐形，裝置埧籠，以石塊填實，迨此埧籠穩固後，方可再裝另一新籠，須僱用熟諳水性又熟練之專業匠人下水，通常在水流較緩的地方，以「圓筍」來攔水，水流湍急之處則用「倒筍」，不但有導水入圳之功用，雨季時亦有阻擋溪水氾濫侵蝕河堤功能。由於水圳構造容易崩壞，維修困難，故於乾隆三十年（西元1765年）禁止於圳道中運送樟木。運送樟木，利用水勢豐沛之時由圳頭運送，凡圳道內設閘之處，必須全部起放木閘，則圳道有被沖毀之虞，對農田水利及人民之生命財產，實有嚴重之威脅，〈阻滯圳道示禁碑〉即云：

　　　護理福建分巡臺灣道兼提督學政臺灣府正堂加七級紀錄八次蔣，為乞憲示禁，以運軍工事。

　　　據彰化縣詳覆匠首曾文琬具稟，水沙連大坪頂採製軍

工，放運水道，被該處通土、埠甲人等阻滯一案。內
開：查濁溪之發源內山，勢甚浩瀚湍急，施姓用石磊
砌截其來勢，使歸圳道，故施圳不患無水，特患沖崩
圳頭，層層設閘以防決隤，凡運放樟木必欲水大之時
從圳頭而入，其中設閘之處，必須悉行起放，不能阻
塞源流，則沖決之患斷不能免，且查虎溪新舊兩汊亦
屬圳道，乾隆柒年間，圳頭沖決，水勢歸圳西流，曾
沖去三十餘庄，損壞人口、廬舍無算，詢之老民，皆
歷歷可指。今若以施圳放運樟木，不久立見崩壞，萬
一水勢直趨而北，則受害者恐不僅三十餘庄矣。況軍
工樟木料，現有溪河往來放運並無貽誤，豈可圖便，
遞單改水圳行運，有礙農田，此斷難如該匠首之所
請也。平時仰體憲臺念切民瘼至意，悉心查勘寔在情
形，縷悉聽敘；詳情俯賜示禁，凡運放軍工料件，務
照舊從大溪放運，毋許橫放圳道，損壞小埤，俾水圳
無妨，農田有賴，闔邑萬民，咸沐慈恩於無窮矣，理
合繪圖貼說，詳候察核示遵，行由到道。

據此，除批發外，合行示禁，為此示仰該處匠夫人等
知悉，嗣後軍工料件，照舊由溪放運，直運海口，不
得圖便放運圳道，致妨農田水利，如敢故違，一經被
害告發，立即嚴拏究革，仍即著賠圳道，斷不姑寬，
該通土埠甲人等，亦不得藉端滋事，致干察究，各宜
凜遵，毋違！特示。

乾隆三十年二月 日抄【97】。

　　此碑記乃護理福建分巡臺灣道兼提督學政臺灣府知府蔣允焄給示，嚴禁軍工木料放運圳道，妨礙農田水利，務須照舊從大溪放運，直運海口，亦可見水沙連大坪頂採製軍工樟木為期頗早，且曾盛行。

　　康熙六十年（西元1721年），埔心地區鄉紳黃仕卿在八堡圳本圳之西側另設新圳，「十五庄圳，在大武郡保，康熙六十年庄民黃仕卿築」【98】。流經十五庄，故名十五庄圳，日明治四十年（西元1907年）以後，進一步將十五庄圳合併到八堡圳，然後併同一處取水。又為了有所區分，乃稱原八堡圳為一圳，十五庄圳為二圳。一九三一年，進一步修建水閘口，並設第一、二圳

【97】 該碑立於名間鄉濁水村水圳旁，碑下方為土深埋，按伊能嘉矩於《臺灣文化志》中卷339頁所言：「所謂分巡臺灣道蔣允焄建於濁水溪岸之碑，今不存，而《彰化縣志》亦未載，則或道光年間即歸湮滅歟？」云云，其蓋因當時搜集未周，致有此誤也。此碑文曾收錄於臺灣銀行經濟研究室編：《臺灣中部碑文集成》（臺北市：台灣銀行經濟研究室，1962年），頁70-72；及林衡道監修、黃耀東編：《明清臺灣碑碣選集》（臺中市：臺灣省文獻委員會，1980年）。二者文字皆稍有脫漏，施鈺《臺灣別錄》卷二錄有〈附蔣道憲勒示碑豎在濁水溪頭〉，即是記載〈阻滯圳道示禁碑〉之碑文，可詳加比對，以補碑文缺字之憾，或可參考林文睿監修、何培夫主編：《臺灣地區現存碑碣圖誌-雲林縣·南投縣篇》（臺北市：國立中央圖書館台灣分館，1996年12月），頁201-202。此部碑碣圖誌較《臺灣中部碑文集成》、《明清臺灣碑碣選集》考察詳細。

【98】 同註89，《彰化縣誌》卷二，〈規制志·水利〉，頁296。

分水門，為便於提供水量的分量調節與輪流灌溉的執行。八堡一、二圳由鼻仔頭分出，一圳先是沿山腳路東側，貼著山麓往溪北方向流去，二圳則是沿著山腳路西側，幾乎是貼著的走法，也是依西北方向流去，兩圳最後在鹿港街東南邊約一千三百公尺處會合成鹿港溪。濁水溪沖積平原的灌溉系統，雖以八堡圳為主體，然其他規模較小的灌溉系統，在平原的開發過程中，仍有相當的貢獻，如二八水圳，於八堡一、二圳之間：「二八水圳，在東螺保，橫亙施厝圳、十五庄圳中【99】。」灌溉今埤頭鄉境，與八堡圳相連者，有「埔鹽陂，水源從施厝圳尾流出，埔鹽業戶施姓築埤，灌溉好脩庄等處田數百餘甲【100】。」此埤在今埔鹽鄉境內，當是施厝圳的後續水利設施，以上二圳與八堡圳均引自濁水溪溪水。濁水溪沖積平原的灌溉系統，在雍正初年以後，逐漸發揮它的功能，不僅使平原的開發邁向新紀元，也使以蔗作為主的農業經營型態，逐漸轉變為以稻作為主的農業型態，成為臺灣的穀倉之一。到了日治時期，臺灣的水利設施，有了更進一步的發展，不但成立了公共的水利設施，也加強組織管理和改進技術，攸關公共利益的埤圳

【99】同註98。

【100】同註98。

均納入管理【101】，對水利事業更加嚴密控制，八堡圳也成立了八堡圳水利組合，統籌八堡圳的管理運作，但產權歸之官府，而非施氏之產業，日本投降歸國後，併入彰化農田水利會管理，直至今日。

　　濁水溪北岸除前述的八堡圳、莿仔埤圳之外，尚有位在上游，灌溉南投縣名間鄉、南投市的同源圳；下游灌溉竹塘鄉的永基一、二、三圳；灌溉大城鄉的深耕一、二、三圳。南岸引水灌溉的水圳有：隆恩圳、斗六大圳、嘉南大圳、鹿場課圳、引西圳等。

　　經過漢人墾戶灌溉圳渠之後，水田化精耕農業使土地的產質增加，濁水溪沖積扇平原成為富庶的地區，以八堡圳為主體所產生農業經營型態之轉變，在全臺邁入集約式的水稻栽培過程中，具有相當重要的引導作用。

【101】清代臺灣的埤圳皆為私人所經營，農民經由灌溉渠道引水灌田，須依田園面積大小及使用水量多寡，繳納一定數額的現銀或米穀，稱為水租。埤圳的經營者必須維護水道的暢通，並隨時補修受損的渠道，以確保農民灌溉用水之穩定，日據時期，殖民政府認為水利建設為農業生產的根基，於是推行水利權公有化政策，將各圳埤納入公共圳埤，見日本·臺灣總督府編：《臺灣事情》（台北：成文出版社，1968年3月）第十五章〈水利事業〉，第四節〈水利組合〉，日本昭和六年排印本，中國方志叢書臺灣地區第一九三號，頁320-322。

第三節　濁水溪與流經鄉鎮之關係

　　由前章節所介紹濁水溪之自然地理環境、河道變遷、沖積平及水利建設的開發，可知濁水溪是一條與眾不同的河流，不僅帶來了豐腴肥沃的土壤，也滋養了生長在這片土地的人們。本節將近一步探究濁水溪及濁水溪沿岸鄉鎮之關聯性，濁水溪的自然環境影響了沿岸城鎮的發展，沿岸城鎮的人為開發亦牽動著濁水溪的未來，因此本節舉濁水溪沿岸城鎮中之竹山鎮、二水鄉、西螺鎮、溪州鄉、北斗鎮、竹塘鄉六個鄉鎮為代表，這六個分佈於南投、雲林、彰化三縣的鄉鎮，不僅為濁水溪之農業精華區，與濁水溪這條河流更有密不可分之關聯性，因此以探討這六個鄉鎮與濁水溪之關係為主要。

（一）竹山鎮與濁水溪之關係

　　竹山鎮為南投縣最南端，北隔濁水溪與集集鎮、名間鄉、彰化縣二水鄉為界，西南接雲林縣林內鄉、古坑鄉及嘉義縣阿里山鄉為鄰，東與鹿谷鄉接壤，位於濁水溪南岸與清水溪東岸之間，二溪環繞南北，於竹山鎮西方的觸口清、濁二溪匯流。

　　竹山舊稱林圯埔【102】，明鄭時期漢人已進入拓墾，

【102】竹山舊稱林圯埔，明鄭部將林圯率領二百餘人，由牛相觸口入山開墾，後遇土番襲擊犧牲，因以為名。林圯埔於清治時期包括沙連堡與鯉魚頭

由於位處斗六平原及彰化平原向內山開拓必經之路，因此在臺灣中部開拓史上佔有重要地位【103】。清光緒十三年（西元1887年）增設雲林縣，縣治便是設於林圯埔，有「前山第一城」之稱，然濁水溪每逢雨季溪水暴漲，氾濫成災，交通斷絕，影響縣政，於是清光緒十九年（西元1893年）便將縣城移往斗六門，自此林圯埔失去政治機能，而文風仍鼎盛。

　　竹山鎮由於濁水溪、清水溪二溪環繞南北的特殊地理環境，對外交通不便，在日據時期以前完全以擺渡的方式經濁水溪北上，渡清水溪南下，清治時期主要津渡有：

　　　濁水溪渡，在香員腳，為彰、鹿適沙連堡津。岸北屬彰化東螺堡，岸南屬沙連堡。設船一隻。距邑二十五里【104】。

堡，日治初期，沙連與鯉魚頭兩堡分別成立為林圯埔及勞水坑兩支廳，大正九年（西元1920年）時，林圯埔改稱竹山，臺中州轄內設竹山郡，管轄竹山庄及鹿谷庄，光復以後，竹山、鹿谷兩庄分別成立竹山鎮、鹿谷鄉。

【103】「林圯埔街」之名稱於清乾隆二十九年余文儀所修之《續修臺灣府志》已有，可知在此之前竹山已成街市。《彰化縣誌》稱其「為斗六門等處入山總路」，《雲林縣采訪冊》則云：「為沙連堡貿易總市。」可知地位之重要。

【104】倪贊元：《雲林縣采訪冊》（臺北市：成文出版社，1983年3月），〈沙連堡〉，中國方志叢書臺灣地區第三二號，清光緒二十年輯，民國六年傳抄本，頁247。

溪洲仔渡，在縣治東四十里，為社寮、埔裡社要津。岸東屬埔社廳集集堡，岸西屬沙連堡。渡船一隻【105】。

永濟義渡，在縣東南四十餘里濁水庄，為沙連適臺、彰二邑要津。岸東屬彰化，岸西屬沙連堡。光緒己卯年，童生董榮華倡建義渡，鎮軍吳光亮捐俸置義渡租粟【106】。

清水渡筏，在縣治東二十里濁水庄，為沙連適斗六門要津【107】。

其中以永濟義渡【108】在交通上所發揮之功能最

【105】同註104，頁247。

【106】同註104，頁247-248。

【107】同註104，頁248。

【108】清代末期濁水溪南北兩岸間之交通尚無橋樑聯繫，居民經常涉水而過，易遭淹沒，或以竹筏運載物資橫渡溪面，然而若遇夏季雨期，溪水暴漲，兩岸交通遂絕。清光緒五年（西元一八七九年），永濟義渡始設立，由舉人簡化成及童生董榮華等人募款倡建，臺鎮憲吳光亮捐俸設渡，並籌造船隻，免費運送兩岸居民過溪，是為義渡船；另購田地以歲收以為船夫工資，修理船具費用，稱義渡田，其渡口位於今之竹山鎮山崇里水底寮與名間鄉濁水村的濁水溪兩岸，並立有永濟義渡碑以誌其義渡倡建緣起及捐款情形，訂立義渡各項規定，昭示後人。目前碑文存於竹山鎮社寮里紫南宮及名間鄉濁水村福興宮，隔濁水溪而立，為清末、日據時期濁水溪南北兩岸渡船口遺蹟之證明。碑文中對於濁水溪之險亦有描述：「如彰屬之沙連保濁水之渡者，當內山南北溪流之衝，湍激漲急；加以春夏之間，久雨纏綿，山水暴至，溜急

大，因通往彰化、南投一帶，及溯濁水溪而上通往集集、
埔里地方要衝之故。

　　竹山的產業也是以這些津渡對外輸出，利用濁水、
清水兩溪順流而下，抵達二水鄉，再以陸路轉至彰化、
鹿港等地。例如所產之竹，居民利用清水溪，將竹結
筏，放流於二水等地出售。社寮、後埔仔一帶所出產的
龍眼乾及黃麻絲等，也是順濁水溪而下，經濁水、二水
而轉抵鹿港，向大陸輸出【109】。後來南雲大橋及名竹大
橋的完成，才解決了兩岸交通的問題。

似箭，浪湧如飛，舵工稍一鬆手，即翻船觸石，凶占滅頂。論者謂：『臺灣一
小天地，濁水之勢與黃河等，非虛語也!』」由此可知濁水溪在當時的湍急情
況以及設立義渡之必要。位於紫南宮之永濟義渡碑文因長年矗立於外，風化
嚴重，難以辨讀，國立中央圖書館臺灣分館藏有原碑拓本提供閱覽，或可參
考林文睿監修、何培夫主編：《臺灣地區現存碑碣圖誌─雲林縣・南投縣篇》
（臺北市:國立中央圖書館臺灣分館，1996年12月），頁161-163。永濟義渡
碑文亦曾收錄於臺灣銀行經濟研究室編：《臺灣中部碑文集成》（臺北市：
臺灣銀行經濟研究室，1962年）及林衡道監修、黃耀東編：《明清臺灣碑碣
選集》（臺中市：臺灣省文獻委員會，1977年），皆以為竹山鎮紫南宮與名
間鄉福興宮之永濟義渡碑文二者相同，然而仔細比對仍有排列上不同及內容
中些微之差異。

【109】莊英章《林圯埔：一個臺灣市鎮的社會經濟發展史》（臺北市：中央
　　研究院民族學研究所，1977年6月），中央研究院民族學研究所專刊乙種第
　　八號，頁15。

由此可知濁水溪影響竹山鎮的對外交通甚大，原可成為雲林縣政治中心的林圯埔，卻因濁水溪溪水經常性暴漲而被迫遷移縣治所在地，而為溝通兩岸所成立的義渡則是濁水溪相當重要的歷史背景之一。

（二）二水鄉與濁水溪之關係

位於濁水溪北岸的二水鄉，為彰化縣最南端之鄉鎮，其東北枕八卦山脈與南投縣為界，南隔濁水溪與雲林縣林內鄉相望，林內鄉坪頂山與二水鄉龍頭山隔岸相對，形如鉗子，為進入竹山、溪頭、南投、水里、日月潭、埔里等地之要口。

二水原名二八水，其地名之由來說法不一【110】。當

【110】有關二八水地名由來有以下幾種不同說法：一、日人安倍明義提出二水至西元一九二〇年以前稱為「二八水」。所謂的「二八水」者，乃是兩條河流成八字型之意，亦即把濁水溪一渡頭的名稱轉為庄名，該渡頭之名已見於乾隆二十九年余文儀所修之《續修臺灣府志》中。道光二十年周璽所修之《彰化縣誌》云：「二八水渡，名香櫞渡，二八水與沙連往來通津。」從此開始以該地為起點，溯濁水溪與東方沙連的蕃界互通舟路。見安倍明義：《臺灣地名研究》（臺北市：武陵出版社，1987年3月），頁163。二、《彰化縣志》稿認為是二八水圳或二八水渡轉為二八水庄，日據時期乃略八字，成為今名，但亦有誤作「本鄉有施厝圳及十五庄圳，故名二水。」見賴熾昌主修：《彰化縣志稿》（臺北市：成文出版社，1983年3月），〈沿革志〉第十八章〈二水鄉〉，中國方志叢書臺灣地區第七十三號，頁327。三、陳國典先生認為在明鄭時期，自林圯埔要到二水時，必須經過兩條溪，一為清水溪，一為濁水溪，越過這兩條溪水稱為「過二幅（pak）水」，與「二八（pak）水」讀音同，又濁水溪從東方流下來，清水溪從南方流出來，清、

濁水溪自東方、清水溪自南方到二水鄉會合，二溪如八字，又清濁二水會合後，自二水分為東螺、西螺之濁水溪分流，水流形態亦成八字，因此無論是二水或二八水，皆與濁水溪有密切不可分的關係。自十七世紀末葉，二水鄉先祖來臺落腳，選擇此地的原因正是受到水源充足的地利條件吸引，既有用之不竭的濁水溪水，又有八卦山的山澗水，灌溉與飲用方面均不虞匱乏。

　　二水鄉鄉民在生活許多層面上，都與濁水溪息息相關，從農業的角度而言，濁水米名聞全臺【111】，甘蔗產量是日據時會社之重鎮，香蕉大量運銷日本，此外，也盛產鳳梨、花生、甘薯、白玉苦瓜、荔枝、菸草……等，成為農產品品質優良區，皆拜濁水溪之所賜；近三百年歷史的八堡圳，其圳源設於二水鄉，圳水取自濁水溪，八堡一圳、二圳之渠道流貫二水鄉腹地，全鄉農田皆屬水源灌溉區，自東螺溪築堤截斷，濁水溪南移導西螺溪為主流後，二水鄉堤防外的濁水溪河床形成浮覆地，鄉民與水爭地，加上有莿仔埤圳之灌溉，將貧瘠之地開發出近千甲之濁水溪田，俗稱「溪底田」，雖屢經

濁二水經此會合，自本地觀之，二溪形如八字，故本地叫二八水。另有一說，兩溪流經本地會合而西出，又分為二股，一為西螺溪，一為東螺溪。二溪向西分流，形如八字，故稱二八水。

【111】濁水米因濁水溪富含養份，稻米品質佳，二水鄉所產之濁水米於八十六年評鑑為全省第一良質米，濁水米在日據時代更曾是日本天皇之御用米，名盛一時。

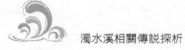

水災氾濫侵蝕，田地流失，但仍繼續開墾，是二水鄉民賴以為生之良田，對二水鄉農業發展貢獻良多。

在交通方面，冬季時由於溪水枯涸，濁水溪可通行，夏季時溪水高漲，水流湍急，渡溪困難，因此清代時期便有渡排站之設立，二水鄉設有二八水渡，據《彰化縣誌》所記載：「二八水渡，名香椽渡，二八水與沙連往來通津【112】。」乃當時民生物品、山品之重要轉運站。早期二水鄉民以竹筏為交通工具，運載物資往返竹山、西螺、溪州等地，而二八水渡是二水鄉由陸路轉水路之重要設施，另一種渡溪之方法則是乘坐流籠，利用輪軸掛於鋼索上，坐在籃中渡溪而過。

日明治四十一年（西元1908年），日人於濁水溪上架設縱貫鐵路鐵橋，供火車行駛用，民國六十一年完成的彰雲大橋，由二水鄉通至雲林縣林內鄉，克服了濁水溪所阻隔的南北兩岸交通，彰雲大橋的通車，使彰化縣社頭、田中、二水以及南投竹山一帶居民，不必再繞道西螺大橋，便能直接能到達雲林縣，具有調節疏導南北交通的功能。

濁水溪除了灌溉二水鄉農作物之外，濁水溪床上佈滿砂石可做為建材用，螺溪硯更成為二水鄉之特有產物，關於螺溪硯之源流可推溯至嘉慶年間舉人楊啟元之〈東螺溪硯石

【112】同註89，《彰化縣誌》卷二，〈規制志・水利〉篇，頁287。

記〉：

> 彰之南四十里有溪焉。……，最北為東螺溪，溪產異
> 石，可裁為硯，色青而元，質潤而粟。有金砂、銀
> 砂、水波紋各種，亞於端溪之石。然多雜於沙礫之
> 中，匿於泥塗之內，非明而擇之不能見；……今棄是
> 溪也，農夫、漁父或過而陋之，而士大夫終不肯跋涉
> 屬揭，求之於荒野之間，故世莫能知；……，予拂而
> 拭之，時而揚之，所以賀茲石之遭也。……由是使石
> 工彫琢之，進而觀國之光不難也。是為記【113】。

　　當時以螺溪石製硯並不普遍，直到日明治三十二年
（西元1899年）至四十一年（西元1908年）之間，日
人於二水、林內鄉架設鐵橋時，築橋技師村瀨先生於橋
下溪石中撿到一塊石頭，入手清涼，並將手中熱氣凝成
水珠，攜回發現利於雕琢，同年一批日本人到濁水溪下
游溪谷找尋螺溪石，打造成硯，名「放龍硯」【114】，自
此螺溪硯聲名遠播，二水鄉亦成為製作螺溪硯之重鎮。

　　民國四、五十年代的二水鄉民，無論是大人或孩
童，皆善於游泳，境內八堡一圳、二圳終年流水不斷，
大小支幹圳渠是孩童免費戲水的地方，抱香蕉莖充當浮

【113】同註89，《彰化縣誌》卷十二，〈藝文志・東螺溪硯石記〉，頁456。

【114】鐘義明：《臺灣的文采與泥香》（臺北市：武陵出版有限公司，1992
年11月），頁104。

筒泡水，大人則製作竹浮筒為工具，每遇雨季來臨，濁水溪將上游木材沖至下游時，便在濁水溪激流中撿拾流木，俗稱「撿水柴」，可知二水鄉之發展與濁水溪有很密切之關係。

（三）西螺鎮與濁水溪之關係

西螺鎮位於雲林縣最北端，北臨濁水溪與彰化縣為界，東與莿桐鄉為鄰，西接二崙鄉，南與虎尾鎮相連，為濁水溪沖積平原上之一大聚落，因水源與土地適合居住，故開發甚早。

西螺之地名由來說法不一【115】，隔濁水溪與東螺相望，日據時期在西螺鎮增設堤防護岸，於是西螺溪遂成為今日濁水溪之主流，流貫南投、彰化、雲林三個縣市，此舉雖然使得濁水溪流域內的水量匯聚在一起，但卻也使濁水溪兩岸的距離加大，形成交通不便。

濁水溪水患為兩岸的居民帶來了生命財產的威脅，卻也為他們帶來了新的契機，由於大量沖刷的泥沙，肥

【115】有關西螺地名由來有以下幾種不同說法：一、因平埔族人的稱呼音譯，荷蘭人根據平埔族土音採用直譯方式，將此地稱為Sorean。見安倍明義：《臺灣地名研究》（臺北市：武陵出版社，1987年3月），頁208。二、因位於東螺社之對稱位置而得名，東螺社在今彰化縣埤頭鄉元埔村。三、因地形如螺，濁水溪北岸為東螺，即今之彰化縣北斗鎮、溪州鄉一帶，而以濁水溪南岸之相對位置稱為西螺。見花松村編纂：《臺灣鄉土全誌》（臺北市：中一出版社，1996年5月）第六冊，頁86。

沃了兩岸的土地，適合農業發展，物產豐饒，西螺米因濁水溪之灌溉成為優良稻米的代名詞，更是全臺重要之蔬菜供應區，產量最多。濁水溪廣大的河床砂地，提供了西瓜的天然種植條件，使西螺西瓜遠近馳名，醬油釀造亦享有盛名。水利設施有西螺引引庄陂、打馬辰陂【116】、鹿場圳【117】等灌溉圳埤，引西圳則是乾隆年間將西螺引庄陂加以重修後改稱【118】，即從西螺大橋與溪州大橋之間引濁水溪水，灌溉西螺、二崙、崙背等地的農田。農民並努力與溪水爭地，在濁水溪河床沙埔地種植與開墾，除了要不斷撿拾石礫，辛勞費時，若豪雨一來濁水溪暴漲，便無收成。

　　清代時期西螺與北岸交通往來以竹筏為交通工具，並設有西螺渡站，乃是除集集外另銜接陸路轉水陸的重要驛站。日據時期的西螺溪成為濁水溪之主流後，每逢雨季致使溪水水量大漲，便阻斷南北交通，於是西螺

【116】據《諸羅縣志》記載此陂是康熙五十四年由諸羅知縣周鍾瑄捐穀四十石，助庄民合築而成。

【117】鹿場圳是西螺於清治時期的重要水利設施，雍正年間開築，乾隆時期完成，據《彰化縣誌》記載：「鹿場圳在虎尾溪墘，源由濁水從虎尾溪分流。」同註89，《彰化縣誌》卷二，〈規制志‧水利〉，頁295。現今灌溉區域為西螺鎮之頂湳、三塊厝、吳厝、下湳，以及二崙鄉之二崙、惠來厝、三塊厝、八角亭等地。

【118】程大學主編：《西螺鎮志》（雲林縣：西螺鎮公所，2000年2月），頁1-76。

鎮民組織了「濁水溪人道橋架設期成同盟會」，向日本當局建言於濁水溪上築橋，完成橋墩後，因珍珠港事變，日人將建橋材料運往海南島，改築碼頭，橋工遂輟【119】。停滯十餘年才得以續建，終於在民國四十二年完工。西螺大橋曾是遠東第一大橋【120】，位於西螺鎮東北方，橫貫濁水溪之上，起於雲林縣西螺鎮，止於彰化縣溪州鄉水尾村。為臺灣南北交通運輸的樞紐，彰雲之間交通因此頻繁而方便。

西螺是濁水溪下游的重要鄉鎮，因有濁水溪才有西螺大橋之設立，帶動了一時的繁華，但之後有中沙大橋跨越濁水溪，加上自強大橋興建完成，使得西螺大橋地位日益低落；溪州大橋的建造，更使西螺大橋交通流量銳減，鋼樑結構逐漸老化、侵蝕，西螺大橋的功成身退，連帶著也影響了西螺鎮的發展，這個小鎮因濁水溪使土地肥沃，成為今日臺灣的重要農產品生產地，卻也因濁水溪飽受水患、風砂之苦，濁水溪與本鎮的開發可

【119】仇德哉主修：《臺灣省雲林縣志稿》（臺北市：成文出版社，1983年3月），卷一，〈土地志・勝蹟篇〉，頁1645。

【120】西螺大橋完成後立碑記於南端橋頭，紀錄了當時興建大橋之因：「螺溪為本省著名之河川，浩蕩雄險，東亞稱冠。地握南北交通，源流東西萬里。每當秋令，山洪驟至，怒濤撼天，舟楫難渡；使車者休、荷者弛，騎者下、步者止。其為阻於人者，不惟行旅裹足，抑且為經濟建設一大障礙。」及敘述興建過程中歷經戰爭的停工，美、日、菲的協助與合作，才完成西螺大橋之情形。

謂息息相關。

（四）溪州鄉與濁水溪之關係

　　溪州鄉位於彰化縣南端濁水溪之北岸，東與田中鎮、二水鄉為鄰，西接竹塘鄉，南以濁水溪與雲林縣為界，北與北斗鎮、埤頭鄉接壤，全域屬濁水溪沖積平原，是昔日濁水溪之分流東、西螺溪之間的沙洲，故稱溪洲，後改稱溪州【121】。

　　溪州地方昔為平埔族眉裏社之社域，即今之舊眉村，雍正初年閩人於該地建立一座街肆，因位於東螺溪旁，即乾隆二十九年之《續修臺灣府志》稱做「東螺街」者【122】。溪州原是東螺溪岸的一個小村落，濁水溪增設堤防防護之後，東螺溪縮成今日之溪州鄉、北斗鎮、埤頭鄉、溪湖鎮、二林鎮、芳苑鄉、福興鄉的排水渠道，稱為舊濁水溪。對溪州鄉而言，未築濁水溪堤

【121】據張森焚先生口述，溪州從前稱為溪埔：「溪州以前叫溪埔，林本源來了以後，才有種甘蔗，改良農地，比較有在重視農作。溪州因靠近濁水溪，築有堤防，但濁水溪的水也常漫進溪州的土地，因此溪州的地名大部分和水有關係。如三條、三條圳。」張森焚，男，民國12年8月26日生，彰化縣溪州鄉人。87年5月14日採訪。見：臺灣省文獻委員會採集組編校：《彰化縣鄉土史料》（南投市：臺灣省文獻委員會，1999年9月），〈溪州鄉分組座談會紀錄〉，頁708。

【122】安倍明義：《臺灣地名研究》（臺北市：武陵出版社，1987年3月），頁166。

防前，溪州鄉本為荒埔砂地，不利耕作，堤防築成後，以濁水溪溪水灌溉，漸成良田，溪州鄉的大庄村、柑仔園、潮洋村、水尾村有部分居民原是居住於濁水溪堤防範圍之外，堤防築成後，住宅成為河道，因此不得不遷居，亦是受濁水溪之影響而改變居住環境。

溪州鄉的農業因濁水溪而有肥沃土地及豐富之物產，種植甘蔗供溪州糖廠製糖，其他如蔬菜、花卉、水稻、花生、蕃薯等等，品質相當良好。濁水溪寬廣的河床亦是農業耕地，鄉民在河床上種植耐乾旱作物。水利設施有莿仔埤圳，為濁水溪北岸規模僅次於八堡圳之灌溉渠道，由溪州鄉東邊的大庄村與榮光村交界處引濁水溪溪水，灌溉範圍涵蓋溪州鄉、北斗鎮、埤頭鄉、二林鎮、芳苑鄉等地，為彰化縣三大灌溉區之一。

溪州鄉於西螺大橋未建造之前，與濁水溪南岸的交通是利用竹筏或走路過溪【123】，連大甲媽祖進香活動亦

【123】據廖萬通先生口述，當地人搭乘竹筏免費：「西螺大橋未做之前要到西螺都要靠竹筏，不願出錢的人就得捲起褲管涉水而過。竹筏是私人經營，水尾村的居民乘坐竹筏免費，主要是因為他們習水性，知道溪流的深淺，有時明明水很淺，外來客不知道，仍照乘坐。但若船家也要向當地居民收錢時，當地人就會說水這麼淺，我要用走的，這麼一來，外地人就會有樣學樣，船家就沒生意了。所以船家通常不向在地人收費的原因即在此。」廖萬通，男，民國7年11月10日生，彰化縣溪州鄉菜公村人，高中畢，曾任溪洲鄉第六、七屆鄉長。87年5月14日採訪。見：臺灣省文獻委員會採集組編校：《彰化縣鄉土史料》（南投市：臺灣省文獻委員會，1999年9月），〈溪州鄉分組座談會紀錄〉頁711-712。

是涉水經過，從三圳經潮洋到水尾涉溪而過。西螺大橋
成立後，溪州與西螺之間的交通往來便捷，西螺這個小
鎮因此而一度繁榮，但西螺大橋對溪州而言，卻反而是
導致發展蕭條沒落的因素，其原因是從前交通不便時，
商旅多會在溪州投宿，隔天才啟程往濁水溪南岸地區，
西螺大橋的完成對於濁水溪兩岸的城鎮發展有不同的影
響。到了民國八十年間，西螺大橋自動工時間起已超過
五十餘年，為符合交通需求，於是另建造溪州大橋以取
代西螺大橋，連接濁水溪南北岸的西螺與溪州這兩個鄉
鎮的橋樑共有三座，即是西螺大橋、溪州大橋及高速公
路段的中沙大橋，成為濁水溪兩岸交通之重要樞紐。

　　濁水溪兩岸民眾有些地方是原本居住一起，但卻受
到溪流河道的改變，才使他們分隔開，例如溪州鄉水尾
村與西螺鎮之居民可隔溪對岸而語，水尾村的居民亦是
從西螺鎮往來出入，然在因濁水溪河道不斷變遷的情形
下，導致水尾村與西螺鎮的距離不斷加大，又如北岸溪
州鄉的三條圳與潮洋厝的廖姓人家，與西螺的廖姓本是
同一支，依照「生廖死張」的習俗【124】，在死後均必須

【124】「生廖死張」習俗的由來據西螺廣興里七崁公園所記載為：「元朝末
　　年，天下大亂，原籍福建雲霄的張元子公為避兵亂而遷到漳州的詔安二都官
　　陂，借住廖化公家宅，並設館教讀為生。廖公無子祠，僅育有一女，見張元
　　子談吐風雅，英姿義氣，於是贅以東床，並將家產祖業託付管理。張元子家
　　庭事業兩得意，但以其子孫不能隨其姓張為憾，所以臨終時囑其子友來：
　　『生當姓廖，死當歸張。』友來謹記父親遺教，並以七條祖訓傳之後世。」

恢復本姓張，而張廖家族除西螺七崁外，於濁水溪北岸
溪州鄉之三條村、三圳村、張厝村、菜公村、潮洋村一
帶亦是其分布地區，證明了濁水溪築堤前，南北兩岸的
溪州鄉與西螺鎮關係之密切，濁水溪的河道變遷也使當
地居民的自然與人文生態隨之改變。

（五）北斗鎮與濁水溪之關係

　　北斗鎮位於彰化縣東南方，東接田中鎮，西接埤頭
鄉，南臨溪州鄉，北與田尾鄉相鄰，地處濁水溪沖積扇
上，西南部有東螺溪流貫而過，原聚落在東螺溪南岸，
即今之溪州鄉舊眉村舊社一帶建有東螺街，然嘉慶十一
年（西元1806年）漳、泉兩州人發生械鬥時，東螺街
慘遭兵災，加上道光元年（西元1821年）時，東螺溪
的水害又沖壞了市街，於是遷移至東螺溪北岸一地，稱
做寶斗，重新建街，更名北斗【125】。

之後傳至五世時，經道文、道武兩兄弟於官陂溪口建造祠堂，建七級樓門
崁，將七條祖訓刻於門崁上，勉勵後代子孫勿忘祖規，為「七崁」名稱之由
來。

【125】寶斗於清道光二年更名為北斗，其原因依清嘉慶十三年所立之「東螺
　　　西堡北斗街碑記」所載是因「其南里許，有文昌祠，正符『北斗魁前六星』
　　　之眾；又其南二十餘里，有斗六為朝山，又應『南斗六、北斗七』之數矣，
　　　斯誠文明之兆也。」於是改名為北斗，但當地人仍以「寶斗」之音稱北斗。

　　北斗鎮於濁水溪堤防成後，不僅除去其下游農業聚落遭受洪水的威脅，北斗更形成了濁水溪浮覆地三千餘甲，農民於是開始開墾這些溪埔地，明治四十四年（西元1911年）時，北斗地區完成莿仔埤圳的建設，大正十二年（西元1923年）時則成立北斗水利組合，對北斗地區的農業發展有深遠的影響。

　　清朝康熙中葉時赴臺之移民者以鹿港為出入彰化平原之門戶，以東螺溪和鹿港相連的東螺街也因鹿港而繁榮，北斗地區成為以商業為主之河港街肆，其繁華繫於東螺溪，然東螺溪含砂量高，淤積快速，鹿港亦因東螺溪阻塞而沒落，北斗也隨之沒落。

　　北斗鎮的發展隨著東螺溪流路的變化而改變，例如沙洲的浮出、土地的流失、水系的改道、交通網路的變遷，都隨河道的變遷而改變。不只是自然環境，北斗地區的興盛衰微，無不與濁水溪這條河流息息相關；在歷史洪流中，濁水溪可說是主宰北斗地區命運的關鍵。

（六）竹塘鄉與濁水溪之關係

　　竹塘鄉位於彰化縣之西南，東接溪州鄉、埤頭鄉，西接大城鄉，南隔濁水溪與二崙鄉相對，北與二林鎮相鄰，為濱濁水溪岸的一個小鄉鎮，舊稱蘆竹塘[126]。

【126】竹塘地名由來有二說：一是該地區多低窪水塘地佈滿天然植物，俗名曰：「蘆竹仔」或「蘆荻」衍生，故先民抵此墾殖，由地形景觀取為「蘆竹

竹塘鄉在濁水溪堤岸未築成之前，多受水災影響，竹塘段之田頭堤、下溪墘堤、九塊厝堤完成後才避免水災之威脅，鄉內土地大部分屬於沖積土壤，因此土質肥沃，農產方面有濁水米、洋菇、牛蒡茶、金香葡萄、瓜類、及竹塘米粉，以濁水米為原料製成，具有特色。另有特產烏砂，是濁水溪獨有的砂石，細又黑，品質優良，適用於工程建築。

　　竹塘鄉與濁水溪南岸的交通以自強大橋為主要，從竹塘鄉通往雲林縣二崙鄉，自強大橋附近是砂石開採最盛的河段，砂石場林立，造成溪床降低，橋樑基樁裸露嚴重，危及橋樑安全，然而河流水位隨著溪床降低，灌溉圳埠的引水困難，因此農業灌溉大量抽取地下水，導致地層下陷。砂石業的過度開採，已經改變了濁水溪下游的面貌，也掌握了濁水溪的未來命運。

　　以上舉濁水溪沿岸六個鄉鎮為代表，探討濁水溪與沿岸城鎮之關係，可知濁水溪南北沿岸的鄉鎮與濁水溪的關係密切，兩岸鄉鎮的發展受到濁水溪的影響，而濁水溪溪水的漲退關係著沿岸城鎮的興衰，濁水溪河道變遷時，河水氾濫發生水災，對農作物造成損害、水利設

塘」，又據靠海遠近謂「內蘆竹塘」後再簡化為「竹塘」；另一說法是竹塘盛產竹林且密佈水塘，因以得稱，故有謂舊名竹頭，日人改為「竹塘」。見花松村編纂：《臺灣鄉土全誌》（臺北市：中一出版社，1996年5月）第五冊，頁816。

施的破壞、田園流失、建築物沖毀及財物損失等等，是
濁水溪南北岸鄉鎮最大的自然傷害。對緊鄰於溪畔南北
兩岸的雲林、彰化二縣來說，濁水溪流域河道的變遷，
不論在直接或間接上，都無可避免的產生了極為深遠的
影響，最顯著的例子，莫過於濁水溪經常氾濫成災，中
下游一帶始終無法形成人口密集的城鎮。在濁水溪蜿蜒
一百八十餘公里的河域兩岸，多為田園零落、人口稀少
的蕭條村落。

第四章　濁水溪相關傳說探析（上）

前一章從濁水溪之地理景觀與人文變遷作一探討，包括濁水溪河道變遷、沖積平原的開發以及水利圳埤之建設、濁水溪與所流經鄉鎮之關係，可知濁水溪與所流經鄉鎮居民的生活方式形成不可分割之整體，彼此搭配，互相依賴，當地居民於口耳之中流傳著許多與濁水溪有關的美麗傳說，伴隨著特定歷史事件的發生片斷，以及解釋自然風物之成因與來源，它們能豐富現實生活，亦是過去傳遞民間文化、進行娛樂活動的主要形式之一，可說是人民的社會環境和自然的反映，是人們對於所處的環境，所營生活，所歷事變的一種記憶或說明，一種解釋或回想，一種智識或教材[127]。與濁水溪有關的故事與傳說，皆有其所以產生流行的背景環境

【127】羅香林：《民俗學論叢》（臺北市：文星書店，1966年1月），頁144。

或條件，屬於地方風物傳說，根據《中國傳說故事大辭典》的說法，對於地方風物傳說的定義是：

> 指有關各地山川、名勝、物產、習俗等的傳說。這類傳說普遍具有解釋性，地域特色較為鮮明。……按題材劃分，大致有山川湖海傳說、名勝古蹟傳說、名城傳說、地名傳說、物產傳說、動物傳說、植物傳說、風俗傳說等【128】。

這種說法強調地方風物傳說的解釋性，以特定的山川、風物、名勝古蹟等為對象，它的地方性十分明顯，很多傳說往往為某個地方所特有，《中國民間文學大辭典》則將地方風物傳說依被敘述之對象，分成自然物與人工物：

> 這類傳說與地方性事物相關聯，敘述某一特定地方的山川名勝古蹟、花鳥魚蟲、風俗習慣與鄉土特產的由來和命名的傳說故事。其特點是往往把自然物和人工物予以歷史化或人格化，使之與人民生活融為一體，表現人民群眾鮮明的愛憎【129】。

【128】祁連休、蕭莉主編：《中國傳說故事大辭典》，〈地方風物傳說條〉，（北京：中國文聯出版公司，1992年5月），頁9。地方風物傳說或稱地方傳說，其名稱由外文Place Legend所翻譯而成，鍾敬文先生亦稱「場所傳說」，乃引用日譯。

【129】馬名超、王彩雲：《中國民間文學大辭典》（哈爾濱市：黑龍江人民出版社，1986年5月），頁26。

所謂自然物與人工物之別，是指對某種特定的地理形勢和地上物，不論是自然或人工，針對它們的由來、以及命名或形狀加以解說，而它所涵蓋的對象，根據鍾敬文先生的分法，將地方風物分為自然類與人工類，就自然類而言，有山嶺、水、巖洞、谷、石、泥土、特種草木鳥獸等、其他；就人工類而言，有城郭、祠廟、鄉里、橋、井、樓臺、墳墓、亭塔、街衢、道路及關、其他【130】，並針對特定的地形地物所呈現出來的特徵，以探尋其源【131】。

　　程薔《中國民間傳說》在綜述各家對傳說的分類法之後，提出將民間傳說劃分為兩大類的做法，也就是描述性傳說和解釋性傳說兩類。其中解釋性傳說相當於上述的地方風

【130】鍾敬文：〈中國的地方傳說〉，完成於1931年5月，收錄於顧頡剛等人：《民俗學集鐫》，國立北京大學中國民俗學會民俗叢書第一輯，東方文化書局複刊，（臺北市：東方文化書局，1970年12月），頁60-65。

【131】地形地物之傳說是屬於地方風物傳說中之一種，通常是指土地之形勢和地上之物，如立木、岩之類，柳田國男分有（1）樹木部（2）岩石部（3）水之部，包括與水有關的橋樑、泉水、井、河川、渡口、堤坎等等；（4）丘之部，包括與洞穴有關的傳說；（5）斜坡、峰頂與高山部，包括住宅、古城遺址題材；（6）祠堂之部，包括涉及各種神仙菩薩之類的傳說。鍾敬文先生依對象來分則有自然的（如山、水、穴、谷、石等）和人工的（如城、橋、井、塔亭等）。由於各家所依據的性質和特徵不同，所造成的分類也就不同，但總是有著某種重疊和交叉。在這種重疊交叉的情況之下，地形地物之傳說即是涵蓋自然的地理形勢及兼具自然性質和人工特徵的地上物。

物傳說：

> 解釋性傳說與描述性傳說最大的不同在於它一般是以
> 事物為出發點和歸結點。這些事物，可能是山川名
> 勝、風物特產、動植物，也可能是某些流傳於民間
> 的風俗習慣。解釋性傳說就是對於這些實物實事的名
> 稱、特徵之由來作出解釋。解釋的過程構成有頭有尾
> 的故事，有人物、有事件，而最後歸結點仍是那個實
> 物或實事[132]。

　　解釋性傳說對實事實物的解釋，並不是科學的，而
是藝術的；所反映的是故事創造者的世界觀、人生觀、
思想情緒、社會的或道德的理想等等[133]。地方傳說
作為人民意識形態的表現形式，它是根植於人民的生
活，「假如沒有當時的社會條件，即便是山川名勝十
分動人，也不能產生出那樣富有社會意義的幻想的傳
說[134]。」甚至我們還可以說，如果沒有一定的社會條
件，那些自然山水的美，人們也可能完全感受不到。地
方風物傳說主要是由兩個基本成分—地方風物和故事情

【132】程薔：《中國民間傳說》（浙江：浙江教育出版社，1986年5月），頁
106。

【133】同註132。

【134】李星華：《白族民間故事傳說選》（北京：人民文學出版社，1959年6
月），頁152。

節所組成，如圖示：

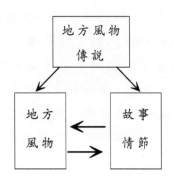

圖4-1　地方風物、故事情節與地方風物傳說關係

　　那麼在它的發展過程中就不能不同時注意這兩個方面的交互作用。當人們在生活中有所感受，需要抒發，從而編製出故事，這可以是一個人物傳說或其他種類的故事，還不是一個風物傳說，只有當這個故事巧妙地附著在特定的地方風物上，和地方風物發生比較直接而密切的關係，它才成為一個地方風物傳說【135】，把故事情節附著在特定的地方風物上，使反映社會生活的故事和自然景物並存，互相映照；並將地方風物所包含的意義和部份內容轉移到故事中，使地方風物和故事情節既在

【135】許鈺：《口承故事論》（北京：北京師範大學出版社，1999年6月），頁22。

形式上組成關係，彼此又在內容上互相滲透，其意義與價值如程薔所言：

> 任何一個民間傳說粗看起來都不過是一個線索簡單的敘事作品，有的是描敘人物的，有的是解釋風物的。但是，無論它怎麼簡單，實質上卻無不是一個交織著多層意義和關係的組合體【136】。

傳說既是一個交織著多層意義和關係的組合體，探索傳說背後所呈現的各種層面意義與訊息實為重要，本章將針對濁水溪相關傳說依其性質與內容，分為濁水溪溪水特性之傳說、水利建設之傳說兩方面，以進行探析與研究。

第一節　濁水溪溪水特性之傳說

濁水溪乃臺灣河流中最富特色者，因其溪水終年混濁之特性，故詩人多以詩歌詠之，如周莘仲先生曾描述所見之濁水溪：

> 朝過濁水溪，夕反濁水溪。今朝濁水枯天西，茍輿步步踏黑泥。濁水之濁色如鐵，萬斛流沙雜鐵屑，路人不解淘鐵沙，坐視濁水飛浪花【137】。……。

【136】同註132，頁186。

【137】連橫：《臺灣詩乘》（臺北市：臺灣銀行經濟研究室，1960年1月），臺灣文獻叢刊第六四種，頁212-213。關於周莘仲先生之事蹟，連橫曾記載

其所見濁水溪之濁色如鐵，路人以為溪裡產鐵沙而淘之，但濁水溪並不產鐵，因此只有徒勞無功了。道光年間施鈺曾作〈濁水溪〉一詩，說明濁水溪水性之殊：

> 在山泉水清，出山溪水濁。君子惡下流，天下皆歸惡。嗟哉此溪水性殊，辱在泥塗惟所樂。藏垢納汙不須譏，幸免民間驚風鶴【138】。

　　此外，臺灣詩人林朝崧、陳肇興兩人在詩作中皆不約而同的將濁水溪比擬成黃河：

> 紅樹青山十驛連，笑談已到濁溪邊。行人今夜雲林宿，回首煙迷半線天。俯聽渾流響急灘，板橋過盡始心安。此溪疑是黃河水，清比包公一笑難。崔巍石柱布如棋。正值新橋創造時。莫笑黃金擲虛牝，人工能化險為夷【139】。

其受冤情事：「侯官周莘仲廣文長庚，以舉人選建陽教諭，後調彰化。光緒十四年秋，彰以丈費故，縣民施九緞糾眾圍城，知縣李嘉棠素貪墨，無所為計。長庚縋城見九緞，約以裁撤丈費，圍稍弛。越三日而林朝棟援軍至，事平。嘉棠忌其功，密揭巡撫以勾通罪，令赴轅訊問。長庚請試禮部，牒既下矣，事急，乘漁舟走泉州，潛行入京，逾年乃解。……卒後，里人李宗典為刊遺詩，凡九十有七首。」此首濁水溪之詩乃在臺時所作。

【138】施鈺：《臺灣別錄》，該集原分二卷，今僅存卷二，由楊緒賢標訂，引自《臺灣文獻》第二十八卷第二期（1976年6月），頁134。

【139】林朝崧：《無悶草堂詩存》（鹿港：信昌社，1933年4月），卷三，〈濁水溪〉，頁8。

滾滾沙兼石，奔流急似梭。九州添黑水，一笑比黃
河。雷雨馳聲壯，滄桑閱事多。不堪頻喚渡，平地有
風波【140】。

濁水溪因其溪流混濁而得名，加上水流湍急，行人
渡溪困難，又常因洪水改道，故詩人將濁水溪比喻成黃
河【141】，並非誇飾，由於其溪水之特性，也因而流傳著
以濁水溪為描述對象的地方風物傳說，深具地方特色，
以下便分濁水溪混濁不清之傳說與濁水溪清濁與民變關
係之傳說來探討。

（一）濁水溪混濁不清之傳說

濁水溪由於上游地層結構屬於鬆軟容易被侵蝕剝離的
岩層，上游兩岸山坡地勢陡峭易產生山崩，此外每年颱風、
梅雨的侵襲加速岩層風化與瓦解，隨著雨水的沖刷，風化的
沙粒及岩石流入溪谷中，形成濁水溪始終是常年混濁，這是
以地理學的角度來探索濁水溪混濁的原因，但在早期科學並

【140】陳肇興：《陶村詩稿》（臺北：龍文出版社，1992年2月），據日昭和
十二年（西元1937年）台中楊珠浦本影印，卷五〈濁水溪〉，臺灣先賢詩文
集彙刊第一輯第4種，頁44。

【141】濁水溪或比之中國本土之黃河，稱之小黃河。清・吳子光《一肚皮
集》臺事紀略載曰：「臺地濁水溪亦稱小黃河，源出彰邑內山生番界，其水
泥沙居十之二、三，終年水渾渾，不見有澄清之日。……一說，此水上流淺
狹，其濁由泥土衝激所致。然何以流經數十里、百里，至出海猶濁也？因地
鄰生番，難為張騫尋源耳。」

不發達，交通亦不方便，只知道濁水溪源頭在內山，而且是原住民所居之世界，因此在濁水溪下游的平地人，始終對濁水溪懷著神秘感，對於溪水為何總是混濁的形成原因感到好奇，濁水溪溪水混濁的特性形成了傳說，產生濁水溪命名之緣由，如〈金鴨母想吃金泥鰍〉該則傳說，即是對於濁水溪混濁之原因提出解釋，此則於彰化縣二水鄉過圳村所采集，經整理後，其文如下：

〈金鴨母想吃金泥鰍〉

　　本來濁水溪這條溪是清澈見底，但是後來變成混濁不清，其來有自。在古早的時候，有一隻金鴨母與一對金泥鰍住在那深山裡面的濁水溪源頭，這對金泥鰍有一個壞習慣，因牠們喜歡在清澈的溪裡面翻來覆去，非常愛玩耍，也喜愛四處遊晃，沒有目的地的游來游去。每次都將溪水弄得很混濁。

　　但是在濁水溪源頭也住有一隻金光閃閃的金鴨母，想要捕食這對金泥鰍，等到這對金泥鰍打滾、翻來覆去的時候，金鴨母就準備偷偷吃掉金泥鰍，金泥鰍因為害怕被金鴨母啄走，因此就不敢隨便亂動，靜靜地躲著，那濁水溪也就一直清澈無比。

　　後來不曉得什麼時候，有一天，有一個老人家，

去山裡面砍柴，無意中遇到那在溪裡游來游去的金鴨母，如此美麗，老人家非常歡喜，就想辦法抓那隻金鴨母，找來了一條繩子，趁金鴨母沒有防備的時候，用繩子套住金鴨母的脖子，金鴨母於是嘎！嘎！嘎！不停的叫著。

　　一會兒之後，金鴨母已經被抓住了，結果，這對金泥鰍就沒人管啦！愛玩耍的金泥鰍都故意一直翻來覆去，從這時候開始，濁水溪總是混濁的，一直到今日也是一樣，以後就不知道了【142】。

　　另有一則異文說是一對金水鴨：「金水鴨最後被老樵夫捉走了一隻，如此一來，當這對金泥鰍打滾翻泥時，剩下來的一隻金水鴨便無暇同時啄食兩隻搗蛋的金泥鰍，金泥鰍也就交替著打滾翻泥。從此以後，溪水便一直混濁的流著【143】。」以上兩種說法皆是金鴨母（或金水鴨）為了捕捉金泥鰍，而金泥鰍為了躲避金鴨母，在水裡翻騰攪弄，因此把水弄濁了。也有將老樵夫的角色換成荷蘭人的傳說：「古時候曾有一個紅毛仔（荷蘭人）走到濁水溪源頭，捉住那隻金鴨母，當他捉住時，

<hr>

【142】見〈采集篇一、濁水溪相關地方風物傳說采集〉：〈金鴨母想吃金泥鰍〉

【143】賴宗寶先生手稿，賴宗寶先生現為彰化縣螺溪文史工作室主持。

忽然天昏地暗，響起霹靂的雷電，嚇得他趕忙放掉金鴨
母【144】。」可知傳說的流傳經常伴隨著變異，有時是簡
單的形式變化，有些則涉及新的故事情節產生、適應接
受者文化傳統而改變等等。居民對於濁水溪溪水混濁之
原因是以想像的角度出發，提出解釋，與科學角度之觀
察不同：

> 人們對於事物，都有作解釋的要求，大如日月星辰，
> 小如一木一石，都希望懂得它的來歷，這是好奇心的
> 驅使，這是歷史興味的發展。但一般人的要求解釋事
> 物和科學家不同，科學家要求從旁靜觀，徐徐體察
> 它的真實，一般人則只在想像中覺得那種最美妙，最
> 能滿足自己和別人的美感，便是最好的解釋【145】。
> ……。

以科學之角度觀察自然事物，與充滿想像描述濁水溪溪
水混濁之原因，所代表的是兩種不同的思維模式【146】。另有

【144】鐘義明：《臺灣的文采與泥香》（臺北市：武陵出版社，1992年11
月），頁94。

【145】顧頡剛：〈兩廣地方傳說集序〉，轉引自顧頡剛等人：《民俗學集
鐫》，國立北京大學中國民俗學會民俗叢書第一輯，東方文化書局複刊，
（臺北市：東方文化書局，1970年12月），頁93-94。

【146】科學家和一般民眾對於事物解釋的不同，在於兩者觀察和說明事物的
態度不同所致。鍾敬文先生認為教育程度較低的民眾，那些在我們現在看來
極富於怪誕想像的述說，他們的態度，大多是嚴正的，而不是遊戲的；是理

〈番人淘金〉一則傳說，除了說明濁水溪源頭因原住民在溪裡淘金因此將溪水弄濁，同時也解釋了濁水溪下游的地方特產「烏金」之由來：

〈番人淘金〉

　　較早的時候，聽別人說濁水溪的源頭有金子，內山的番人就住在濁水溪旁，因為濁水溪有金子的緣故，番人在溪裡淘金，也難怪濁水溪非常混濁，是因為番人的關係。

　　後來啊，住在濁水溪溪尾的人，我們平地人也想得到金子，結果跑去源頭一看，早就沒有金子了。不過我們平地人很聰明，於是就燒了香拜託濁水溪溪神幫忙，因為我們平地人非常貧窮，需要過生活，結果溪神就指示了，溪神說我們平地人沒有福報得黃金，不過可以得到烏金，烏金是什麼呢？烏金其實就是濁水溪沖刷下來的砂石，可以當建材，因為是黑色的，所以叫做烏金。

　　也因為這個緣故，濁水溪旁有許多人挖砂石賺錢，平地人也變有錢了[147]。

智的，而非情緒的；是實用的，而非美感的。把那種唯理的解答，以為是出於他們美感的要求，恐怕是誤用了現代人的進步心理去揣測的結果，此一觀點與顧頡剛先生不同。同註145，頁95。

【147】見〈采集篇一、濁水溪相關地方風物傳說采集〉：〈番人淘金〉

唐羽《臺灣採金七百年》曾提出濁水溪本流上游部
含金段丘有三一段丘，由此可知濁水溪上游源頭的確有
金礦開採【148】，此則傳說解釋了濁水溪上游因番人居住
其中，因淘金所以溪水混濁、上游段含金、以及下游特
產「烏金」之由來這三種地方風物，透過簡單的故事情
節將之串聯。

　　以上〈金鴨母想吃金泥鰍〉、〈番人淘金〉皆是對於溪
水混濁此一自然現象提出解釋，金泥鰍愛玩耍、翻滾致使溪
水變色，番人淘金因此溪水混濁，此二則傳說之共通點在於
濁水溪本來之面貌是清澈見底，與其他河流相同，發生變化
的原因是因為外在的因素所致，表現了人類在探索自然生成
起源的過程中提出解釋時的合理性。一般而言，地方風物傳
說在講述過程中通常分為三階段，如圖示：

圖4-2　地方風物傳說講述過程

【148】唐羽：《臺灣採金七百年》（臺北市：財團法人錦綿助學基金會，
1985年10月），頁271。此外鐘義明先生曾敘述濁水溪上游含金：「我的父
親鐘如瑟先生告訴我，古時曾有人到濁水溪頭淘金。這話該沒錯，因自合歡
山東峰，向東沿著稜線縱走，中途有一『遠東金礦』。」見鐘義明：《臺灣
的文采與泥香》（臺北市：武陵出版社，1992年11月），頁94。

　　地方風物傳說也有一些作品，其中關於風物的介紹比較簡略，或者開頭也不明確提出問題，只是在故事的末尾進行風物特點的說明和解釋，但不論講述怎樣靈活，地方風物傳說總是與特定的地方風物相聯繫的，這是它的基本特點，許鈺先生針對地方風物傳說講述過程中，風物介紹、故事情節、說明解釋三者之關係說明如下：

> 地方風物傳說最後對風物特點、名稱等的解釋，語言一般都很簡短，但它是整個傳說的畫龍點睛之筆，它和開頭風物介紹部分首尾相應，從而把風物介紹、故事情節、說明解釋三種成分結合成一個有機的整體【149】。

　　地方風物傳說這三種結構特點，不論古今之地方風物傳說，皆可看見【150】，形成地方風物傳說之主要特徵。

【149】同註135，頁16。

【150】如《幽明錄》中關於望夫石之記載：「武昌陽新縣北山上有望夫石，狀若人立。（風物介紹）相傳：昔有貞婦，其夫從役，遠赴國難，婦攜弱子，餞送此山，立望而化為立石，（故事情節）因以為名焉。（解釋望夫石名稱的由來）」包括了風物介紹、故事情節、說明解釋三個部分；又如妒婦津傳說亦同：「臨清有妒婦津。（風物介紹）相傳言晉太始中，劉伯玉妻段氏，字明光，性妒忌。伯玉常於妻前誦〈洛神賦〉，語其妻曰：娶婦得如此，可無憾矣。明光曰：『君何得以水神美而欲輕我，吾死何愁不為水神！』其夜乃自焚而死。死後七日，託夢語伯玉曰：君本願神，吾今得為神也。伯玉寤而覺之，遂終身不復渡水。有婦人渡此津者，皆壞衣枉粧，然後敢濟。不爾，風波暴發。醜婦雖粧飾而渡，其神亦不妒也。婦人渡河無風浪

（二）濁水溪清濁與民變關係之傳説

　　由於濁水溪溪水終年混濁的特性，居民視濁水溪混濁為常態，若某天突然溪水變成清澈，居民認為那是百年難得一見，因為此一反常之自然景象將有不尋常事件發生，影響人民的生活型態，自古文獻已有記載濁水溪溪水變化，則時事亦有所變，如《諸羅縣志・封域志》所言：「東螺溪分自虎尾溪之牛相觸_{水色皆黑，土人云：虎尾、東螺水清，則時事有}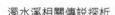變【151】。」濁水溪支流虎尾、東螺溪其水色混濁，若溪水澄清，是即將有大事發生的前兆。《雲林縣采訪冊》有一則濁水溪溪水變清與民變的關係之傳説：

> 又聞黃河五百年一清，則必有聖人在位。而是溪之水
> 渾濁挾泥，似有類於黃河；然溪水一清，則臺地必生
> 反側。如同治元年水清三日，戴萬生亂幾及三年；光
> 緒十三年水清半刻，則施九緞以丈田事激民為變，共
> 攻彰化，旋經剿撫解散。故老謂溪清之時日多寡，實

者以為己醜不致水神怒，醜婦譁之，無不皆自毀形容以塞嗤笑也。（故事情節）故齊人語曰：欲求好婦，立在津口，婦立水傍，好醜自彰。（解釋妒婦津名稱的由來）」見唐・段成式：《酉陽雜俎》（臺北市：臺灣學生書局，1975年1月），前集卷十四，頁75-76。

【151】周鍾瑄主修、陳夢林總纂：《諸羅縣志》（臺北市：成文出版社，1983年3月），第一卷，〈封域志・山川〉，清康熙五十六年序刊本，中國方志叢書臺灣地區第七號，頁105。

　與寇盜起滅久速相應，屢試不爽云【152】。

　　清代之臺灣多民變，俗語云：「三年一小反，五年一大亂。」是形容清代臺灣民變、械鬥頻繁，嚴重影響社會治安與民眾生活【153】。同治年間，金東於〈上某兵備論治臺書〉曾謂：「臺灣自入版圖以來，近則數年，遠則十數年輒亂，小則焚鄉殺人，大或攻城踞郡，……百餘年來，靖亂不恒，卒難久安長治【154】。」清代臺灣民變產生的背景主要在於治臺政策上的矛盾及社會經濟兩個層面，官吏為實際負責臺灣政治運作者，班兵是維持臺灣社會治安的保安人員，臺民則是構成臺灣社會之主體，官吏、班兵、臺民三個群體對於臺灣社會的認知不同產生衝突，形成民變，對於臺灣之社會秩序具有強大的破壞力，人民生活亦受極大之影響，因此產生由濁水溪溪水變清即將發生民變之傳說，又如《臺灣風俗誌》所記：「濁水溪流很急，而且是濁水。這條河水絕

【152】倪贊元：《雲林縣采訪冊》（臺北市：成文出版社，1983年3月），中國方志叢書臺灣地區第三二號，清光緒二十年輯，民國六年傳抄本，頁237。戴萬生案為臺灣民變事件中歷時最久的一次，造成社會上極大的騷動，歷經三年才將起事的主要領導者陸續拏獲，完全肅清則又經三年。

【153】械鬥，指臺灣民間武力的火拼對決，當時臺灣移民因為地域、血源、語言之不同，因而發展出「閩粵械鬥」、「漳泉械鬥」、「頂下郊拼」、「西皮福祿拼」、「異姓械鬥」等，通稱分類械鬥。

【154】金東：〈上某兵備論治臺書〉，收於《清經世文編選錄》（臺北市：臺灣銀行經濟研究室，1966年7月），臺灣文獻叢刊第二二九種，頁28。

少澄清，如澄清，即是發生事變前兆。咸豐三年春河水澄清三日，則有林供、吳磋、林紋英等起事。」、「光緒十四年濁水溪澄清半刻，果然施九緞起事【155】。」民國年間此則傳說則增加了與日軍之戰事之說法：

> 故老傳說濁水溪變清，必有戰事發生。謂同治二年澄清，次年有戴萬生之亂，光緒十三年澄清而有施九緞之變，光緒二十、二十一、二十七年之澄清，而有日軍進占及民軍之游擊，地方不靖。民國十八年澄清三個月，次年便有霧社事件云云【156】。

【155】片岡巖：《臺灣風俗誌》（臺北市：臺灣日日新報社，1921年2月），第九集第一章〈臺灣人對自然現象的觀念及迷信〉，頁785。《臺灣慣習記事》亦有此記載：「水之奇跡，更有兆示人事之變動者，橫流臺西中部之濁水溪，常混有黑色粘板岩之碎末，因為其水流甚急，直到河口，皆不沉澱，水色帶黑濁，《雲林采訪冊》解之曰：黃河五百年一清時，必有聖人之在位者。而此溪之水，渾濁類似黃河，然而溪水一度澄清，臺地必生叛亂，同治元年水清三日，戴萬生作亂，幾及三年；光緒十三年，水清半刻，以施九緞丈田之事而激民變，攻襲彰化，旋經勸撫而解散。故老者云：溪清日數之多寡，則相應寇盜與滅之久速，屢試不爽云。」見臺灣慣習研究會：《臺灣慣習記事》（臺中市：臺灣省文獻委員會，1988年6月），中譯本，第三卷第二號，頁91。

【156】陳哲三：《竹山鹿谷發達史》（臺中市：啟華出版社，1972年12月），頁222。

　　原本混濁的濁水溪溪水澄清之時，隨後又巧合地出現氣候異常或社會發生災難，故民間遂有濁水溪溪水變清即變天之說，此則傳說之特色是隨著政治背景改變而有不同的說法，「政府遷臺後，民間多年來一直流傳當濁水溪的水變清時，就是反攻大陸的時機，近年來則變成改朝換代的說法【157】。」直至今日，濁水溪變清社會上即將發生大事件的說法廣泛流傳於濁水溪流經之鄉鎮，並不限於哪一個河段。實際上，居民發現濁水溪溪水變清之時，大都在年終的枯水期間，由於濁水溪水量變小，水流趨於緩慢，水中的泥沙沉澱，含砂量相對銳減，使得溪水混濁度減輕。然而濁水溪的溪水之所以銳減，多肇因於氣候異常，氣候異常即是民間所謂之風雨不調不順，這種情形本就易發生巨變和災難。濁水溪在枯水時期最常變清，「濁水溪最近一次出現溪水變清的情況，發生於八十四年底與八十五年初，當年八月初臺灣地區遭到賀伯颱風的侵襲，由於風雨空前強勁，造成慘重的人員傷亡和財產損失，於是濁水溪溪水變清即會變天的說法又再一次加深民眾的印象【158】。」由此可知不僅包括政治上的改朝換代，社會上所發生的天災亦是濁水溪變清時所附會的對象。

【157】陳志成等著：《濁水溪的力與美》（臺北市：時報文化出版公司，2000年5月），頁45。

【158】同註157。

濁水溪溪水由混濁變清使人們產生臆想，對於可能之發生此一變化之原因感到好奇，產生解釋溪水突然變清之緣由，形成了傳說，如〈濁水溪若變清，事情快要發生〉此則傳說，因濁水溪變清而預知臺灣前途及未來走勢，經整理後，其文如下：

〈濁水溪若變清，事情快要發生〉

　　濁水溪本來是混濁不清的，但是聽說濁水溪如果變清，就會有事情或是變化發生，在民國十八年濁水溪變清三個月，隔了一年就發生霧社事件。

　　住在濁水溪邊的農民，都知道今年會不會平安順利，只要去看濁水溪的顏色就知道。濁水溪溪水如果是混濁，表示大家平安，如果溪水轉清，則表示臺灣將要發生大事情，要時時提高警覺。

　　民國三十四年春，我曾經看過二水鄉的八堡圳水變清澈見底，跑去看濁水溪也是清的，那時民間就傳說天地要變了，因為濁水溪已經澄清，結果在那一年八月十五日，日本戰敗投降，臺灣光復，過不了多久，濁水溪又恢復混濁，轉灰黑色了。

　　現在政府興建集集攔河堰，設在濁水溪中游，也就是南投縣集集林尾隘口，使已經設置三百年的八堡圳源引水道走入歷史，原有圳渠因濁水溪經沉沙池沉澱，所以一方面水資源到了下游變少，而且濁水溪混

濁程度也減小。

　　一九九九年開始，濁水溪下游水資源減少，圳水變清不再混濁，因此也有人說可能又有大事發生，結果發生了九二一全臺大地震；兩千年三月十八日，國民黨執政五十年下臺，變成綠色執政【159】。

　　濁水溪溪水變清即有大事發生的傳說於清代方志中多有記載，可知此則傳說流傳已久，成為居民觀察社會動態之徵兆。

　　綜上所述傳說濁水溪溪水變清之時間與所發生事件，列表說明如下：

【159】見〈采集篇－濁水溪相關地方風物傳說采集〉：〈濁水溪若變清，事情快要發生〉

表4-1　濁水溪溪水變清時間與發生事件

濁水溪變清時間	發生事件
清咸豐三年春河水澄清三日	林供、吳磋、林紋英等人起事。
清同治元年水清三日	戴萬生亂幾及三年。
清光緒十三年水清半刻	施九緞以丈田事激民為變，共攻彰化。
清光緒二十、二十一、二十七年澄清	日軍進駐及民軍之游擊，地方不靖。
民國十八年澄清三個月	次年發生霧社事件。
民國三十四年春澄清	八月十五日日本戰敗投降。
民國八十五年初澄清	賀伯颱風造成重大傷害。
民國八十八年、民國八十九年因設置集集攔河堰完成，下游溪水混濁度減少。	九二一全臺大地震，隔年三月十八日國民黨執政五十年下臺。

　　濁水溪經年混濁，若是某天突然變成清澈，居民認
為那是百年難得一見，因此必會有巨變或事件發生，從
此則傳說對照濁水溪溪水變清的時間與所發生之大事來
看，濁水溪變清那年的確有重大事件出現，我們無法證
明濁水溪之清濁與歷史事件的關聯性，但是居民觀察自
然景物所引發的聯想相當獨特，從另一角度而言，溪水
變清代表的就是非正常情況，易引發人們對於未來的不
確定感，進而猜測可能會有突發事情，來提高自己的警
覺心。西元二千年總統大選期間，由於集集攔河堰興建
完成，濁水溪下游濁度銳減，因此也產生臺灣社會即將
變天之傳說，濁水溪流域的居民多支持民進黨候選人，
結果執政五十年的國民黨下臺，換上民進黨綠色執政，
應驗了未選舉之前的說法。從自然變異的現象中意味
著將發生的事情對社會具有重大影響，形成所謂的預
言，在自然界和社會生活中，包括許多偶然現象，人們
容易將前一事件當成前兆，把後一件事順理成章當成後
果，成為預言產生的主要原因，「例如，一隻鳥飛過；
我跟著它來到了一個美妙的水源；這樣，這鳥便宣示了
幸運。又如，一隻貓在我剛要起步時橫穿過去而擋住了
我；結果這次出門很不順當；這樣，這貓便是不幸之預
言者【160】。」前兆或預言不一定要具備某種客觀根據，

―――――――――――――

【160】費爾巴哈：《費爾巴哈哲學著作選集》（北京：人民出版社，1987年
　　10月），下卷，頁829。

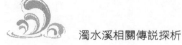

或者能夠指出某種客觀根據。人們對於前兆觀念的產生，主要是：

> 人類在長期的社會實踐中，不知不覺地建立了一種認識事物的方法，即注意認識事物發展過程的前期現象——前兆，以求預知將來可能發生的事情，並預料自己行動的將來後果【161】。

渴望知道未來情勢的發展，是一種普遍的人性共同心理，於是前兆觀念就自然地產生了，然而這種觀念的產生仍深受神靈崇拜的影響，認為是鬼神對人的啟示和警告，由前兆到結果，一切都是在鬼神的影響下產生，從另一方面來說，這種前兆觀念也是因為人們無法理解自然界和周遭環境的變化，對此感到迷惘不安，於是臆想著那些偶發的現象或困惑難解的事物，是否隱藏著某些含意，因而將它們與後來所發生的事件互相聯繫，於是就把它們神秘地視為前兆，用神意或神秘力量來解釋這種聯繫，將前兆觀念與神靈崇拜相結合，社會上普遍崇拜鬼神，人們不認為推知未來事務的依據——前兆是自然發生的，而認為是鬼神力量的作用產生的，而相信前兆是鬼神對人的啟示與警告，而將來要發生的事物是鬼神給人們的懲罰或賞賜。另有一則傳說則是從濁水溪溪水顏色來決定依靠官府或加入民變的行列：

【161】朱天順：《中國古代宗教初探》（臺北市：谷風出版社，1986年10月），頁117。

濁水溪兩岸住著一群勤奮刻苦的農民，他們除了每年要與乾旱、洪水等天災抗爭之外，還有人禍──那些每幾年就會發生的民變，常常就發生在濁水溪兩岸的平原上。每次民變發生，兩岸居民都頭痛不已，以現在的政治術語來說，他們必須「選邊站」，也就是說，要在清朝官方與土匪亂黨之間做一個抉擇，如果選錯了便有毀村滅族的危險。

由於天然環境如此，所以濁水溪岸的農民，代代相傳一個智慧的經驗，今年太平與否，民眾應如何行事？只要觀察濁水溪的顏色就知道。溪水仍是濁色，則表示清朝天年仍存，不可以依附匪類，如果溪水轉清，則表示臺灣將要變天，臺灣人要出頭天了，農民可以加入反抗軍行動。

據說同治元年，戴潮春要在四張犁起兵抗官之前，濁水溪岸的農民，便看到濁水溪轉清三天，心中便有所抉擇，等到十餘日後，戴軍攻克彰化城，各地居民紛紛豎起紅旗響應。等到同治二年冬，戴潮春被補殺之前，濁水溪呈極度混濁，居民趕緊拆下紅旗，變成助官兵平亂的義軍，後來還得到清廷官方的褒獎賞賜【162】。

【162】莊華堂、葉媛妹：《河流的故事》（臺北市：聯經出版事業公司，2000年8月），頁171-172。

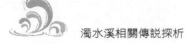

　　一般而言，前兆的顯現可從「人們不尋常的夢、個
人身上少有的生理現象，不尋常的動植物的出現，常見
動物的不尋常表現，生物的怪聲鳴叫，以及不尋常的
氣候和天象【163】。」等等來傳達，通常與這些現象相聯
繫的事件，有小至個人的疾病傷亡，大至國家的局勢變
化，皆能與之相關聯【164】。由此可知，人們賦予前兆的
臆想，往往是人們生活中的問題反映。

　　被認為上天有意向人預告的前兆，是人們把沒有聯
繫的兩件事情，在幻想中聯繫起來，認定先發生的現象
是後發生的現象的前兆。所以，前兆和另一現象之間
的聯繫，常都是偶然的巧合，而人們卻相信它們之間有
必然的的聯繫【165】。例如從前的人若是在半夜裡聽見了

【163】同註157，頁119。

【164】前兆觀念亦常出現於記載中，如山之鳴動兆示了即將發生變亂：「山
　　鳴動時，即是發生變亂的前兆。從前諸羅山和傀儡山的巨石裂開宛如刀切，
　　眾人以為兩山相戰，必有變亂，果然朱一貴在這年起事。」或是水火同源之
　　火熄滅之前兆：「嘉義深山有火山，稱水火同源。火熄滅時就是變亂前兆。
　　這裡的火曾熄滅三天，就發生戴萬生事變。」又「生在海濱的落藍盤或河畔
　　的蘆草，每葉都有白線痕時，傳說是這年會發生大水前兆。白線痕一條則一
　　次，二條即二次發生大水。」見片岡巖：《臺灣風俗誌》（臺北市：臺灣
　　日日新報社，1921年2月），第九集第一章〈臺灣人對自然現象的觀念及迷
　　信〉，頁782-795。這些等等皆是從反常的自然變化中尋找出與時事之關聯
　　性。

【165】舉例來說，在晚間有人看見一顆流星墜落於村西，第二天在部落裏一
　　個村民無故死亡，於是認為流星墜落於村西是部落即將有人要過世的前兆，

不知是什麼動物的可怕嚎叫聲，而使人們留下了深刻的
印象，就對那種動物的形狀做種種幻想上的描寫，甚至
取了名稱，而且在同年又發生了使人難忘的洪水災害，
在這種情況下，兩件難於理解的事情就容易被聯繫在一
起，這時如果有人聲言，某種動物的嚎叫是洪水災害來
臨的前兆，那麼這種前兆觀念便產生，如《山海經》中
記載許多野獸所代表的前兆：

> ……有獸焉，其狀如禺而四耳，其名長右，其音如
> 吟，見則縣郡大水【166】。

> ……有獸焉，其狀如彘而人面，黃身而赤尾，其名曰
> 合窳，其音如嬰兒，是獸也，食人亦食蟲蛇，見則天

以後便以此經驗來觀察問題；當再有流星墜落於村西時，而且第二天又有人
過世，或者不久以後有人死亡，這個部落就以這種巧合為依據，對這種前兆
觀念更加深信無疑。子子孫孫便不斷流傳下去，即使有幾次流星墜落村西，
部落並沒有人死亡，也會有人為傳統說法辯護，他們或者拿幾個月後有人死
了的事來說明前兆觀念的應驗，或者拿另一個部落死了人的事來說明，或者
解釋沒有發生有人死亡這件事的原因。又如天文現象中的日蝕，古時候的人
相信是即將發生災變的預兆，因此產生恐懼害怕，《左傳》昭公七年曾記載
夏四月甲辰朔發生日蝕，臣子勸諫：「國無政，不用善，則自取謫于日月之
災，故政不可不慎也。」可知當時之人相信日蝕的發生是在上位者不善政之
結果。

【166】晉‧郭璞注、袁珂校譯：《山海經校譯》（臺北市：明文書局，1986
年9月），卷一，〈南山經〉，頁4。

下大水【167】。

　　前兆觀念產生的過程，代表人民對於自身所無法理解的自然現象被神秘化為徵兆，濁水溪溪水突然變清亦屬一種自然現象，但是人們相信這是社會將有大災變或大的轉折時的預兆。人們由於受到自然力的壓迫，對於自己將來的遭遇和行動的後果迷惘不安，這種狀況迫使人們相信鬼神將會降兆示知，以指導行動，求免災而得福，其產生的背景，因為當時人們受著萬物有靈思想的支配，對於兩件找不出原因、不可理解的事物，就用上天的警世預告作用把它們聯繫起來，成為前兆觀念流傳開來。

【167】同註166，卷四，〈東山經〉，頁100。

第二節　濁水溪水利建設之傳說

　　在農業的社會中，人類用以維持生命的食料，不消說是在那些農作物上，而農作物收成的豐美或歉收，水，是一種極關重要的因素，在第二章已經詳細討論過濁水溪沖積平原適合種植水稻，且是臺灣之穀倉，因此離不開水，豐沛的水源是農業生產之重要關鍵因素。民間諺語云：「田是子，水是娘。」說明了水與田不可分開之關係和農田水利的重要性。農田水利即是以水利設施施之於農田，促進農業生產，供給人們足夠的食物所需，古人很早就體會到：「人之所生，衣與食也；衣食所生，水與土也【168】。」可見水、土二者對人類生存，至關重要，有水才有田。

　　「水利者，農之本也，無水則無田矣【169】。」特別是臺灣地區的農業，以栽培水稻為核心，種植水稻，與水的關係很大，離不開灌水、排水之技術。農民在長期的實踐中，深深地認識到，作為農業命脈的農田水利，在很大程度上決定著農業的興盛或衰落，決定著農業區的形成或轉移早期臺灣之水利未發達，每遇天旱，五穀枯死，實為農民之憾。幸而有熱心地方水利建設之官民

【168】姜彬：《稻作文化與江南民俗》（上海：上海文藝出版社，1996年4
　　　月），頁238。

【169】同註168。

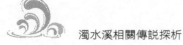

開築埤圳，疏通水道，農民才能豐收。

八堡圳乃引濁水溪之水而興建，在建造過程中流傳了農田水利相關之傳說，以下分林先生之傳說與八堡圳跑水祭之傳說兩部分來探討。

（一）林先生之傳說

由於八堡圳的開發，使彰化平原成為臺灣米倉，更是奠定臺灣中部農業發展之基礎，然而施世榜在建設八堡圳過程中遭遇到相當大的困難，一直遲遲無法將滔滔溪水引入圳埤中，所幸有林先生的協助才順利完成，林先生何許人也？《彰化縣誌》記載了林先生這位傳奇人物：

> 先生不知何許人也。衣冠古樸，談吐風雅，嘗見兵馬指揮施世榜曰：「聞子欲興彰邑水利，功德固大，但未得法耳。吾當為公成之。」問以名字，笑而不答，固請，乃曰：「但呼林先生可矣。」越日果至，受以方法。世榜悉如其言，遂通濁水，引以灌田，號八保圳，言彰邑十三保半，此水已溉八保也，年收水租穀以萬計。今施氏子孫累世富厚，皆食先生之餘澤焉。先生不求名利，惟以詩酒自娛，日遊谿壑間，有觸即便吟哦，詩多口占，有飄飄欲仙之致，惜無存稿示不傳於世也。方水圳成時，世榜將以千金為謝，先生辭弗受，亡何竟去，亦不知其所終，今圳籌祀以為

神【170】。

此則傳說是以人物為中心，敘述林先生協助施世榜
經過，同時記錄了其生平事蹟在特定時代背景之中，對
人民的貢獻與影響。為了紀念林先生創設盛業及其遺
澤，在彰化縣二水鄉源泉村八堡圳頭建造了一座林先生
廟來祭祀林先生【171】，每年舉行圳頭祭，已有兩百多年
歷史，顯示後人飲水思源、感念林先生事蹟的精神。有
〈林先生的傳說〉敘述林先生協助將八堡圳成功引濁水
溪入圳，卻隱身離去，不知去向的傳說：

【170】李廷璧主修、周璽總纂：《彰化縣誌》（臺北：成文出版社，1983年
3月）卷八，〈人物志‧隱逸〉，清道光十六年刊本，國立中央圖書館臺灣
分館所藏原刻本影印，中國方志叢書台灣地區第十六號，頁927-928。《彰化
縣志》記載：林先生曾留下一首七言律詩：「第一峰頭第一家，鶉衣百結視
如花；閒時嚼雪消煙火，醉後餐虹補歲華，欲得王侯為怎麼，奚須富貴作波
查，看來名利終何益，笑起蛟龍背上跨。」詩後另附言：「其餘尚多佳句，
施家子孫有能記憶一二者。」據此可知至少在道光年間，施家子孫還有能記
誦一、二首林先生詩作的。日據初期，日人伊能嘉矩蒐集資料撰寫《臺灣文
化志》時，曾採錄到一首相傳是林先生作品的七言律詩，云：「施家鑿圳灌
田畦，濁水瀠洄導以西。草微由來多顧水，源深幸有木為堤。隨山導勢南流
北，就水看形上喞低。十五葫蘆也同樣，畫歸虎鹿兩螺溪。」
【171】林先生廟供奉林先生、施世榜、黃仕卿三人祿位，為臺灣少有的官設
公廟，而且僅有廟但無神明，在臺灣寺廟中也很奇特，見沈文台：《臺灣鄉
土傳奇》（臺北市：常民文化出版社1998年5月），〈引水思源‧恩澤永續-
彰化農田水利會中元圳頭祭〉篇，頁101-104。

〈林先生的傳說〉

　　施世榜在鼻仔頭開設圳埤時，已經花了十年的時間，雖然圳埤完成了，但是一直沒有辦法將濁水溪溪水引入圳埤裡面，所以他非常苦惱，不知道該怎麼辦才好。

　　後來出現了一位白髮的老人，來找施世榜，對施世榜說：「你建設圳埤這個用意是很好，可以幫助彰化縣的農民，不過你的方法不對，我願意提供一套引水的方法教你。」林先生他就畫了一張水利圖，指示施世榜應該如何引水，施世榜請問這位老者姓名，他只說：「只要叫我林先生就可以了。」

　　然後施世榜依照林先生所指導的方法去做，又用林先生發明的籠仔篙遮水，結果終於完成圳埤通水，施世榜他非常高興，準備一筆金錢要答謝林先生，但是林先生堅持不收，沒有多久就消失無影無蹤，不知道林先生到哪裡去了。

　　有人看見他在圳頭的兩棵樹之間，留下一雙草鞋，綁在兩棵樹間，後來就不見了，大家才知道這位林先生是一個神仙，是哪一位神仙，就不知道了，從林先生在圳頭的兩棵樹留下一雙草鞋才發現「雙木為

林」的暗示，所以林先生應該是姓林【172】。

此則〈林先生的傳說〉描述林先生為一白髮老翁，脫草鞋置於八堡圳水源處的兩棵樹木之間，然後消失不見，居民認為這位白髮老翁是一位神仙，示現來幫助施世榜疏通圳水，由兩棵樹獲得「雙木為林」的啟示，而稱白頭老翁為林先生，雖然無法得知先生的真實姓名，但對於造福彰化平原這塊土地的引水者，鄉民則是充滿感激其盛功德澤，並稱林先生為「臺灣大禹」，以感懷其治水之貢獻。

另有〈八堡圳的一段傳奇〉是敘述施世榜興建八堡圳之過程與林先生這位人物之傳說：

施士榜生平樂善好施，閭黨宗族，大多受到他的周濟，存活不少。清康熙年間，臺灣中部的半線初闢，沃野萬頃，溪流分注，可是農功未啟，荒蕪遍野，居民大多數過的是半原始的生活，與草木為伍，共鹿豕遨遊，生活簡陋至極。

到了清康熙五十八年（西元一七一九年），施世榜眼見大地未闢，深為可惜，便大集流民千百，以開東螺之野，並引導濁水溪支流以灌溉。可是等到工程告竣時，而圳流不通。「怎麼辦呢？」施世榜覺得他的理想碰到了壁，但他不灰心，只要有人能使這條大圳的水流通，他一定致贈白銀千兩以為酬勞。後有一位老者前來求見施世榜，說道：「聽說你要大興彰化水利，功德固

【172】見〈采集篇－濁水溪相關地方風物傳說采集〉：〈林先生的傳說〉

大，但未得其法，極為可惜，我當助你一臂之力！」說著，人們問他姓名，他竟笑而不答。再請，才慢條斯理的說道：「我是來幫助你們興建水利的，你知不知道我的姓名沒關重要，如果你一定要問，那你就叫我林先生好了。」施世榜一一依照林老先生的指示，去加以改良。這一來，僅僅一兩個月的工夫，圳水果告大通，從此農民多所賴此。當時彰化縣下的農民，多以為這條人民生命般的大圳，是全靠施世榜之力才得以鑿成，便毫無異議地，把這條大圳取名為「施厝圳」，後來又有人叫它做「八堡圳」。那是因為那時彰化縣下有十三堡半的田畝，而這圳足以灌溉八堡之多，因以為名。自此歲收水租穀以萬石計。後來施氏子孫累世富厚，皆食當年林老先生的餘澤。

八堡圳通水竣工的時候，施世榜曾設下盛宴來慶祝，並準備一千兩白銀來給林老先生，林先生婉拒，便飄然而去，從此消失了蹤影。彰化縣下的農民們為了感謝他，便一致公議尊他為圳神，農民們每年都虔誠的祭拜他，至今不衰。至於施世榜，也並不因為成功地開鑿了這條八圳而感到滿足，他還繼續為善助人，地方受到幫助的人越來越多，因此，就把他的聲名一直傳下來。有一次彰化地區曾被一次颱風侵襲，損失不貲，而這條馳名中部的八堡大圳，也給部份破壞，圳水外洩，淹沒了一小部分地區的農田，農民大感困擾，紛紛出來謀求補救之道，但是，不管怎樣的修補填塞，終不能遏

止這些外洩的圳水。後出現一老者指示堵塞漏圳之法，終於大功告成。人們猜想這位老者是當年指點圳水通流的那一位林先生【173】。

　　關於這位林先生究竟是誰，無人知曉，他為何不願公佈真實姓名，引起許多人的猜測，據彰化縣二水鄉螺溪文史工作室負責人賴宗寶先生所歸納，有數種說法，列表如下：

【173】林曳：《臺灣民間傳奇》（臺北市：聯亞出版社，1979年11月），頁146-151。

表4-2　林先生之身分與推測之理由

林先生之身分	推測之理由
林先生應是姓林。	根據《彰化縣誌•人物志》之〈隱逸篇〉所記自稱林先生，因此認為林先生姓林。
林先生是招聘來之工程設計師。	因施世榜貼告示招賢尋求協助，林先生應徵而至。
林先生因特殊之緣由不便留名。	林先生為明末之遺臣，因此不便留名。
未知這位傳奇人物之姓名，姓林乃後人所猜測。	林先生因遺留一雙草鞋於兩棵樹木中間，因此後人猜測其姓林。
林先生是從中國來的水利工程師，自稱林先生。	林先生所提供之水利圖說，及指導土工法導水入圳，當時中國的水利工程已經發達，因此認為林先生應是從中國來的水利工程師。
林先生為引水路者。	當圳渠築成後，進行通水祭時，水由閘門引入時，必須由一個人在水道前奔跑，俗稱「跑引水」，林先生即是八堡圳完成後負責「跑引水」者。

吳德功於《瑞桃齋文稿》中有篇〈林先生傳〉首次提出林先生之姓名為「大喜」：

> 先生不知何許人也，名曰大喜，人稱為林先生。衣大布之衣，冠大帛之冠，年五十許，飄飄然有神仙之度。遍遊名川大澤，來寓於彰，雖蔬食菜羹晏如也。……迨圳落成，施公報以千金，先生辭不受，問其里居，林不答。時或歌詠自適，或遍遊名川，……，而先生胞與為懷，功成不受賞，宜乎後人思其德，立祠於八堡之圳簝，春秋之祭祀，俎豆馨香不替也。先生之名，載於施家開圳紀錄。

> 考縣誌載先生不知其姓氏，亦不知其所終，世遂以葛洪之輩目之，豈知施公開圳時，去鄭氏不遠，殆勝朝之遺老，或其子孫遯世逃名而隱於此耶【174】？

吳德功把一向被視為「不知何許人」的「林先生」，不僅稱他「名曰大喜」，且記為「年五十許」，都是言前人所未言，據吳德功所說：「先生之名，載於施家開圳紀錄」，由此推測，施世榜在開圳的同時，似乎曾留下詳細的紀錄，也詳記林先生所授方法。

【174】吳德功：《瑞桃齋文稿》（南投市：臺灣省文獻委員會，1992年5月），卷下，〈林先生傳〉，頁225-226。

雖然林先生的真實身分成謎，其隱士般的性格給予
人們飄忽不定之感，卻是此則傳說中之人物在特定時空
背景下的性格特徵流露，其情節類型類似於張紫晨所
說之「示意隱身型」【175】，即是對於某項非常困難的工
程無法完成，大家陷入困境中，此時有一老者出現，以
啞謎或實物指照，遂隱去。此則人物傳說固然是具有一
定的歷史性和可信性，但終究不是真實的歷史，可能只
是根據林先生這個人物以及開鑿八堡圳引濁水溪之水產
生困難之事件，通過幻想、虛構、誇飾、渲染等過程而
成。

（二）八堡圳跑水祭傳說

　　當濁水溪水能夠有大量水流進入八堡圳水圳裡，固
然可以提供農作物的灌溉用水，然一旦破堤氾濫，也會
毀人田舍，奪人性命，平常居民落水淹死的情形亦不
少，所以相傳在開鑿完成八堡圳後，必須舉行盛大祭典
以祭拜圳神，即是所謂的「跑水祭」，〈跑引水的由
來〉說明了八堡圳的特殊祭祀圳神方式：

【175】張紫晨先生以中國傳說為研究對象，按情節的類型加以分類，將常見
的傳說，大體概括為二十一個情節類型。見張紫晨：《中國古代傳說》（延
邊：吉林文史出版社，1986年7月），頁19-25。

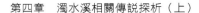

〈跑引水的由來〉

施世榜開八堡圳到最後完成的時候，要進行第一次通水的典禮，水由閘門引進來，這個時候必須由一個人在水道前面奔跑，叫做「跑引水」，是希望濁水溪豐沛的水量能夠不斷的流入圳裡，讓農民有很多很多的灌溉水可以使用，也希望圳神保佑大家年年豐收，年年平安。有人說林先生就是八堡圳完成後負責「跑引水」的第一個人，他代表大家冒著生命的危險拼著命一直跑、一直跑，濁水溪的水才可以順利流進來。

到後來「跑引水」是以活人當供品，才能常保平安，圳神有保佑，灌溉才會順利。當然很少人會願意犧牲把自己當供品，所以是花錢買人，買的對象差不多是乞丐還是流浪漢，談好一切之後，由地方養他一段期間吃好的、穿好的，好好享受他的最後一段生活，等到了要舉行圳頭祭開水門的時候，他就必須頭頂放著供品，在剛剛開水門的圳水前面快跑，跑得過或是好運氣，命還是他的；若是跑不過當然被大水沖走犧牲了。因為被當做犧牲的跑水者活命的機會不大，所以都會在現場的另外一邊準備一口棺木，等待收他的屍體。因為他是自己願意的，所以也沒話說。這就是古早時候為了祭拜圳神，所以有「跑水祭」這

種儀式【176】。

　　早期八堡圳所舉行之「跑水祭」是以活人當供品祭祀，類似於中國的「河伯娶婦」，就犧牲對象而言，所不同的只是前者多半出於自願，後者則是被迫當成供品。《史記‧滑稽列傳》：「魏文侯時，西門豹為鄴令，豹往到鄴，會長老，問之民所疾苦。長老曰：苦為河伯娶婦，以故貧【177】。」當時巫師勾結豪紳，賦斂百姓，每年用二、三十萬費用為河伯娶妻，巫師把強行聘娶的女子放於河邊之齋宮，「張緹絳帷，女居其中。為具牛酒飯食行十餘日，共粉飾之，如嫁女床席，令女居其上，浮之河中。始浮，行數十里乃沒。……【178】。」以活人當祭祀之供品以現在角度視之，固然感到不可思

【176】見〈采集篇－濁水溪相關地方風物傳說采集〉：〈跑引水的由來〉

【177】司馬遷：《史記》（臺北：藝文印書館），卷一百二十六，〈列傳第六十六‧滑稽〉，清乾隆武英殿刊本景印，頁1315。

【178】同註177。另外《水經注》所見的河伯娶妻與西門豹斷絕淫祀的故事是：「戰國之世，俗巫為河伯取婦，祭于此陌。魏文侯時，西門豹為鄴令，約諸三老曰：『為何伯娶婦，幸來告知，吾欲送女。』皆曰：『諾。』至時，三老廷椽賦斂百姓，取錢百萬。巫覡行里中有好女者，祝當為河伯婦，以錢三萬聘女，沐浴脂粉如嫁狀。豹往會之。三老巫椽與民咸集赴觀，巫嫗年七十，從十女弟子。豹呼婦視之，以為非妙，令巫嫗入報河伯，投巫于河中。有頃曰：『何久也？』又令三弟子及三老入白，立投于河。豹磬折曰：『三老不來，奈何？』復欲使廷椽豪長趣之，皆叩頭流血，乞不為河伯娶婦。淫祀雖斷，地留祭陌之稱焉。」見後魏‧酈道元：《水經注》（臺北：藝文印書館），卷十，據清乾隆聚珍版叢書本影印，頁10。

議，然早期社會之人們對外在世界認識極其有限，相對地，對外在事物的把握也是極其有限，他們要生存、發展，而僅靠自身的力量是遠遠不夠的，「正因如此，他們的願望與他們對外在事物的認識掛勾，便產生了利用外在力量的意念，這種外在的力量及其載體也就成為人們崇拜的對象。這種力量和載體或者是可分可合，或者是始終合一，但對它們的崇拜卻反映了人們的需要和利益【179】。」在當時的確是反映了人類對其尚未認識或無法把握的事物心生畏懼，進而產生以活人祭祀圳神之需求。

以人殉河當祭品之事在中國乃自古流傳的一種巫術信仰，《漢書·王導傳》言太守王導沉白馬圭璧祭河，使巫策視，請以身填金堤，王導以身填河，水乃止，死後民為立河侯祠祀之。唐代郭子儀鎮河中日，河甚為患，子儀禱河神曰：「水患止，當以女奉妻。」已而河復故道，其女一日無疾而卒，子儀以其骨塑之于廟。這些都是用人祭河的遺風。

經過某種特定的巫術儀禮，把處女投入河中作為獻給水神的妻子，這樣的巫術信仰是世界許多民族都有的。古代的許多民族相信如果不定期的獻女子給河中的魚蛇之類的水神，水神就會發動水災毀滅居民，或是讓

【179】喬繼堂：《中國人的偶像崇拜》（臺北市：百觀出版社，1993年1月），頁115。

水泉乾涸,斷絕人類的飲水。東非的阿基庫尤人每年投
村中少女數人於河中,巫者命令村人在河邊蓋起小屋,
由他代替河神與這些少女完婚。馬爾地夫群島的居民
每月把少女獨自留在海邊的神殿作為獻給水怪精靈的妻
子,第二天早晨去看時,少女已失去童貞死在殿內。東
印度布魯島上的居民曾經受到大群鱷魚毀滅的威脅,他
們以為此一不幸來自鱷魚王子的憤怒,因為他看上了
某個姑娘,於是強迫被選為祭品的少女的父親,為女兒
穿上新娘的衣服,送入河中餵那些被他們當做水神的鱷
魚【180】,此類比比可見於各民族的同類型巫術祭儀,都
如同中國以女子妻河的「河伯娶婦」的故事。

現代的八堡圳跑水祭,不再以活人當祭品,民國
八十四年全國文藝季開始舉辦以「八堡圳傳奇」的民俗
活動為主題,其中開圳水的「跑水祭」,是少見的民間
祭祀活動,而開放通水的流量已經由水門控制,水量只
約膝蓋深,而除頂著供品的跑水者外,一大群人跟在後
面一路跑,從八堡圳取水口的水門,到一、二圳分圳口
閘門約一千公尺距離,試圖從跑水祭中體會先民開鑿八
堡圳的辛苦及功勞。

【180】弗雷澤(J.G.Frazer)著、汪培基譯:《金枝》(臺北市:九大文化股
　　份有限公司,1991年2月),頁222。

第五章　濁水溪相關傳說探析（中）

第四章探討了濁水溪相關傳說，包括濁水溪溪水特性之傳說，說明解釋濁水溪為何總是混濁不清之傳說，以及濁水溪清濁與民變之關係，第二節則是討論濁水溪水利建設過程中所流傳之傳說，以林先生之傳說和八堡圳跑水祭傳說為主要論述，本章將繼續針對濁水溪相關傳說，依其性質與內容，分為濁水溪水災之傳說與信仰之傳說，水災之傳說包括警告濁水溪將氾濫的傳說、水災之傳說、征服水災之傳說三部份進行探究，試圖從濁水溪這條河流本身的特性，如發生水災氾濫對人們的影響，人們是以什麼樣的角度看待濁水溪這條河流，以探討濁水溪與居民之關係。其次，進一步探討濁水溪相關之信仰傳說，包括水神信仰之傳說、土地公信仰之傳說、石頭信仰之傳說、樹神信仰之傳說四個部分，產生這些濁水溪信仰傳說的原因，多與祈求濁水溪水源豐沛以及減少水患有關。

第一節　濁水溪水災之傳說

　　天然界的水，在其循環過程中，與人類關係最密切的，實為雨水落地、流成河川、然後匯歸海洋的一段。水在此一過程中，對於人類的影響殊不一致。有些時候在有些地區，水可為人類利用，產生或增加財富，故為人類所歡迎崇拜；但另在某時某地，亦可能帶來麻煩或災害，而為人所詛罵厭惡。早期人們視水災為天命，人力無法違抗。濁水溪下游河道變遷與氾濫影響當地人民生活甚大，水能興利，下游的沖積扇平原帶來了灌溉的水源，增加生產；水亦能興害，河道一旦氾濫未能有效控制，所造成的傷害則無法估計。

　　崇拜水、讚美水，又畏懼水，粗看這種自相矛盾，實際上卻有一個共同的現實生活的根源，那就是人們渴望征服自然，求得生存和發展。以下將分警告濁水溪將氾濫的傳說、水災之傳說、征服水災的傳說三個層面探討。

（一）警告濁水溪將氾濫的傳說

　　濁水溪沖積平原雖然帶來了富庶，但也由於河道經常氾濫，造成田園及村莊的流失，生命安全沒有保障，一到夏季，居民便要開始提心吊膽，深怕辛苦務農的成果瞬間消逝。彰化縣二水鄉境內的龍仔頭，為八卦山脈南端起點的主峰，同一條巨龍的龍頭，左側有獅仔嶺，如同猛虎爬山，相當壯觀。

　　每當雨季來臨，濁水溪即將氾濫時，二水鄉民就流傳著

龍仔頭和獅仔嶺會發出龍吟獅吼之聲的說法，警告居民小心防範水災，都能將災難減至最低，〈龍仔頭獅仔嶺的傳說〉除了說明濁水溪即將發生水災之前，二水鄉內的龍仔頭與獅仔嶺會預先發出龍吟獅吼以警告當地居民，並以風水之說解釋後來龍仔頭與獅仔嶺不再發出聲音的緣故，是因為日本人建了濁水溪鐵橋後破壞了這個地理：

〈龍仔頭和獅仔嶺的傳說〉

　　彰化縣內的八卦山，是非常有名，我們二水鄉的人講喔，八卦山的山頭是自二水鄉開始，二水鄉有一座山叫做「龍仔頭」，它正是八卦山的龍頭，也是主峰，隔壁一座山是獅仔嶺，很像是一隻獅子在爬山，是很有氣勢的一座山。

　　聽古早時候的人說，如果是一直下大雨，濁水溪即將發生水災的前幾天，龍仔頭和獅仔嶺都會發出龍吟虎嘯的聲音，警告二水人趕緊趁早做準備，有一次即將發生大水災，就在水災前幾天聽到龍仔頭和獅仔嶺這兩座山一直有很大的聲音傳出來，好像在說：「快啊！快啊！快走啊！要做大水了！」

　　不過在日本時代，日本人建好濁水溪鐵橋的時候，通車以後，都不曾聽過龍仔頭與獅仔嶺有龍吟虎嘯的聲音了，聽別人講說是因為建濁水溪鐵橋，地理先生說龍仔頭這個好地理已經被日本人破壞了

啊【181】！

　　山的形狀千姿百態，其中以因像動物而稱為山名者
亦不少【182】，與人類的關係密切，人們對其形狀十分熟
悉，因此就將一些與動物相像的山、石以動物為名，龍
與獅自古以來即是人們口中傳誦不絕的兩種異獸，前
者是出於想像之物，後者雖實有其物，而人們仍賦予想
像的色彩，凡此種種，皆是被生命化了，平常的山川草
木，皆被當做有生命的東西看待，龍和獅虎亦經常被
視為山神化身的動物，例如雲南布朗族的山神叫「叭
呀尼卡」，據說，它原是一條龍，專門管理山林，吃
野獸，也吃人，如果人們不去敬供，它就變成老虎來吃
人【183】。可知龍與獅虎經常出現在人們以山為命名之物

【181】見〈采集篇－濁水溪相關地方風物傳說采集〉：〈龍仔頭和獅仔嶺的
　　　傳說〉

【182】例如中國桂林的象鼻山，因其山像一隻大象站在漓江邊，伸長鼻子吸
　　　江水而得名，「在以山形象命名的桂林諸山中，算象鼻山最為貼切，它不但
　　　有象身、象鼻，而且還有眼睛、耳朵，遠看近看，都非常像。」見蘇長仙：
　　　《山水‧風物‧人情》（桂林：漓江出版社，1988年1月），頁19。又如浙
　　　江象山縣有一座烏龜山，亦因其形像隻烏龜而得名，其他如燕尾山、虎頭
　　　山、狼牙山、獅面山等等，均以動物其中某一部位命名為山名，這些為山命
　　　名之方式，一般乃山的外部型態狀似何種動物加上人們的想像，是十分普遍
　　　的山名形成方式。

【183】見秘浩存編：《中國各民族宗教與神話大辭典》（北京：學苑出版
　　　社，1993年10月），頁215。另外在東北地區把山林之王老虎視為山神，有
　　　的地方稱老虎為山君，把老虎視為山神的化身，因為山中老虎是人們生存的

或是奉為山神。此則〈龍仔頭和獅仔嶺的傳說〉將龍仔頭與獅仔嶺加以想像，並擬人化，從本是無生命的自然物，認為能夠發出聲音，並由發出聲音提出對人的警告，即將有災難要發生【184】，人們相信動物具有比人類預先知道災難發生的能力。

　　另有一則〈石獅眼睛流血，水災要發生〉，是敘述無生命的石獅子卻成為預兆水災之物：

大敵，隨時都有葬身虎口的危險。人們尊崇老虎、祭拜老虎，就是希望求得它的開恩，讓人們得到平安。

【184】人類對於動物鳥獸所發出的特殊聲音或鳴叫，經常認為是某種預言，例如在西方有七種嘯聲預言鳥（Seven Whistlers），是指某些以其叫聲預告海上、礦井裡或別處將發生災難的鳥。在什羅浦郡這個地方的人認為嘯預言鳥只有六隻，仍在尋找第七隻，當第七隻尋找到了，世界末日也就來臨。士兵們認為，鳥在戰爭開始前叫必有惡戰；海員們相信，這些鳥是淹死的同伴的幽靈，鳴叫著告訴他們即將來臨的風暴和危險。在各種傳說中，其叫聲都是死亡和災難的預兆。見（英）克里斯蒂娜‧霍莉著、徐廣聯等人譯：《西方民俗傳說辭典》（合肥：黃山書社，1990年11月），頁3-4。

〈石獅流血，水災要發生〉

很久以前，有一個頭腦不太聰明的少年人，他的名字叫做阿三，因為他憨憨呆呆的，所以大家就很喜歡捉弄他，和他開玩笑，但是阿三不覺得怎樣，也是歡歡喜喜的過日子，和他媽媽相依為命，雖然生活過得很清苦，但是阿三還是非常孝順他媽媽，日子就這樣一天一天過去了。

有一天，阿三在市場賣菜的時候，看到一位老人在路邊討飯，阿三看他很可憐，就想要幫忙他，阿三拿一些東西送給這個老人，這個老人因為接受了阿三的好意，很感動，就告訴阿三說：「看你這麼好心，我就洩漏一個天機告訴你，在媽祖宮前面有一對石獅，你去看那對石獅子的眼睛要是流血時，就代表會有水災發生，那時候千萬別猶豫，趕快把包袱收一收，帶你母親去避難，趕快離開這個地方。」

因為阿三本性善良，就把這個秘密告訴鄉居朋友，但是大家平常的時候欺負阿三習慣了，沒有一個人相信他，還打算捉弄阿三，看阿三的反應。

這天阿三和平常一樣到市場賣菜，想要開阿三玩笑的那群人已經偷偷在媽祖宮面前那對石獅的眼睛上塗上紅水，看起來就像是血。阿三收攤了後，到廟前檢查石獅，一看，嚇了一大跳！糟了！趕快叫大家準

備離開，但是沒有人理他，最後，只有阿三帶著他的媽媽離開，跑去躲了。

　　就在那天的夜晚，天上下大雨，一直下雨，下三天三夜，濁水溪溪水越來越大，水一直漲高，開始流進了田裡、村裡，很多人來不及跑，死了很多畜生和人。

　　等到大水退去了後，阿三回家看了後，一切都改變很大，那位向阿三說天機的人，聽說是因為阿三平常時的孝順和善良感動了媽祖，媽祖化身變成乞丐，來幫助阿三躲過水災【185】。

　事實上地方傳說常是有翅膀的，所以我們在其他地方都可以發現它的蹤跡，丁乃通《中國民間故事類型索引》依AT分類法將中國民間故事以類型分類，其中825A型〈懷疑的人促使預言中的洪水到來〉即是此則〈石獅眼睛流血，水災要發生〉之類型，亦與胡萬川先生之〈邛都老姥與歷陽嫗故事之研究〉所提歷陽嫗一類故事類似【186】，《淮南子‧俶真訓》：「夫歷陽之都一

【185】見〈采集篇－濁水溪相關地方風物傳說采集〉：〈石獅流血，水災要發生〉

【186】胡萬川：〈邛都老姥與歷陽故事之研究〉，收於中央研究院：《第二屆國際漢學會議論文集-文學組》（臺北：中央研究院，1994年9月），頁386-388。

夕反而為湖。勇力聖智與罷怯不肖者同命【187】。」歷陽
嫗故事內容，依高誘注云：

> 歷陽，淮南國之縣名，今屬江都。昔有老嫗常行仁
> 義。有二諸生過之，謂曰：「此國當沒為湖。」謂
> 嫗：「視東城門閫有血，便走上北山，勿顧也！」自
> 此，嫗便往視門閫。閫者問之，嫗對曰如是。其暮，
> 門吏故殺雞，血塗門閫。明旦，老嫗早晚視門，見
> 血，便上北山，國沒為湖。與門吏言其事，適一宿
> 耳。一夕旦而為湖也，勇怯同命無遺脫也【188】。

又如劉斧《青瑣高議》中亦有一則與歷陽嫗相類之故
事，是關於古巢州的地方傳說：

> 究地理，今巢湖，古巢州也，或改為巢邑。一日江水
> 暴乏，城幾沒。水復故道，城溝有具魚，長數十丈，
> 血鬣金鱗，電目赭尾，困臥淺水，傾郡人觀焉。後三
> 日，魚乃死。郡人臠其肉以歸，貨於市，人皆食之。
> 有漁者與姆同里巷，以肉數斤遺姆，姆不食。懸之於
> 門。一日，有老叟霜鬢雪鬚，行步語言甚異，詢姆
> 曰：「人皆食魚之肉，爾獨不食懸之，何也？」姆
> 曰：「我聞魚之數百斤者，皆異物也。今此魚萬斤，
> 我恐是龍焉，固不可食。」叟曰：「此乃吾子之肉

【187】西漢・劉安：《淮南子》（臺北：藝文印書館，1968年2月），頁69。
【188】同註187。

也，不幸罹此大禍，反膏人口腹，痛淪骨髓，吾誓不捨食吾子之肉者也。爾獨不食，吾將厚報爾。吾又知爾善能拯救貧苦，若東寺門石龜目赤，此城當陷。爾食候之，若然，爾當急去無留也。」叟乃去。姆日日往視，有稚子訝姆，問之，姆以實告。稚子欺人，乃以朱傳龜目，姆見，急去出城。俄有小青衣童子曰：「吾龍之幼子。」引姆升山，回視全城陷於驚波巨浪，魚龍交現。……居人則皆龍氏之族，他不可居，一何異哉【189】！

　　石龜或石獅眼赤，皆代表水災發生前之預兆物。「赤」、「紅」乃是血的同義語，是一種以血兆凶的俗

【189】宋・劉斧：《青瑣高議》（臺北：河洛圖書出版社，1977年4月），頁101。《搜神記》卷二十中有「古巢」一條，即此故事之綱要，近人汪紹楹校注《搜神記》認為：「本條未見各書引作《搜神記》。按本事見宋劉斧《青瑣高議・後集》一〈大姆記〉，文句類同，當非本書，應刪正。」《搜神記》所記為：「古巢一日江水暴漲，尋復故道。港有巨魚，重萬斤，三日乃死。合郡皆食之，一老姆獨不食。忽有老叟曰：『此吾子也。不幸罹此禍！汝獨不食，吾厚報汝！若東門石龜目赤，城當陷。』姆日往視。有稚子訝之，姆以實告。稚子欺之，以朱傳龜目。姆見，急出城。有青衣童子曰：『吾，龍之子。』乃引姆登山，而城陷為湖。」晉・干寶撰、汪紹楹校注：《搜神記》（臺北：里仁書局，1982年9月），頁239。此外，《述異記》亦有類似之說：「和州歷陽淪為湖。昔有書生，遇一老姆，姆待之厚。生謂姆曰：『此縣門石龜眼血出，此地當陷為湖。』姆後數往視之。門吏問姆，姆具答之。吏以硃點龜眼。姆見遂走。上北山，顧城遂陷焉。今湖中有明府魚、奴魚、婢魚。」見梁・任昉：《述異記》（臺北：藝文印書館），卷上，龍威秘書本，頁13。

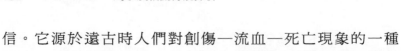
信。它源於遠古時人們對創傷—流血—死亡現象的一種聯想。血本身與災禍的發生無直接關係，但它往往是災禍帶來的後果【190】。

有血出現之象徵在人類的觀念上是犯忌諱的，這種思想的成立，在心理過程上自然有它的必然性，因為在人們的觀察和經驗中，無論是人類或是動物出血，就其思考環節的因與果中，流血是因，死亡是果，因此便有「見血，即預兆著將面臨災難，導致死亡。」這樣的觀念形成，流血是生命發生危險的訊號，由此產生了以紅色為警戒之信仰，從心理學的角度而言，紅色除了令人感到興奮、衝動外，也使人生起警戒與緊張。

在人類的法術或宗教中，也往往使用血這種東西做為驅邪或祭祀之用，這尤可見他們對於血的重視，古代人對於血兆觀念經常可見，如：「天雨血，是謂天見其妖，不正者不得久處其位；不出三年兵起。」、「木無故血出，及汗流出地，邑敗，有兵。」、「地出血，為兵亂國亡；地忽生血，國將虛。」、「水赤如血，邑有流血。」、「井水赤，邑虛；相攻，主亡。」等等，皆是說明古代人對於血兆之觀念。

以上所舉數則與石龜目赤、石獅眼血是有相等或相近之

<hr />

【190】何紅一：〈災異、徵兆、犧牲—從「陷湖」傳說到「獻身」故事〉，收於中國民俗學會編：《中國民俗學研究》（北京：中央民族大學出版，1994年9月），頁256。

意味，皆是以血為兆，並以自然物或人工物為預兆之物，故可知古人對於有血或近似流血之現象，懷抱著一種恐懼的心理，也推衍到自然界，形成災害將要發生之預兆，同時反映了人們企圖認識災異、把握禍福、主宰命運的願望，人們在突如其來的災異面前之恐懼和軟弱無力，故不自覺地將之神秘化。

（二）濁水溪水災之傳說

《舊約‧創世紀》中曾有一段記載上帝因為憤怒人類的敗壞行為，降臨了大洪水，毀滅地上一切有生命之物：

> 上帝觀看世界，見是敗壞了。凡有血氣的人，在地上都敗壞了行為。上帝就對挪亞說：「凡有血氣的人，他的盡頭已經來到我面前，……看哪！我要使洪水氾濫在地上，毀滅天下，凡地上有血肉、有氣息的活物，無一不死。」……。

> 挪亞就同他的妻、和兒子、兒婦，都進入方舟、躲避洪水。潔淨的畜類、和不潔淨的畜類、飛鳥並地上一切的昆蟲，都是一對一對的，有公有母，到挪亞那裡，進入方舟，正如上帝所吩咐挪亞的。……。

> 洪水氾濫在地上四十天，水往上長，把方舟從地上飄起。……凡地上各類的活物，連人帶牲畜、昆蟲、以及空中的飛鳥，都從地上除滅了，只留下挪亞和那些

　　與他同在方舟裏的。……【191】。

　　這不只是希伯來人所特有的說法【192】，事實上，有關水災洪水的傳說，被認為具有共通性，世界各地，從歐洲到南太平洋，從美洲到遠東，都有洪水的故事流傳。這些故事零碎的細節，都會令人想到挪亞的洪水，只是程度不同。洪水可能是因神的怒氣而來，而

【191】香港聖經公會：《新舊約全書》（香港：香港聖經公會，1968年10月），頁6-7。

【192】巴比倫與挪亞的故事較為接近，也有幾種說法，其中的英雄分別為裘蘇德拉（Ziusudra）、烏納必士丁（Utnapishtim）、亞特拉哈斯（Atrahasis）。在巴比倫洪水傳說裡，洪水的發生是由諸神命定的，根據英雄亞特拉哈斯的這個說法，洪水是平息人喧嚷吵鬧的最後辦法，好讓天庭能小睡一陣。不過，有位持異議的神警告了故事中的英雄，這位英雄乃是敬拜這位神的，祂要英雄造一艘船，但其目的必須保持機密，要用編造的故事來打發好奇的詢問者。巴比倫的船是七層的立方體，長寬高各一百二十肘，抹遍松香以防水，又裝滿金錢與存糧，上船的有英雄的家人、各種動物及工匠。然後暴雨來了，下得如此猛烈，以致連眾神都為自己的所作感到害怕。經過七天以後，這位英雄打開窗戶，終於遠望見陸地。船後來停在尼塞山（Nisir），再過七天，他接連放出三隻鳥類，前兩隻為鴿子和燕子，牠們飛了回來；但第三隻鳥是烏鴉，牠發現水退了，就不再回來。然後，英雄下了船，向諸神獻祭，他們因為缺乏祭物，早已飢腸轆轆。於是「諸神聞到馨香之氣，便像蒼蠅一般齊聚到祭物那裡去了。」天庭學到了一課，這個計劃的主腦受到斥責。為了彌補，他把神性賦予洪水的英雄。見柯德納（Derek Kinder）著、劉良淑譯：《丁道爾舊約聖經註釋：創世紀》（臺北市：校園書房出版社，1991年12月），頁102-103。若說挪亞洪水的片斷記憶，被日益擴散的後裔帶到了遙遠的異地，是相當合理的推想；然值得注意的是，洪水並不是罕見的災難，而逃生者的經驗應有共通之處。

有一個人事先得到警告。在希臘的故事中，丟加良
（Deucalion）的船，就像挪亞方舟一般，是個箱子，
最後著陸在一座山上。有些北美印地安神話，談到一對
對動物被帶到一個筏子上，也有鳥被派去偵查。臺灣布
農族亦有攜帶動物至山上以避洪水的說法：

> 從前有一條巨蛇堵塞了溪流，溪水流不走，大水逐
> 漸淹沒大地。人們就依著禽獸的種類，每一個種類
> 都帶著一雄一雌，成對的帶到瑪布哈山（玉山）
> 上。……有一隻跟堵河的那條蛇一樣大的螃蟹，找到
> 蛇藏身的地方，用牠的巨螯把蛇夾斷，大水才逐漸退
> 去。……【193】。

尹建中、謝繼昌先生曾討論過布農族洪水傳說被蒐
集紀錄的約有十三則，其中五則提及洪水的原因，四則
說是大蛇堵住了河流（或濁水溪），引起洪水氾濫；
一則說是巨蟹用螯要箝食大蛇，大蛇逃入海中，產生海
嘯，引起洪水氾濫【194】。由此可知在人類的生存發展過
程中，洪水的傳說一直流傳不斷。

濁水溪由於河道經常變遷，造成水災氾濫者不計其數，

【193】巴蘇亞‧博伊哲努（浦忠成）：《臺灣原住民的口傳文學》（臺北
市：常民文化出版公司，1996年5月），頁54-55。

【194】謝繼昌：〈布農族神話傳說思維的探討〉，收於《中國神話與傳說學
術研討會論文集》（臺北市：漢學研究中心，1996年3月），頁637-648。

使濁水溪下游鄉鎮的居民飽受水害之苦，〈國聖王紀念碑的傳說〉是發生於清道光十八年（西元1838年），歲次戊戌的一場大水災之傳說，大家認為是國聖爺鄭成功幫助除去水患，使大水退去：

〈國聖王紀念碑的傳說〉

　　國聖王碑位於二水鄉濁水溪堤防上，傳說在清朝道光十八年時，那年是戊戌年六月的時候，濁水溪山水淹進來，氾濫成災，濁水溪源源不斷流入二水鄉，整個二水鄉街道都是水，溪底田也都被沖走流失，一片汪洋，鄉民皆爬上屋頂以避水災，全部的鄉民都陷入大水的災難中，結果，大水來勢洶洶已經靠近現在的堤防下，那時候是還沒有築濁水溪堤防的，像苦苓腳、番仔寮、埤仔頭、五百步仔那些地方都在一片大水裡面。

　　在很危險的當中，大家都不知道要怎麼辦才好，就有很多人跪下來祈求神明，拜託上天幫忙，說來也真奇怪，很大的大水突然消退，雨水也變小了，大家很高興，感謝神明的幫忙，讓大水退去。

　　在大水退去後，有人發現有一塊上面刻有「國聖王」的牌令留在現在濁水溪的堤防邊這個地方，大家就相互傳說，這次能順利度過水災，是因為有國聖爺鄭成功的保佑，才能平安，大家為了感謝國聖王，

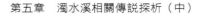

在發現國聖王令牌地方，就建了一座國聖王碑來紀
念他，也塑了一座國聖王的神像，放在隔壁的贊修宮
中，定每年的六月三日是大水災紀念日，要去燒香拜
拜【195】。

　濁水溪氾濫所造成的水患對二水鄉影響最大者以清
道光十八年（西元1838年）之戊戌大水災最為嚴重，
因為一塊國聖王的令牌使大水退去，居民感念其德澤立
碑紀念，定每年六月三日為水災紀念日，祭祀國聖王。
此則傳說特別的是開臺聖王鄭成功其足跡並未到過二水
鄉，而是國聖王的牌令解救了鄉民的災難，說明人類在
危急發生時容易求諸於天地之神，祈求奇蹟發生，而鄭
成功在此時已被神格化，即是基於臺灣的生活背景，以
及人民的意念所融合而成的。人們對於這一位開創性的
人物充滿敬畏，因為他帶領人們開闢了一個新的境域，
正落實了人們的需要；視他為神的化身，於是透過傳說
將他神格化，正是理所當然的。而且他為臺灣所作的一
切早已深入人心，人們將這份濃厚的情感，日積月累地
凝聚成一股根深蒂固的信仰，進而將他昇化為神明，作
為護臺佑民的「開臺聖王」、「開山聖王」【196】。

【195】見〈采集篇一濁水溪相關地方風物傳說采集〉：〈國聖王紀念碑的傳
　　說〉
【196】婁子匡：〈臺灣民俗源流〉，收於《民俗叢書第六十四集》（臺北

在近代則以戊戌大水災及八七水災對濁水溪下游居
民影響最大，戊戌大水災，時人稱鐵颱，那次大水災發
生於清光緒二十四年【197】，因清水溪上游草嶺潭潰決，
流路北移，洪水回歸舊濁水溪（東螺溪）故道，使當
時的臺中縣（包括今日的苗栗縣、臺中縣、彰化縣、雲
林縣）遭受莫大損失【198】。隔了一甲子年，濁水溪又發
生一次大水災，即是八七水災，〈八七水災的傳說〉則
敘述了八七水災當時的情形及蒙受觀世音菩薩的救度傳
說：

〈八七水災的傳說〉

　　八七水災是四十年前的事情了，它是一個災難，
二水鄉那時是因為下大雨，濁水溪沒有辦法疏通水，

市：東方文化書局，1972年5月），頁36。

【197】有關戊戌大水災文獻多只記載發生於光緒二十四年（西元1898年），
　　　詳細時間不明，但彰化縣二林鎮有一位生於光緒十六年的陳筆先生（民國
　　　八十三年逝世），非常清楚記得大水災發生的時間是農曆七月二十八日，即
　　　是新曆八月二十四日，家家戶戶正忙著做粿之時。陳老先生一生經歷的兩次
　　　大水災都是戊戌年，另一次則是民國四十八年的八七水災。見張素玢：〈日
　　　治時期北斗地區的開發〉，收於《臺灣開發史論文集》（臺北：國史館，
　　　1997年12月），頁113。

【198】當時的紀錄為房屋五千五百六十七戶全倒，八千零五十四戶以上半
　　　倒，死亡人數一百四十八人。見《臺灣日日新報》，明治三十一年八月
　　　三十一日，第一百號。

水一直淹到橋的頂，山坑的水也滿出來，整個濁水溪溪水非常大，溪水沒有多久就淹到二水，二水鄉四處都是水，不幸的是，本來下大雨做大水時，八堡圳是在排水用的，不過偏偏被山坑的土、石頭塞住，未流通。二水鄉裡面八卦山山坑流出的山水，全部被塞住以後，流去二水鄉村裡。濁水溪水、加上各坑門山水都流進來，真是「厝漏又下雨」，一時全鄉都淹起來了。二水街上的路，已經沒有分圳和道路，水深到肚臍以上了。

　　二水鄉全部被大水淹沒，全莊有很多土确厝，竹槓仔厝全倒，畜牲也浮在水面，被大水圍困的村民，爬到屋頂、樹上喊救命，也有人用竹竿來救人，小孩就放進去筒子裡，用繩子綁起來，這個時候，有很多人跪下來唸「南無觀世音菩薩大慈大悲救苦救難」，祈求菩薩保佑。

　　突然聽說有人看到觀世音菩薩顯靈在半空中，右手拿著柳枝，左手拿著淨水瓶，腳上踏一條青龍，灑甘露水幫忙退水，還有人用相機拍下觀世音菩薩顯靈的相片，證明所說的是真的。這次水災，大家都記得，也感謝觀世音菩薩的幫忙，很多人家裡都有這張相片【199】。

【199】見〈采集篇－濁水溪相關地方風物傳說采集〉：〈八七水災的傳說〉

民國四十八年發生的八七水災【200】，造成居住在

【200】據螺溪文史工作室賴宗寶先生所敘述戊戌大水災與八七水災的記憶
中，可知水災發生時之驚險：

　　二水鄉地理位置瀕臨濁水溪中下游北岸，又有二條水圳-八堡一、二圳，
縱貫二水鄉境。因此，「水」雖然帶給二水鄉民無限的便給，但也帶給二水
鄉民兩次非常大的災害。其一是清末光緒24年農曆6月3日，即1898年（一說
是1838年）的所謂「戊戌年大水災」；其次是1959年（即民國48年）8月7日的
「八七水災」。兩次大水災，所不同的是戊戌年大水災的災源源自濁水溪溪水
暴漲；八七水災的災源除了濁水溪溪水暴漲外，尚有來自八堡一圳的渠道被土
石流堵住後溢出的「山坑仔水」，前後兩次大水災，都造成二水鄉生命財產的
莫大損失。

　　根據二水鄉耆老口述，戊戌年代水災的發生時間（農曆六月初三），適
逢梅雨季節，突然連續下三天三夜傾盆大雨，使得濁水溪山洪暴發，毗臨濁
水溪岸邊的二八水庄（今之裕民、二水、聖化、文化、光化）以及五佰步仔、
過圳仔、番仔寮、苦苓腳一帶較低窪地區，無一幸免全部陷入水鄉澤國之中。
全庄舉目一片汪洋，通過庄內全部八堡一、二圳有滿圳無法渲洩，到處水深及
臍，部份土确暦，竹篾暦更不堪淹蝕倒塌，家具、禽畜漂浮水面，被洪水圍困
的庄民，紛紛爬上屋頂、樹上喊救命，小孩則放進穀桶（摔筒）用繩索扣住保
命，全鄉陷入洪患的浩劫中。

　　洪水退後，二水人雖然倖於難，家財的損失卻無法估價，其中不少位於
今河川地的業主地，因此次水災切割流失於無形，良田變河床，以至於以後通
通被丈測為為現在的河川公地，影響二水鄉民生計和經濟發展，不可謂不大。

　　無獨有偶，經過一甲子（六十年）隔年後的1959年（即民國48年）8月7
日，二水鄉再一次遭受所謂「八七大水災」的災害。記得當時來得突然得不尋
常的大雨，很快的促使山洪暴發，濁水溪溪水傾洩而下，幾乎滿過鐵路鐵橋，
整條濁水溪，溪水洶湧，溪水之大難得一見。不久，溪水溢入二水，二水鄉到
處水滿為患，不幸的是，本來大雨大水時，發揮排水功能的八堡一圳，偏偏被
「山坑仔」土石流堆堵，無法流通。二水鄉境內八卦山各山坑流出的山水，全
部被堵後湧向二水鄉各村落。濁水溪水，加上各坑門山水夾溢而至，真是「屋

濁水溪下游民眾陷入空前的災難中，發生的原因是濁水
溪溪水暴漲，加上八堡一圳被土石堆堵，無法發揮疏通
溪水的功能，溪水淹過濁水溪鐵路鐵橋，舉目汪洋一
片，所有的人爬上屋頂、樹上等待救援，在等待救援的
過程中，有人唸著觀世音菩薩救苦救難的聖號，後來大
水退去，就流傳著一張觀世音菩薩顯靈的照片，觀音菩
薩身穿白衣、腳踏在一條巨龍上面，用柳枝灑甘露水來
免除這場大水災【201】。觀世音菩薩在中國多以女性的形
象出現，其素質符合了廣大民眾的切身要求【202】，人們
相信觀音菩薩能夠解除人類各種各樣的苦難，人們在苦
難的深淵中只要誦念觀音的名字，觀音就會立刻拯救。

漏偏逢連夜雨」，一時全鄉再一次陷入一片汪洋。二水街仔路的八堡二圳也暴
漲，分不出圳或道路，到處水深及臍，二水街仔幾被洪水淹沒。此次水災，雖
然鄉民財產損失不貲，幸好庄民平安，算是不幸中之大幸。

　　2018年的下一次戊戌年將隨後而至，聞「戊戌」談水災色變的二水人，
已開始做應變的準備，並祈上天保祐，「天有不測風雲」，一甲子六十年輪迴
雖有變數，然誰又能說鄉人杞人憂天。（賴宗寶先生手稿）

【201】以楊枝救度人類的方式，在中國牡丹江地區富察哈拉的神諭亦有類似
　　　之說：「在天連水，水連天，遍地大水的時候，人們啊！無法生活下去了，
　　　阿布卡赫赫給人世扔下了神奇的柳枝，拯救了生靈。」阿布卡赫赫是滿族所
　　　敬重的天母。中國少數民族文學學會編：《神話新探》（貴陽：貴州人民出
　　　版社，1986年3月），頁533。

【202】關於觀世音菩薩形象由男身演變為女性之過程可參考李聖華：〈觀世
　　　音菩薩之研究〉，收錄於王秋桂編：《中國民間傳說論集》（臺北市：聯經
　　　出版事業公司，1980年8月），頁285-292。

她既有救人脫難的胸襟，又有救人脫難的本領。

邢莉曾於《觀音信仰》中提出，人們以為暴風驟雨是鬼神所操縱，於是希望觀音以其超人間的威力控制人難以駕馭的自然，以其威力救援現實社會中受苦受難的生靈【203】。生存的憂患是人類宗教向度的內驅力，因此而產生的自然崇拜和鬼神崇拜正是人類追求生命、躲避死亡和災難的一種保障。在民間信仰裡，人們視觀世音菩薩為救世主，能夠安慰人心。

〈八七水災的傳說〉運用了相片佐證，增加傳說的真實性，容易說服他人，雖然也會有人懷疑相片的真偽，但是此則傳說至今仍傳誦不絕。「不論已經昌明的或尚屬原始的科學，它不能完全支配機遇，消滅意外及預測自然事變中的偶然的遭遇【204】。」雖然人們不斷的順應自然、改造自然，但自然的災難仍接踵而至，防不勝防。當人們在遍歷生存的困境之時，刺激了人們對於超越困境的嚮往，因此帶有濃厚的神秘色彩的所謂靈驗或感應之類的故事傳說便在民間廣泛流傳。

（三）征服水災之傳說

水既是生命之源，洪水氾濫也會給人類的生存帶來

【203】邢莉：《觀音信仰》（北京：學苑出版社，1994年7月），頁94。

【204】馬林諾夫斯基：《文化論》（北京：中國民間文藝出版社，1987年3月），頁48。

巨大災難，因此，在遠古時代，人類就曾與水患災害進行過殊死搏鬥，而治水之傳說，可以說正是人類與洪水災害進行抗爭的歷史寫照。傳說情節的相同之處，反映了先人征服自然水患的情景；細節的不同之處，則是反映了傳說流傳中的變異性。〈濁水溪除大蛇〉是一則除去水患之傳說：

　　從前濁水溪是一條急湍的大河，一到雨季，水勢更像射箭一般的流得更快，大水氾濫，溪旁的山巖石塊、高大樹木，竟會被急湍衝走，許多地面因受水患的關係，釀成了很大的災害。本來濁水溪的兩岸，在平時是肥沃的土地，面積不小，成熟的時候，收穫數量相當豐盛，但雨季來臨，溪流很急，洪水氾濫，頃刻之間，大好沃野，變成一片汪洋的日子。

　　傳說深山之中，有一條百丈的長蛇，一到雨季，牠就掀起水禍，造成災難，人們雖是憤恨，但是想不出一個除此大害的方法，祇有向天祈求消弭災禍而已。有一年的夏天，久晴不雨，山上的人們，連同鳥獸，喝用的水也難找到了，大旱的災難來臨，渴死人的惡耗越傳越多。突然那時百丈長蛇又來增加禍害，天上落下傾盆似的大雨，山裡又大水高漲，泛濫著田野、住所，人們財產又是一次隨波逐流的漂失了，為保全性命，大家曾多方設計，怎樣消滅這條害人的大蛇，可是大家想盡辦法，除了祇有害怕以外，唯有在內心感到沉痛；有兩位青年，他們妹子死於大蛇，沉痛的心裡，燒起了復仇的火焰，他們商議決定除去大蛇。一天兩人都在夢中

見到了天神，告訴他們人們都為了大蛇所造成的水災，不能過活，因此授命兄弟兩人前去斬除大蛇，當他們登臨這座高山，跨嶺而下，一直走到看見一株大樟樹的時候，你們就得爬上樹頂，一望就能見到那條大蛇棲息的大湖。

兄弟倆一路走過的途中，樟樹很多，他們常常爬上樹梢，四面瞭望，都沒有天神所指點的大湖；有時以為樹幹不高，望不到很遠，所以又去攀登高巖，希望能快些見到大湖，正是大蛇所藏身的處所。兄弟兩人又經過了很多的山谷，已經走近一個深而且黑的大湖了；卻沒有看見大樹，慢慢地行去，這個大湖已在近旁了：他們不能決定這湖是否是大蛇棲息之所？但是這個時光，已是黃昏，天色陰暗，黑漆漆的滿佈疑影，他們固然是有著不怕一切的大膽量，可是身歷其境，也不能不毛骨悚然。但是兩人一邊在荊棘叢中，提心吊膽的走去，眼裏祇見黑水在流轉，耳朵裡聽到的是洶湧的濤音，伴著悲切的風聲。大蛇的動靜呢？這又使他們兄弟非常緊張，兄弟們正在定睛仔細看湖面的時候，突然一聲很大的聲響，不知道從哪裡傳來，當時他們受到震動，險些兒從樹頂上掉下身來。

他們在巨響以後，鎮定一下，又向大湖瞭望，祇看到在黑黑的湖面，已經掀起了大浪，水聲風聲，湖裡突然起了兩道光芒，直射向他們兄弟，漸漸的逼近身來，再向湖面上看時，正是那可惡的大蛇，浮上水面，張開了大口，呼著氣，伸著舌，直向他們兄弟奔過來了。

　　哥哥聚著精神地估計著那大蛇的距離，一秒更近一秒，等到相當的射程距離時，早已挽起長弓，就用出全生命的力量，一箭射去，一些兒沒有偏差，正是射中了大蛇的右眼；牠是意外的遭受箭傷，縮了回去低下頭來，稍稍萎頓了一會，沒有多久，牠又抬頭，吐著像火燄一般的氣，又向著他們奔來，弟弟一看，趕緊乘隙用力放射一箭，哥哥也連發連中，大蛇的左眼也射中了，牠也不明方向，更不知兄弟兩人隱身在哪裡。大蛇倒下在湖裡打滾，大蛇在臨死之前，大湖激起了暴風雨般的情況，大蛇在筋疲力盡以後，就沉下水裏死去了。濁水溪就從那年起，沒有水災發生了，族人們的生命財產就此保全，一直到了現在。兄弟們為著族人去冒險除大蛇，這個事蹟已經變成史蹟，永遠的傳誦下來，子子孫孫，都追念著這兩個兄弟的大功大德【205】。這則傳說在故事情節上的表現具有傳奇性，所謂的傳奇性是：

> 通過奇情異事反映社會生活的一種特有的藝術方式。……傳奇性還有另外一面，那就是在情節的開展上，表現出離奇曲折、不同尋常的特色。具體的說，就是在故事發展中往往通過偶然、巧合、誇張以至超人間的形式來引起情節的轉變，從而使故事情節的發展

【205】無言：〈濁水溪除大蛇〉，收錄於婁子匡編纂、齊鐵恨註釋：《臺灣民間故事》，國立北京大學中國民俗學會民俗叢書第一輯，東方文化書局複刊，（臺北市：東方文化書局，1970年12月），頁49-53。

既在情理之中，又出意料之外，產生引人入勝的效
果【206】。

　　具有傳奇性的傳說先決方面，就是它的基本情節是
具備現實生活的內容和形式，故事情節與人間現實有直
接的關係，大致具有生活本身的形式，必須合乎生活的
內在邏輯；同時又通過偶然、巧合、誇張、超人間的情
節而引起故事的發展。

　　這則傳說透過對兩兄弟胸懷博大、富有自我犧牲精
神和勇於拯救族人苦難的形象塑造以征服水災，呈現了
人類為求生存與自然災害頑強拼搏的抗爭歷程，是原住
民幻想征服自然、控制自然的強烈願望和實踐的曲折反
映。早期人類對於自然界的種種現象一直是處於未知狀
態，對於自然界所引發的災難則是充滿恐懼，「自然界
起初是作為一種完全異己的、有無限威力的和不可制服
的力量與人們對立的，人們同它的關係完全像動物同它
的關係一樣，人們就像牲畜一樣服從它的權力，因而，
這是對自然界的一種純粹動物式的意識【207】。」人們無
法憑一己之力與大自然對抗，征服水災之種種傳說便由
此產生。

【206】屈育德：《神話‧傳說‧民俗》（北京：中國文聯出版公司，1988年9
　　　月），頁81-83。

【207】楊亮才主編：《中國民間文藝辭典》（甘肅：甘肅人民出版社，1989
　　　年3月），頁536。

　　在與水患搏鬥的過程中，人們甚至幻想以牲畜或人投入水中的退水之法，如南澳、鹿場、南勢、汶水一代的泰雅族，謂洪水之時，海神告訴人們須以人為犧牲的祭品才能退水，先以村中一醜女投水，水不降，最後以美女投水，水退。北勢泰雅族則是說昔日有一美女，因為太美，捨不得嫁給他人，所以與他兄長結婚，祖靈怒而起洪水，人們先是投犬於水為犧牲以祈求退水，無效，再以村中老人為犧牲，亦無效果，最後兄妹二人投入水中，於是洪水退去。萬大社的泰雅族則說最後是以蕃刀割女子頭髮，投入水中，大水始退【208】。以美女或以女子頭髮退水，也反映著泰雅族以人為犧牲祭水神或對女子頭髮的原始咒術信仰。

　　征服水患之傳說在滿族人中亦曾流傳著這樣一則故事，說的是在古代，大興安嶺地區有一對年輕夫婦，丈夫叫完達，妻子叫女真。他們靠耕種土地為生。這時，黑龍江被三條惡龍霸佔，經常興風作浪、製造水災，禍害族人，黑龍江兩岸不是旱得寸草不生，就是澇得一片汪洋。完達和女真曾多次好言勸阻，但三條惡龍不聽，只好與之大戰。幾經苦鬥，完達與女真制伏了黑龍和白龍。正在這時，女真分娩生下一雙兒女，兒子取名興凱、女兒稱為牡丹。完達安置好妻子之後，又繼續與

【208】佐山融吉、大西吉壽：《生蕃傳說集》（東京：杉田重藏書店，1923年1月），頁326-328。

掌管水寶珠的青龍博鬥。結果兩敗俱傷、同歸於盡。
完達死後化為完達山，寶珠被打破碎片散落遍地。但
水患仍未根除，人們仍然遭難。幾年之後，女真在花喜
鵲的指引之下，帶著長大的興凱、牡丹又來到了當年
丈夫與青龍大戰的地方。她經過千辛萬苦把散落的寶珠
碎片撿起，一塊塊釘入江底，也把興妖的青龍釘住。從
此，河床定位，風平浪靜，人們過上幸福快樂的日子。
人們為了紀念她母子三人，把一座湖稱為興凱湖，把一
條江稱為牡丹江，女真被敬為水神，女真定水的故事
也就這樣流傳下來【209】。這則除水患傳說與漢族的〈禹
王鎖蛟〉頗為相似：傳說在淮河源頭的一口水井裏住著
一個名叫巫支祈的妖怪，牠經常興風作浪、翻江倒海禍
害民眾。大禹決心治水為民除害。一天，大禹來這裏看
察水情，巫支祈見了便從井底連噴三股惡水，一時間飛
砂走石，洪水遍野，向大禹撲來。大禹面對滾滾而來的
洪水並不畏懼，並向巫支祈猛撲過去，與之大戰。幾
經博鬥，巫支祈敗陣下來，便鑽進一座大山躲避。大禹
怒不可遏，便騰雲駕霧來到天宮，向二郎神借了趕山鞭
把大山劈開。巫支祈無法藏身，又竄入荊涂山的山底水
洞，興風作浪把大禹困住。正在這時，淮河龍王趕來助
陣，送給大禹一把利斧。大禹手持神斧，向荊涂山猛

【209】錢舜娟編：《滿族民間故事選》（臺南市：王家出版社有限公司，
1989年10月），頁94-108。

砍，一連幾下，把山劈開，巫支祈又趁機逃進洪澤湖底躲藏，大禹便率治水民工開山鑿石、疏通河道，終於把巫支祈擒住，並在湖畔龜山腳下挖了一口深井把牠鎖起來。從此，淮河流域再無洪水氾濫，人們過上平安的日子【210】。這則傳說本是產生於淮泗之間，淮河下游常為災害的事實，自有產生這水神為災的傳說之必然性。又在中國古代中，禹本是治水之神，泗州、塗山等處又是曾和禹發生關係的場所，說禹是制伏巫支祈的人物，也非無因的說法【211】。

由此可知，征服洪水是人類共同的希望，從這些傳說所反映的內容來看，儘管所產生形成的歷史時代有所不同，但都表現了先民對於水的認識和對水的原始崇拜，以及人類與水患災害搏鬥的宏偉氣魄和壯麗圖景，洪水氾濫帶給人們的生存產生巨大的災難，因此，在遠古時代，征服水災之傳說，可以說正是原始人類與洪水災害進行抗爭的歷史寫照。

奔流不息的河流，它們平時雖能給人以福利；然而一旦氾濫，它所給與人們的災害，卻常常超過福利，對處於原始心理狀態的人們而言，對於這類自然災害之來，得不到正確

【210】陶陽、鍾秀編：《中國神話》（上海：上海文藝出版社，1990年8月），頁215。

【211】關於巫支祈傳說的演變可參考葉德均：〈巫支祈傳說考〉，收錄於王秋桂編：《中國民間傳說論集》（臺北市：聯經出版事業公司，1980年8月），頁259-278。

的解說，因而他們就本著週遭環境和自己的心靈加以直覺的解釋。這解釋往往是把自然的災害，賦以人格的說明，以為自然界也和他們一樣，因而形成人類英雄對抗洪水的傳說。

　　濁水溪的經常性氾濫使得人們必須對於水災發生的原因，在探討水患的生成原因時，多充滿幻想的性質，推論是因為像大蟒蛇之類的巨物作怪而引起水災，必須除去龐然巨物才能止住水患。

第二節　濁水溪相關之信仰傳說

　　「久旱逢甘雨」這一句話能形容農業時代對於水之渴求及對水之崇拜，求得水才是求得存養生命的食物之重要方法，人類既以求生命之保存延續為最基本的欲望，而信仰即是這種欲望追求的強而有力之表現者，所以，反映在信仰上之祈求，以求食物豐美最為重要。從信仰中探究人類對自然界萬事萬物及其特性的直觀認識，對現實事物的感覺映象與主觀幻象的結合。無論是信仰崇拜物或是神靈崇拜，信仰崇拜一直是存在於人類各歷史階段的一種文化現象：

> 崇拜是人類有史以來延及現在的一種文化現象。就人
> 類的成長歷史而言，它或反映原始時代人們的蒙昧，
> 或透露文明時代人們的狂熱。不論是處於人類文明史
> 哪一個發展階段的人，不論是生存在地球哪一塊土地
> 上的人，無不在崇拜著什麼。蒙昧時代的人們崇拜他

們生活中遇到而不能解釋的事物、現象；進入文明
初級階段的人們則將先人崇拜的事物、現象人格化為
神而加以崇拜；……並且我們堅信，只要人類沒有毀
滅，那麼崇拜現象將無時不在、無處不在【212】。

　　早期先民們由於知識尚未開發，加上當時各種條件的不
足，使他們對於每日無法避免接觸的外在事物、現象充滿著
陌生、恐懼。可是生活仍需維持，生命仍要延續，於是他們
產生了與外在事物的認識掛鉤，進而利用外在力量的想法，
希望經由對外在力量及其載體的崇拜，獲得庇佑，乃至進一
步從崇拜物那裡得到力量，哪怕這力量僅僅是行事時鞏固信
心的無形助力，於是偶像崇拜的心理便隨之而產生。

　　濁水溪相關之信仰傳說可分為水神信仰之傳說、土地公
信仰之傳說、石頭信仰之傳說、樹神信仰之傳說四個部分來
探討。

（一）濁水溪水神信仰之傳說

　　水是生命之源，人類的生存時刻都離不開水的滋
潤。所以，人類認識到了水對自身生存的重要，並把水
作為神來崇拜。正如費爾巴哈所說：「生命和存在所依
靠的東西，對人來說就是神【213】。」崇拜水為神主要是

【212】喬繼堂：《中國人的偶像崇拜》（臺北市：百觀出版社，1993年1
　　　月），頁12。

【213】費爾巴哈：《費爾巴哈哲學著作選集》（北京：人民出版社，1987年

希望水源能夠充足，使農作物年年豐收。例如，據俄國學者金姆凱維奇記載，居住在黑龍江流域的戈爾德人對河神木喀昂幫非常崇拜。每年春季當黑龍江跑冰排時，人們便把一種草根扔進水中，表示對河神的祭祀；每當江水上漲或風急浪高時，人們將要渡江或正在江上航行，便向木喀昂幫祈禱，據說只要心誠，船頭一帶就會立即風平浪靜，事後便宰殺肥豬向江中潑血，以示感謝【214】。又如赫哲人對江神十分尊敬，每年頭一次開江打魚前，全族的人都要集合到江邊，舉行隆重的祭祀江神儀式，請江神保佑打魚順利，網網見魚，祈禱江神保護他們無病無災、漁獵豐收【215】。人類對水的崇拜在生活習俗、宗教儀式，以及所創造的傳說中都有所體現，並對自身的行為起著淺移默化的影響和規範指導作用。

在世界各地的神話中，水神經常是住在海中、湖中或河流中的魚、蛇，或者是由魚蛇所變形的龍神。人類對他們所信奉的水神，通常是征伐與獻犧兩種心態，許多創世神話中所常見的英雄斬蛟龍或巨蛇等類型的故事，隱喻著古代民族對水的治理和掌握，是透過人類對水神的殺伐而取得再生的契機。作為水神的蛇魚蛟龍，

10月），下卷，頁438。

【214】洛帕金：《戈爾德人》，頁231-232。

【215】楊治經、黃任遠.：《通古斯：滿語族神話比較研究》（臺北市：洪葉文化事業有限公司，1997年4月），頁100。

通常在神話中是破壞和死亡的象徵。獻犧是為了祈求安寧，由此而有許多例行的水神祭祀儀禮【216】。

關於濁水溪這條河流亦有水神之信仰傳說，片岡巖於《臺灣風俗誌》曾敘述濁水溪平常是滔滔奔流，但在新年前後的時間裡則流速趨緩，是因為水神為了慶祝新年的到來便將溪水流速減緩：

> 奔流如狂的濁水溪，在新年前後二、三個月間，水
> 流自然會緩慢，據說：這是水神為了慶賀新年的緣

【216】以黃河為例，中國歷代皇帝都有祭河和封河的儀典，夏系民族以所祭祀的水神為自己的祖神；殷系民族把河與高祖並稱為高祖河；周系民族以河為四瀆之長，為神之至尊者。秦併天下，始皇帝令祠官祭河……唐玄宗祠河，封河神為靈源公；唐代以前是以公侯詔奉祠河，之後則以王爵封河。宋仁宗敕祭河，封河神為顯聖靈源王；元世祖定四瀆祭所，遣使祀河，封河為靈源弘濟王；明太祖取消河神的王號，稱河為四瀆大河之神；清順治封河為顯佑通濟金龍四大王之神。黃河之神從遠古魚蛇之類的動物，發展為神人同體的河伯，再發展而為服藥成仙的神仙，而河伯馮夷，其名字到了唐宋之後，逐漸不傳，河神的地位被新起的龍王取代。然被視為能夠興雲致雨的群龍，已是一種活在人們想像觀念之中的神秘存在，也不能落實在現實生活之中。於是黃河一帶的居民，又回到遠古以來的古老水神信仰上，把對河神的祭祀和信仰，落實在他們能夠看得見的水蛇身上，水中和岸邊各種不同的怪蛇，成了金龍或大王等水神的化身，而有「河神點戲」的酬神活動，由地方官帶著巫師親往迎接水蛇，迎接的方式是唱著祝辭將蛇放入盤中，然後放進轎子裡抬入廟中供奉。每年祭祀河神的時候，都必須演戲酬神，廟祝拿著戲單放在蛇前，蛇首點到哪個戲名，演員就唱那個戲。見王孝廉.：《水與水神》（臺北市：三民書局股份有限公司，1992年9月），頁77-79。

故【217】。

　　新年前後的二、三個月期間其實是因為濁水溪面臨冬季枯水期的緣故，所以濁水溪水流減緩，但是人們認為是水神主宰了水流的速度，以進行新年節慶的活動。雖然濁水溪所祭拜之水神未有特定之形象，神祇其原形就是河川的本身，然居民祭拜的目的多是為了防止水患發生並祈求五穀豐收，由於濁水溪經常決堤，水動輒淹沒田地，所以住在溪底一帶【218】的居民至今仍保留祭拜溪王的習俗，即祭拜河神，在農曆七月十五日普渡溪埔的好兄弟，祈求不要決堤氾濫【219】。在雲林縣林內鄉林

【217】片岡巖：《臺灣風俗誌》（臺北市：臺灣日日新報社，1921年2月），第九集第一章〈臺灣人對自然現象的觀念及迷信〉，頁785。

【218】屬濁水溪浮覆地者，舊名皆叫溪底。濁水溪浮覆地因築濁水溪堤防而形成，臺灣總督府在大正元年（西元1912年）訂定河川整理計劃，大正七年開始進行濁水溪護岸堤防工事。堤防起自濁水（今名間鄉），終至下海墘（今大城鄉臺西村），蜿蜒達四十多公里。見北斗郡役所：《北斗郡概況》，頁148。

【219】發生戊戌大水災（西元1898年）的時候，由於田尾、北斗一帶，由下霸、圳寮、越仁、興化莊、十張犁到七張犁等共流失十三庄，原先的土地流失而成為新河道。由於濁水溪經常決堤，水動輒淹沒田地，所以住在溪底一帶的居民至今仍保留祭拜溪王的習俗，即祭拜河神，在農曆七月十五日普渡溪埔的好兄弟，祈求不要決堤氾濫。葉金練先生口述，民國八十二年七月二十七日採訪，葉先生民國十七年生，務農，田尾人，住日本移民村一號附近。見張素玢：〈日治時期北斗地區的開發〉，收於《臺灣開發史論文集》（臺北：國史館，1997年12月），頁113。

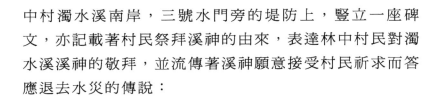

中村濁水溪南岸，三號水門旁的堤防上，豎立一座碑文，亦記載著村民祭拜溪神的由來，表達林中村民對濁水溪溪神的敬拜，並流傳著溪神願意接受村民祈求而答應退去水災的傳說：

> 民國四十年五月十五日清晨，村民周技友先生挑著蔬菜欲到竹山趕早集，此時村民大多猶在睡夢中，因連日來山中大雨，致使溪水突然暴漲，因堤防猶是土堤，受到嚴重侵蝕，眼看隨時有潰堤危險，而一旦潰堤，聚居在堤防邊的林中村首當其衝，財產生命勢將難保；周先生見狀，顧不了賣菜，急忙趕回村內，敲鑼打鼓，叫醒村民，思應變之道；年輕力壯的人趕到現場查看，婦女老弱則攜家帶眷齊避於林內國小。鄉長聞訊亦親自趕來，但見溪水洶湧，堤岸已被侵蝕凹陷成一月眉形，潰堤危在旦夕，一時之間也無法調集大量的人力與機具來搶修；眾人正陷於惶恐之際，唯一的方法是求之於神；有人提議，眾人毫不考慮地附議而下跪，雙手合掌，說出心中虔誠的願望，祈求河神把水退了以拯救村民，並許下諾言，年年中秋，村民將準備供品到現場來敬拜神恩。
>
> 果然，河神受感動而顯靈，溪水漸漸消退，村民的生命財產終獲保全，村民信守諾言，年年中秋來到河邊敬拜。以前是在二號水門邊，自民國八十五年起，改

在三號水門邊【220】。

於是林中村村民便在每年中秋祭拜濁水溪水神，感謝水神的幫助，由於濁水溪所造成的水患，在未築堤以前是經常發生的，人力無法與自然相抗衡，一切唯有求之於水神，果真奇蹟發生，也會將所有功勞歸於祂。

在前一節水災的傳說中，曾提到〈國聖王紀念碑的傳說〉中，因國聖王的一只牌令使大水退去，因此二水鄉居民便訂定每年的農曆六月三日為水災紀念日，除了前往國聖王紀念碑祭祀外，並在濁水溪堤防邊拜溪神，〈拜溪神，求平安〉這則傳說便是說明了為祈求水患不要再發生而祭祀：

〈拜溪神，求平安〉

拜溪神主要是因為濁水溪常常出大水，在每年的六月初三，都會在濁水溪堤防邊擺香案、供品，來祭拜溪神。祭拜溪神從很早的時候就有了，戊戌年大水災和八七水災，水很大，八七水災時大家都爬到屋頂上面，不然就被大水沖走。

濁水溪堤防是日本時代就開始做了，住在濁水溪氾濫區的人都要參加蓋堤防的義務勞動，那時的堤防還是用土去做的，所以大水一來也是很危險。雖然現

【220】洪長源：《哭泣的濁水溪》（高雄縣：派色文化出版社，1998年6月），頁128-129。

在的堤防邊看不到濁水溪溪水，但是以前濁水溪是流
到堤防邊，現在都是一大片溪底田了，所以拜溪神才
在濁水溪堤防邊拜。比較迷信的人拜溪神了以後，會
另外挑擔溪水回去家裡給牲畜喝，聽說這樣可以讓豬
啊、雞啊、鴨啊較肥【221】。

　　水神是泛稱，實際是人們對自己所居住的水域之神
的總稱，包括水神、河神、江神和潮神。由於各地民族
有不同的水域，所崇拜的水神也大不相同【222】，居住在

【221】見〈采集篇—濁水溪相關地方傳說采集〉：〈拜溪神，求平安〉

【222】最初的水神，就是江、河、井、泉、塘，後來加以幻想，例如壯族認
　　　為水域中有一種「土俄」，即蛟龍，有時也把竹葉青視為水神，如船工在
　　　船上養一棵小榕樹，其上養著兩條竹葉青，以此蛇象徵水神，保佑航行安
　　　全。當江河氾濫成災時，則在岸邊搭一座水神廟，殺豬宰雞祭祀，祈求洪水
　　　退去。有些地方鬧水災時，還要殺犬祭祀，認為狗血有驅水神的作用。據考
　　　古學家研究，在廣西左江兩岸發現的崖壁畫，就是祭水神的產物，崖壁畫的
　　　中心人物是蛙形巫師，他率領眾人到左江邊，以歌舞悅神，祈求水神保佑左
　　　江水域，不要氾濫成災，祈求農業豐收。見宋兆麟：《中國民間神像》（北
　　　京：學苑出版社，1994年7月），頁27。又如赫哲族伊爾嘎地區崇拜的江神
　　　是白四爺，〈白四爺〉的傳說講的是伊爾嘎這個地方住著兩個捕魚為生的爺
　　　倆。有一天，爺倆下江打魚，江裡起了大風，把小船吹翻了，爺倆掉進江
　　　裡。說來也怪，這爺倆掉進江裡，一口水沒喝，腳下像有什麼東西似的，把
　　　爺倆托上了岸。爺倆回頭看時，影影綽綽看見江裡面有一雙大手。爺倆回到
　　　村裏一說，大家都說是江神白四爺顯靈，從此白四爺廟前香火不斷，人來人
　　　往。見楊治經、黃任遠.：《通古斯：滿語族神話比較研究》（臺北市：洪葉
　　　文化事業有限公司，1997年4月），頁100。

大江附近的人一般信仰江神,居住在河邊的人們則信仰
河神,居住在沿海一帶的人往往信仰海神和潮神,就是
同樣的河神或江神,各地也有不同的崇拜對象,是主宰
各地洪水氾濫和農業豐收之神。

　　〈拜溪神,求平安〉敘述中除了訂立六月三日為水
災紀念日,並祭拜溪神之外,並認為祭拜完溪神之後,
挑擔水給牲畜喝能夠使牲畜長得較好,對於「水」在特
定日子裡具有特殊效果的類似說法,芬蘭學者愛德華‧
韋斯特馬克(Edward Westermarck,1862-1939)曾
指出摩洛哥安的拉地區的人,在仲夏節去海裡或河裡洗
澡,因為那天所有的水被賦予魔力或美德,可以消除疾
病和不幸。他們還讓他們的家畜洗澡[223],亦反映了人
們在特殊的日子中,對於水的一種崇拜與信仰,並將水
視為具有療病之效果,如東北美洲的伊洛克族為尋找聖
水以解救族人遭受一種致命傳染病的傳說[224]。林衡道
先生曾敘述濁水溪流經西螺段時水質最好,於是便將此
地的水加以神秘化,「昔日便還有一種俗信,認為痲瘋
病人在此水中浸泡一番,病馬上就會痊癒[225]。」可知

【223】查索‧博爾尼著、程德祺等譯:《民俗學手冊》(上海:上海文藝出
版社,1995年4月),頁9。

【224】蓋瑞、費古森(Gary Ferguson)著、假芝雲譯:《美妙的自然傳說》
(臺北市:圓神出版社,1999年8月),頁198-201。

【225】林衡道口述、楊鴻博整理:《鯤島探源》(臺北縣:稻田出版有限公

亦是強調特殊的水具有療效。

　　由於生命的延續離不開水，水在人們的生活中具有重要的作用，以及洪水與乾旱造成的災難，使人們格外尊敬水神。

（二）土地公信仰之傳說

　　我國自古以農立國，對土地的崇敬可謂源遠流長，崇信土地神之社與穀神之稷，以祈風調雨順，五穀豐登。在古代，社、稷均係關與農事之神並存，甚至與祖靈崇拜對象之宗廟地位相當，成為國家祭祀之主軸，地位崇高，如《禮記・祭義》所言之「建國之神位，右社稷而左宗廟【226】。」可知社稷被視同國家，以社稷之存亡示國家之存亡。後來社稷信仰下降於民間，後世社神俗稱社公，即所謂土地，小祠遍佈鄉村每一角，成為信仰基層之強有力之一環；但稷神在民間信仰上，逐漸式微，人們祈求五穀豐登之對象，亦為社公所兼管。

　　土地公是土地之神，傳說中土地公的來歷有諸多說法【227】，亦有些傳說指出土地公原是精於農業、又常助

司，1996年5月），頁543。

【226】《禮記・祭義》卷四十八，阮刻十三經注疏本（臺北市：藝文印書館，1993年9月），十二刷，頁826。

【227】民間所傳說土地公的來歷，常見者有以下幾種說法：

　　一、土地公是一個忠僕的形象。據說周朝時有位上大夫，他的家僕名字

民收成的人，人們感念他的恩德，在他死後加以祭祀，並尊稱他為土地公【228】；有些傳說則指出他是個守墓之神【229】。無論如何，大家都認為土地公是對人們有貢獻之神。

有句民間諺語說：「田頭田尾土地公。」即是形容在臺灣地區到處都有土地公的蹤跡，不管是在田間小路上或墓旁、溪旁、大榕樹下等等，都可看到有人在祭

叫張福德。上大夫必須赴遠地作官，然而其女兒思父心切，張福德便伴隨她千里尋父，途中遇上一場大雪，張福德便脫下衣服保護她，自己卻被凍死。他死的時候，空中顯現「南天門大仙福德正神」九個字，上大夫感念他，建廟奉祠，周武王贈號后土，即是後來的土地公。見姜振義：《臺灣的民間信仰》（臺北市：武陵出版社，1994年2月），頁82。

二、土地公原本是個勇士的形象。據說以前有一個老翁，在路上撿到一個蛇卵，後來孵出一條蛇。老翁將蛇養在家裡，沒想到蛇卻常常捕食鄰居的雞鶩，老翁只好把蛇放逐到山中。此後這條蛇常加害於人，但是沒人敢去殺蛇除害，老翁知道這件事以後，自告奮勇的去殺了蛇，後來皇帝賜他為公，掌管土地，稱為土地公。見高賢治主編：《臺灣宗教》（臺北市：眾文圖書有限公司，1995年3月），頁486。

三、土地公原本是位清官的形象。相傳土地公原是周朝的一個官吏，名叫張福德。他為人民做許多事。可是後來繼任者並不體恤百姓，人民苦不堪言，不禁懷念起張福德，於是建廟祭祀，取名為「福德正神」。見清‧趙翼：《陔餘叢考》（臺北市：華世出版社，1975年10月），卷三十五，頁409。

【228】姜振義：《臺灣的鄉土神明》（臺北市：臺原出版社，1995年4月），頁167。

【229】林衡道：《臺灣地區神明的由來》（臺中市：臺灣省文獻委員會，1976年4月），頁191。其說法是一位善心書生為戰場上的無主屍骨收屍，後被奉為守墓神。

拜土地公。臺灣聚落的形成與發展與土地公有密切之關係，土地公廟的周圍就是一個聚落範圍，形成一個村里。一般的土地公廟都建造在村尾或稱村後；就是水流通過村莊的地方，以土地公守住水尾，意味著不讓該聚落的財富流出村莊外，反映出「肥水不落外人田」的人性心理。

　　位於濁水溪附近的土地公，除了必須保佑人們五穀豐收、六畜興旺之外，還要扮演類似水神的角色，即是要負責有豐沛的水源以使農作物豐收。例如位於二水鄉八堡一圳分水閘的「聖德宮」，主祀土地公以祈求水源充沛，「聖德宮」中供有土地公與土地婆神像，神像背後有麒麟之彩繪，象徵吉祥。土地婆的造型，並無五官，只用石頭象徵，二者皆是掌溪水源源不絕之神。

　　又如濁水溪上游的武界水壩上方有一座「安寧宮」，位於水庫旁的高地，是建於日據時代，民國三十六年，當水壩完工後，工人為祈求平安以及水源充足而建，敬奉水德星君。臺灣光復後，除水德星君外，並增奉福德正神，同樣是要肩負著維持濁水溪水源不斷的責任。

　　南投縣竹山鎮紫南宮【230】位於濁水溪南畔，為全臺灣香火最盛的一座土地公廟【231】，該廟所在的位置是早

【230】紫南宮原稱福德祠、大公廟，明鄭時期即已存在。

【231】除了該廟本身已有三百年的歷史外，其由來已久的「向土地公借福德金」習俗每年吸引十餘萬名香客前往，人氣鼎沸。由於昔日的竹山為南投縣

年竹山社寮庄通往名間鄉濁水庄的渡船頭，亦是往時通
往南投、鹿港，經水路至廈門、福建之喉口。在當地曾
流傳著一則當清朝乾隆時太子嘉慶到臺地竹山一遊時，
此間土地公廟的土地公曾顯靈護衛太子渡過濁水溪回到
京城的傳說：

> 乾隆年間嘉慶太子遊經林圯埔，嘉慶太子隨身大將李
> 勇，為保護太子身危，單身奮戰四面圍攻土番，不幸
> 殉職在坪頂埔，嘉慶太子就此無心遊境，急往回京，
> 經由本地借宿一夜，本宮福德正神靈威神光獻聖保護
> 太子渡過濁水溪，經到鹿港回京【232】。

　　紫南宮位置因位於濁水溪畔永濟義渡所在之處，是
清代及日據初期竹山地區重要之津渡，往北渡濁水溪，
經濁水，北上可抵南投、臺中，或西行抵二水、彰化、

開墾最早之地區，社寮更是最先繁榮的拓墾據點，明末清初時即到達此地，
除了必須與大自然惡劣的環境搏鬥，又飽受番人之威脅，於是在濁水溪畔永
濟義渡旁蓋土地公廟，除祈求五穀豐收，庄民入山出外做生意必先至土地公
廟祝禱，隨身攜帶香火護身符，冀避番害相當靈驗，後來番事稍安，社寮成
為重要的內地貨物之吞吐，當時便有村民向土地公求「福德金」以周轉應
急。紫南宮主委莊志良先生表示，起初只有在農曆元月十五日元宵節開放信
徒求福德金，且只限當地村民，必須於隔年元宵節如數奉還，後來有位村民
求得福德金後外出發展，事業有成，帶了一輛遊覽車的人前往酬神，並數倍
奉還福德金，外地者亦想求福德金，至此才開放任何人每天都可以向土地公
求福德金，形成當地的習俗。

【232】紫南宮管理委員會：〈社寮里紫南宮福德正神沿革〉

鹿港等地【233】，加上竹山當地有關嘉慶遊臺時之傳說不
少【234】，因此產生土地公助嘉慶太子渡濁水溪回京城之
傳說，把歷史人物傳說結合到地方風物上。嘉慶君遊臺
傳說的起源甚早，流傳年代已久，流傳的地區亦廣，民
間深受其影響，遂產生凡有清代褒封之事，則稱嘉慶君

【233】莊英章：《林圯埔：一個臺灣市鎮的社會經濟發展史》（臺北市：中
　　　央研究院民族學研究所，1977年6月），中央研究院民族學研究所專刊乙種
　　　第八號，頁16。

【234】如傳說嘉慶君為太子時，遊經竹山，以貪玩錯過旅店，乃借住於江西
　　　林一農家。農夫無可招待，乃煮甘藷招待客人。嘉慶君大為讚賞，說：「此
　　　薯不大，甜美異常，可見好吃不必大。」因君主之口靈驗無比，此後其地甘
　　　藷永遠長不大，而味道則冠全省。又照鏡山即江西林山。山背為平頂埔，
　　　對山為東埔蚋。古人盛稱美人多出東埔蚋。乾隆間，嘉慶君路過此地，欲
　　　試婦女是否貞淑，問一美女說：「此地婦女是日出梳妝，抑或日落梳妝？」
　　　美女笑而不答。適有一耳聾村老至，以為嘉慶君問：「日出西山，抑日落
　　　西山？」遂代答以「日落西山」。因其口音不清，嘉慶君誤聽為「日落梳
　　　妝。」即說：「可惜，可惜，日出梳妝出貴人，日落梳妝出賤人。」此後此
　　　地美女遂少而不貴。見陳哲三：《竹山鹿谷發達史》（臺中市：啟華出版
　　　社，1972年12月），221-222。另有一則竹山的照鏡山命名由來：「仁宗化裝
　　　書生，……抵達竹山，由地保引見一女子，千嬌百媚。這位美嬌娘殷勤款待
　　　嘉慶君。翌晨起床梳妝，……帝問鏡後是何山？那女子說：『山下種的是紅
　　　蕃薯。』帝順口道：『那麼就叫它照鏡山吧！』」見林文龍：《臺灣掌故與
　　　傳說》（臺北市：臺原出版社，1992年5月），頁47。以及李勇廟的由來皆
　　　是流傳於竹山地區與嘉慶遊臺有關的傳說。李勇廟在照鏡山麓平頂埔，相傳
　　　李勇為嘉慶太子駕前將軍，因衛主抗番不幸成仁於此，廟之四周產紅蕃薯，
　　　傳說是嘉慶太子所御封，廟後有一相思樹林，古稱「蕭碧斷崖」，傳說乃與
　　　番人搏鬥之處，高十餘丈，下有濁水溪，隔濁水溪之岸可以看見彰雲大橋及
　　　名間鄉松柏坑。

御賜，各地方人結合當地人物事蹟、軼聞、名勝古蹟、物產、或其他天然物而附會之，其概括性的原由，那就是人們往往喜歡將許多事物附會在所崇拜的人物身上，創造出一位「箭垛式」的人物，所謂的「箭垛式」人物，胡適於《三俠五義・序》一文中曾言：

> 古來有許多精巧的折獄故事，或載在史書，或流傳民間，一般人不知道他們的來歷，這些故事遂容易堆在一兩個人的身上。在這些偵探式的清官之中，民間的傳說不知怎樣選出了宋朝的包拯來做一個箭垛，把許多折獄的奇案都射在他身上【235】。

民間文學發展的過程中，人民常以某些家喻戶曉的人物作為主人公，發展成傳說或故事群，這些傳說群、故事群的主人公，即被稱為「箭垛式人物」。

竹山社寮紫南宮除了求福德金的特殊習俗外，另有求金雞母回家供奉膜拜的儀式【236】，以求得財源廣進，

【235】胡適：《胡適文存》（北京：北京大學出版社，1998年11月）三集卷六，頁369。此外，程薔指出「箭垛式」就是指人們把一些同類故事集中於這一人物身上，就像千萬支箭射在一個鵠的上之現象。見程薔：《中國民俗傳說》（浙江：浙江教育出版社，1986年5月），頁5。

【236】紫南宮金雞母供奉由來如下：傳說宋朝時候，陳家祖曆有位佃農孝子，姓陳名進財，他每年靠著二分之農地種菜為生，和供養年邁的雙親，但年過四十尚未有足夠的金錢成家立業。有一天晚上，陳進財在睡夢中遇見了一位滿臉白鬚，手持著枴杖的慈祥老人，這位白鬚老人告訴陳進財：「明日

紫南宮同時也是社寮這個地方的居民信仰重心所在。

　　信仰上的傳說是連接人與神的媒介，人們在對於神的信仰上之祈求，可以透過信仰過程中所產生的傳說來表達心中意念，而土地公協助嘉慶君的傳說則是人們透過想像力，將歷史人物加以渲染、刻劃，使其傳奇化。

（三）石頭信仰之傳說

　　我國自古即有崇拜石頭之信仰，如《述異記》中的泰山走石，《路史》中所記載的路母石；苗族、水族稱

到田裡耕種時，如果遇到了一隻金黃色的母雞時，千萬不能殺牠吃掉，一定要活捉回來飼養，此隻金母雞乃是你的孝心感動上天，所以神明賜與你的，將來牠一定會幫助你起家立業，達成你的願望。切記！切記！」這時陳進財已被夢驚醒過來，立刻準備去田裡工作，可是陳進財在田裡工作一整天，卻沒見到晚上所夢見的金母雞，失望的準備返回家中，返家途中經過村中的一座福德正神廟，此座福德正神廟在村中非常的靈驗，求男生男、求女生女、求事業婚姻、財運通通有求必應。於是陳進財走進福德正神廟內，虔誠的膜拜許願，把昨天晚上所夢見的事告知福德正神。許願後準備離去時，忽然發現一隻全身發亮的金黃色母雞跑進福德正神廟內，此時陳進財好興奮，便拿起神桌上的杯笅向福德正神請示，這隻金雞母若是無人飼養，請福德正神賜予弟子一聖杯，若弟子能成功償於心願，一定回來重整本福德廟。沒想到福德正神竟然連賜三聖杯，陳進財便歡喜的手捧著金雞母一起返回家中。第二天早上，陳進財起床時，赫然發現在家中的神桌下全都是一個個閃閃發亮的金雞蛋滿屋散發出萬丈的光芒。陳進財不敢相信這是事實，立刻帶一個金雞蛋到城內元寶店去鑑定，果然是全金的雞蛋，終於達成佃農陳進財的心願，一夜致富，成家立業。陳進財返回村中，於宋朝末年元月十五日重整福德正神廟，完成給福德正神的許願。

石為岩父，當小孩生病或身體欠佳，往往祈求岩父保佑【237】，又如黑龍江寧安一帶的滿族直至五十年代前，每家院內的神竿下，都放有三塊石頭，他們認為神石可以避邪除妖【238】，人類的崇拜過程中，許多崇拜對象原本是物，但它們又不是單純的物，它們都比較特殊，人們覺得它們值得崇拜，進而覺得他們有靈，視它們作靈物，形成靈物崇拜，所謂的靈物崇拜就是：

> 祭拜某一些特定的自然物為靈物，如靈蛇、靈龜、靈鳥、靈岩、靈池，大可到靈山、靈湖，小則可以一根羽毛、一塊卵石……可以是活動的鳥獸蟲蛇，也可以是不動的一個地方，但並非泛指同類的事物，而是認定為精靈所附在的特定事物……【239】。

對於「精靈所附在的特定事物」之說法可從人類的原始心靈意識來觀察，這種思想是來自泛靈說和泛生說【240】，就石頭當靈物崇拜而言，由於石頭自古以來，

【237】宋兆麟：《中國民間神像》（北京：學苑出版社，1994年7月），頁26。

【238】何星亮：《中國自然神與自然崇拜》（上海：三聯書店，1992年5月），頁350-351。

【239】衛惠林：《社會人類學》（臺北市：臺灣商務印書館，1982年8月），頁235。

【240】泛靈說即萬物有靈說，認為每一物體皆有生命的存在，有靈性之感應；而泛生說即將生物或無生物皆賦予生殖能力。

在人們的心目中占極重要的地位，它被想像為具有威靈
和生殖的能力，是上古人們所崇拜的對象。「石頭被
古代人相信是具有神秘生成力和行動力的神聖東西。
……因此石頭經常被當作大地神的代理象徵【241】。」若
從人類進化的發展歷史而言，石頭則扮演著帶領人類走
向文明的原點，是打破人類的原始動物性的茫昧而進
入文明的第一個符號【242】，這一點可看出人們對石頭有
著很濃厚的情懷。一些民族認為，神石可避邪、驅病魔
和防盜，又如石頭具有極大的威靈，可以讓農作物豐
收【243】，例如看見有一塊石頭像麵包，就把它埋在麵包
樹的旁邊，以為這樣可以獲得豐盛的果實。此外，亦有
將石頭當成雨神的表象【244】，而陰陽石中的石頭具有主
生育和氣候的功能【245】；這些都是人們將石頭視為具有

【241】王孝廉：《中國的神話與傳說》（臺北市：聯經出版社，1983月），
〈石頭的古代信仰與神話傳說〉，頁45。

【242】同註216，頁41。

【243】例如在祕魯一帶的印地安人在種植玉蜀黍的時候，使用一種像玉蜀黍
的穗軸形的石具，他們相信這種特別形狀的石頭具有可以使玉米豐收的神秘
咒力，為了增產玉蜀黍使用該種石頭，為了增產馬鈴薯而使用別種石頭，又
為了增產家畜而使用另一種石頭，使玉蜀黍豐產的石頭應製成玉蜀黍穗的形
狀，而促進增殖家畜的石頭應像一頭綿羊。

【244】「Somoa島上的居民，把一塊特定的石頭做為雨神的表象，……平常
供奉在神殿裡，天旱時，才抬到河邊，……雨神就會降雨。」同註215，頁
50。

【245】後魏‧酈道元：《水經注‧夷水》：「夷水自沙渠縣入，……東徑難

生命力和超能力的個體之表徵。這種觀念不僅是初民對自然界奧秘的附會解釋，同樣地也遺存在今日「石頭公」的傳說故事上。

　　臺灣地區民間崇石信仰十分普遍，稱之為「石頭公」、「石將軍」、「石聖公」、「大伯公」、「大伯爺」、「石府將軍」等等，這種靈物崇拜是人類初期的宗教形態，相信宇宙區分為兩個世界，一個是靈之世界，一個是物的世界，當靈的世界中的靈性，附到物的世界中某物上面，該物則成為靈物，當靈附在石頭上，石頭就成為靈石，也就形成了民間所供奉的石頭公。而石頭公多以原石為崇拜對象，如在濁水溪溪水所引入的八堡圳旁，有一則石頭公的傳說，為了鎮邪靈而立石頭公，將石頭視為具有超能力：

　　　相傳在一百六、七十年前，在員林東山的八堡圳，有一個小孩在那裏溺死，後來竟出現幽靈，為了鎮壓幽靈，便找來一塊畸石，說也奇怪，這塊石頭在夜間竟

留城南。城即山也，……西面上里餘，得石穴，把火行百餘步，二大石跡，並立穴中，相去一丈，俗名陰陽石，陰石常濕，陽石常燥。每水旱不調，居民作威儀服飾，往入穴中，旱則鞭陰石，應時雨；多雨則鞭陽石，俄而天晴。」見後魏‧酈道元：《水經注》（臺北：藝文印書館），卷三十七，據清乾隆聚珍版叢書本影印，頁10。又如廣東羅浮山有陰陽谷，陽谷是一塊狀如男根的石頭，石頂裂縫中有泉水涓涓而出。陰谷是一塊狀如女陰的石頭，周遭芳草萋萋，正月初一的時候，當地的人攜帶瓢簞來拜此石，先到陽谷以瓢盛水，然後轉到陰谷去以瓢水灌穴，相信如此必可早生貴子，同註215，頁56。

會發出閃光，於是村民便奉為「石佛公」，每年的正
月十五，和八月十五日是祭日【246】。

　　所謂畸形的自然石就是一般民眾供奉的石頭公，但並非
所有的畸形石都是石神。在成神的過程中，往往在偶然的場
合裡，發生神靈的事蹟，因而獲得民間的崇拜，並認為與人
類一樣具有感情、思想等特質：

> 將自己的思想、感情、意志、人格等投射到動植物和
> 無生命自然物上面，以為它們也具有和自己一樣的思
> 想、感情甚至價值判斷等【247】。

　　石頭公最主要的功能是保佑兒童的健康，民間相信
硬的東西會產生硬的效果，石頭是硬的，兒童拜石頭
公，則身體和命運都是硬的，也就是不會生病，能獲
得身體健康【248】。巫術可分為接觸巫術和模擬巫術兩
種【249】，人們相信因接觸或模擬而使得兩物之間產生感

【246】阮昌銳：《傳薪集》（臺北市：臺灣省立博物館，1987年1月），頁
130。

【247】劉魁立、馬昌儀、程薔編：《神話新論》（上海：上海文藝出版社，
1987年2月），頁48。

【248】在婆羅門教的入教儀式上，讓入教的男孩用右腳踩著一塊石頭並反覆
地念著：「踩上這塊石頭，跟石頭一樣堅定。」石頭亦代表了誓言的堅定，
如婆羅門的姑娘結婚時，新娘也要履行與此相同的儀式，說同樣的話語。這
種以石頭為誓的做法，多半是基於石頭能將其堅固和力量賦與誓言。

【249】弗雷澤所言的巫術定律，分為兩大類，一為同類相生或果必同因，

應的效果，換言之，所謂模擬巫術是指兩物相似，必能產生相同之效果，民間以小孩認石頭為父，根據「相似的東西產生相似的東西」之原則【250】，石頭很堅硬，則小孩亦因此堅硬，命硬了，身體也硬了，就不會體弱多病。

　　石敢當則是另一種石神崇拜遺風，又稱石將軍、石丈夫、泰山石敢當等，立石路隅，刻「泰山石敢當」諸字，具有避邪以及阻嚇的力量。

　　由於濁水溪河道經常變遷，造成氾濫，嚴重威脅到緊鄰濁水溪的居民，於是西螺鎮與濁水溪相鄰的岸邊便放置了一座相當巨大的泰山石敢當以避免水患肆虐，〈石敢當鎮水災〉說明了濁水溪常發生水患的過往歷史：

即相似律，稱「模擬巫術」或「順勢巫術」。另一類是物體一經互相接觸，在中斷實體後還會繼續遠距離的互相作用，此為接觸巫術。見弗雷澤（J.G.Frazer）著、汪培基譯：《金枝》（臺北市：九大文化股份有限公司，1991年2月），頁21。

【250】因此，根據模擬巫術的理論，人能夠影響植物的生長，並根據他的行為或狀態的好壞來決定其影響的好壞。例如，多生育的婦女能使植物多產，而不孕的女人則會使植物結不出果實。在古代墨西哥，舉行一種祭祀玉蜀黍女神的慶典：「當這種莊稼已長大，花須從綠色的穗尖露出來，向人們表明將粒已經飽滿。在這個節日裡，女人們放開了長髮，讓它在舞蹈中搖曳飄蕩。這是慶典最突出的形象，好使來年玉蜀黍的穗子也能長得同樣豐盛茂密，從而玉米也相應地長得碩大飽滿，使大家都能獲得豐收。」同註249，頁42-44。

〈石敢當鎮水災〉

　　濁水溪的位置在西螺鎮北邊，有一條長長的彎曲水道，這個長長彎曲的水道對整個西螺鎮來說，傳說是地理風水上所說的「路衝」，算是比較不好的風水，容易有災難。

　　再加上濁水溪變化多端，常常做大水，所以在今天的延平路前面，與濁水溪相鄰的岸邊，設立了一座泰山石敢當，這座泰山石敢當是清朝光緒時所立的，也是全臺灣省最大的泰山石敢當，高差不多有五尺以上，上面還刻有一個獅頭，有避邪的作用。

　　現在因為濁水溪河道的變化，已經沒有辦法去對照濁水溪和泰山石敢當的關係；加上河堤的興建，濁水溪也已經不再氾濫，這座泰山石敢當現在在大同路人家的民宅裡【251】。

　　人們賦與石敢當避邪的神職，是基於石頭相當堅硬的自然性質，石頭堅硬，能破除一切邪魔，而濁水溪的河道多變，居民便想到立石敢當鎮之以避免遭受水患之苦，保護人們的生命和莊稼。這座泰山石敢當在設置時，還發生了一則濁水溪南北岸居民互相鬥法的傳說：

【251】見〈采集篇一濁水溪相關地方風物傳說采集〉：〈石敢當鎮水災〉，石敢當於民國94年遷至延平老街濁水溪堤防邊。

有一年，山洪爆發，濁水溪溪水洶湧，本鎮居民發現
洪水直往南岸沖，來勢非常兇猛，堤岸面臨崩潰，一
場浩大的災禍正在醞釀。於是地方人士前往探查，發
現原來北岸的水尾村，在岸邊安置了一具法器與一隻
紅銀水筆，以致溪水全湧向南岸來。

當時鎮民眼見大禍臨頭，便請了一個高明的法師，作
法安置了這座「泰山石敢當」，據說安置的同時就立
刻發生作用，大水全部衝向北岸，灌進水尾村的菜公
溝，沖毀堤道，造成水災。水尾村居民探知原委後，
當夜，乃派人拿了黑狗血，偷偷潛入本鎮，將血灑在
「泰山石敢當」石碑之上，頓時，風雨大作，雷電交
加，鬼哭神嚎的情景，造成了鎮上的慘重損失，一直
到三天三夜才停止，溪水才復歸平靜【252】。

　　位於濁水溪北岸的彰化縣溪州鄉水尾村居民，從前是利
用擺渡過濁水溪與西螺鎮居民聯絡，因為清朝及日據時期的
幾次大水災，水尾村民被迫退至現在位置，因而將水尾村與
西螺鎮二者分隔成不同的縣份。這塊堪稱全省最大的泰山石
敢當，早期是豎立在濁水溪邊，當地人稱為「獅子咬劍」，
上端雕著口含寶劍的獅頭，石碑上的獅子咬劍，實際的作用
是因為獅子具有威嚴感，引申有恫嚇、嚇阻他物入侵之意，

【252】程大學主編：《西螺鎮志》（雲林縣：西螺鎮公所，2000年2月），頁
4-130。

另外由於劍是銳利之物，具有殺傷的力量，因此使用這兩種造型的圖像，作為避邪之用。

與泰山石敢當有類似避邪的功能者則是塔，亦可用來鎮住水患，但是塔的原始意義並不是用來鎮壓風水，而是自印度傳來原本為保存佛骨舍利之一種建築，後來傳到中國才慢慢演變出可以鎮妖驅邪【253】，因此塔在一般人心目中往往有鎮壓風水的象徵意義，例如六和塔的傳說即是敘述為除潮患而設六和塔：

> ……浙江錢塘江每年數次潮水忽至，浪頭湧高二三丈，溺舟壞舍，忠懿王使力士射之，不息，永明壽禪師勸王建六和塔江邊鎮之，其潮遂寢。今時潮至，浪高不過數尺，因此後人效之以為風水，亦由如來德所加被福人，然須潔淨，不可穢污，方有徵驗【254】。

以塔鎮壓風浪，可以道出塔的特殊功能。在彰化縣溪州鄉濁水溪邊為了破除水患，居民立了一座石磘以鎮之，結果大水果然退去，不再氾濫：

【253】例如《白蛇傳》中白娘娘被鎮於雷峰塔下，可知塔在中國具有鎮壓妖邪之功能。

【254】震華：〈佛塔考略〉，收於《大乘文化》第六輯，（臺北市：大乘文化出版社，1978年10月），頁282。

在濁水溪北岸，溪州鄉西畔村於道光二十二年建有一座石磋，屹立迄今，猶為村民虔誠敬拜。傳說濁水溪分流之一的東螺溪發生大洪水，田地流失無數，連村莊也岌岌可危，幸經關聖帝君及時顯靈，指示村民建石磋以破除水患，果然磋成水退，村民的生命財產終獲保障，該處地名就由西畔改為石磋。一百五十多年過去了，濁水溪也築起堤防，截斷了東螺溪，雖溪水不再經西畔村，但村民對石磋的敬拜依舊不減，還特地在四周砌起水泥保護石磋不受風化【255】。

石磋在此的功能已經從鎮妖驅邪轉變成鎮住水患，使濁水溪的水患能夠減少，亦是認為磋的堅硬能夠除去災難，保護居民的生命財產安全。

（四）樹神信仰之傳說

樹神崇拜是將自己和自己民族實際生活上最有關係的一種特定的樹木，以宗教的態度實行祭祀，凡是大樹、老樹、果樹等都是樹神信仰的對象，如中國北方黃河中原一帶是以桑樹奉為樹神；南中國、印度、東南亞一帶則祭祀繁殖力強的榕樹。許多民族相信，樹木是神明和精靈所寄宿的地方，具有造福於人的能力，能夠行雲降雨、使陽光普照、保佑莊稼豐收、使婦人多子等神

【255】洪長源：《哭泣的濁水溪》（高雄縣：派色文化出版社，1998年6月），頁131-132。

力，因此格外敬重樹神，甚至在古代的日耳曼法律裡，凡是砍剝活樹樹皮者，需以自己的生命作為賠償【256】，認為他褻瀆了神靈。

臺灣的民間對於巨大的、古老的或有特別靈異的樹木往往視為神靈，民間稱大樹公，如榕樹公、龍樹爺、龍眼公、莿桐公、茄苳公等等，相信大樹公具有超自然的力量。

位於竹塘鄉田頭村【257】濁水溪堤防下的老榕樹，所在的位置剛好位於濁水溪由溪州鄉進入竹塘鄉的最前端，其樹幹徑約二點四六公尺，老榕樹高約二十一公尺，樹冠幅廣約有八千平方公尺，樹齡已達一百多年，由於樹齡悠久，早已老樹盤根，形成一座天然的綠色城堡，可與澎湖縣白沙鄉通梁村的神榕媲美【258】。

【256】古日耳曼的法律規定是將犯人的肚臍挖出來，釘在他剝去樹皮的地方，然後趕他圍著樹身轉圈，直到他的肚腸完全繞在樹幹上為止。這樣的懲罰意圖顯然是要從犯人身上取下活的皮肉來補償剝去的樹皮，也就是一命償一命，以人命來抵償樹命。同註249，頁168-169。

【257】竹塘鄉田頭村的命名由來，是因往昔田頭部落以東，多屬灌溉困難之草埔荒地，由此而西始為水田地域，適位於水田之起頭處，故名田頭村。

【258】澎湖縣白沙鄉通梁村的神榕已有三百多年的歷史，相傳在清康熙十二年（西元1673年）時，有一艘商船經過澎湖，不幸在白沙鄉通梁村沉沒，船上人員全部遇難，只有一個盆景缽漂流到海邊，被當地漁民拾獲，發現尚有兩株活的小榕樹，於是漁民便送給鄉紳林瑤琴，林氏將它移植到保安宮前，成為今日的大神榕。見阮昌銳：《植物動物與民俗》（臺北市：國立臺灣博物館，1999年9月），頁119。

由於濁水溪溪水暴漲，常會淹過護堤，老榕樹生長在濁水溪的堤防下，因此也常常被淹沒而浸泡在高漲的大水中，經年受到濁水溪洪水的沖激，因此老榕樹的樹幹向四面平伸，且貼近於地面，不斷蔓延，枝葉向上生長茂密，整棵大樹，長相非常特殊怪異，村民稱之為「九龍大樹公」，而〈九龍大樹公的由來〉便是敘述了這棵大樹公與濁水溪的關係以及曾經發生樹身滲血的傳說：

〈九龍大樹公的由來〉

　　竹塘鄉的九龍大樹公在日據時代以前就有了，大樹的形狀就像是九龍搶珠，其中主幹有一個龍頭的模樣，所以這棵大樹公才叫做九龍大樹公。

　　當初為什麼會有這棵榕樹，是因為濁水溪有深有淺，要過濁水溪非常危險，為了安全起見，就栽種了一棵榕樹當一個目標，做個記號，大家才知道從什麼地方過溪會較安全，萬一有水災時，也可以用來判斷方向。

　　後來這棵大樹一直生長、蔓延，就擴大到現在的一千多坪，樹身有各種奇形怪狀的樣子，有像一對夫妻纏在一起的夫妻樹，也有像一隻馬的形狀，無奇不有。有人說在替這棵大榕樹照相的時候，照到有佛光、龍頭的樣子，感覺這棵大樹公一定有靈性，才開始拜這棵大樹公，在它的上面綁紅布。

　　　　聽說有一次在附近的砂石場砂石車要進出，他們
　　　認為說大樹公妨礙到他們，於是叫人去整理整理這棵
　　　大樹公的樹枝，結果一鋸下去，樹身竟然流血，後來
　　　再也沒有人敢再去鋸大樹公了【259】。

　　老榕樹的樹幹低垂，盤結交錯，由於從前經常浸泡在濁
水溪的洪水中，所以樹幹上明顯的裹著一層灰白的泥土，加
上生長的環境特殊，所以這棵老榕樹並沒有像一般的巨木挺
立聳拔而成為獨立巨大樹幹，而是自根部分成數十條叢生的
枝幹，形成老榕樹的主體，然後每一條枝幹都分向四方平伸
既長且遠，平貼匍匐於地面，枝葉向上生長，成為一座綠色
的巨大傘形樹叢，或許這樣的生長結構，在面對濁水溪洪流
的沖擊時，應是能夠使老榕樹具有較強大的韌性，可以長期
與洪水抗爭，所發展出來的一套求生存之道。

　　大樹公被認為如同人一樣有生命，也有感覺，因此
不能輕易砍伐其枝幹，產生流血現象則是有警示人們的
意味，文獻上亦有許多關於樹木受斧劈或火燒時，流
血、痛哭，或怒號的記載，如北美印地安奧吉布韋人極
少砍伐青綠的或活著的樹木，這是因為不願給那些樹木
造成痛苦的緣故，有些巫醫聲稱聽到過樹木在斧斤下哀
號【260】；又如奧地利有些地方的老農仍然相信森林中的

【259】見〈采集篇－濁水溪相關地方傳說采集〉：〈九龍大樹公的由來〉
【260】同註249，頁171。

樹木是有生命，所以從來不許人無故在樹上用刀割，他
們的祖輩相傳樹木同受傷的人一樣，感受得到刀割的痛
苦，所以當砍伐樹木的時候，要先向樹木祈求寬恕，否
則樹神就會震怒並懲罰砍樹者，人們相信，老樹長得高
大，成了樹神，會守護土地，所以未經得到老樹同意，
不能隨意動它，因此老樹受到人們保護，不敢輕易毀
傷。這些都說明了人類對於樹神的敬畏與崇拜，而且認
為巨大的樹木或奇形的樹木都具有超自然的力量，或附
有超自然的力量，因此加以崇拜，希望這種超自然力給
予庇佑，這也是人類原始的心態，這種信仰也是原始宗
教的特色。

　　大樹崇拜具有巫術信仰的目的，人們主要是崇拜大
樹的生命力與生殖力，如要體弱多病的小孩認大樹作義
父母，是想藉著榕樹根基旺，使得小孩也能像榕樹一
樣，因而達到身體健康。同時大樹壽命長，象徵無限的
生命力，這種生命力正是人們所追求期望的，另一方面
則是崇拜大樹的生殖力，大樹枝葉繁茂，臺灣民間婦女
求子，多在榕樹的氣根上綁一紅布，一株榕樹氣根無
數，象徵著能生育百子千孫，繁衍後代。

第六章　濁水溪相關傳說探析（下）

第五章探討了濁水溪之水災傳說及信仰傳說，可知濁水溪影響當地居民生活的各種層面，本章將討論濁水溪的地方風物傳說，包括地方風物之傳說、地名之傳說、土特產之傳說、橋的傳說四個部分來探討，由於地名之傳說、土特產之傳說與橋的傳說同樣是屬於地方風物傳說的範疇，但為了能較詳細探討，因此將此三類傳說另外提出加以探究。此外，對於濁水溪相關的其他民間文學作品亦一併在本章討論，以濁水溪相關之諺語與民間故事為研究之主要。

第一節　濁水溪地方風物之傳說

　　上一章已經探討了濁水溪相關信仰之傳說，試圖從居民的信仰中尋求與濁水溪之關聯性，本節則是針對濁水溪的地方風物傳說進行探究，包括地方風物之傳說、地名之傳說、土特產之傳說、橋的傳說四個部分來探

討，關於地方風物傳說之定義已經在第三章論述，故在
此不贅述，土特產之傳說與橋的傳說同樣是屬於地方風
物傳說的範疇【261】，但為了能較詳細探討，因此將土特
產之傳說與橋的傳說另外提出來討論。

（一）地方風物之傳說

　　地方風物傳說述說了當地的山川古蹟、風俗習慣或特產
的由來，以該地的自然物或人工物為對象，對於其來歷、狀
貌特徵、名稱等，加以說明解釋，其中蘊涵了居民熱愛鄉土
的感情，如〈蕭碧斷崖的傳說〉便是以嘉慶君遊臺為背景，
在遊臺過程中所發生之事件來解釋蕭碧斷崖的由來：

〈蕭碧斷崖的傳說〉

　　嘉慶君還是太子的時候，來臺灣遊山玩水，走
到了濁水溪的南岸，地名叫做坪頂埔的地方，就是
現在竹山延正里，山下叫下坪，山上叫坪頂。那時候

【261】對於傳說的分類，目前學界沒有統一的分類標準，較為通俗的分類是
將傳說依照題材粗略歸納為三種類型：人物傳說、史事傳說、地方風物傳
說。另外一種分類方式，同樣是根據故事的題材，但是細分成各種不同的
類型，像是敘述山川湖泊的故事可以稱為山川傳說、描述節日由來的原因可
以稱為節日傳說、說明某種有趣或特殊的習俗可以稱為風俗傳說等等，只要
能夠符合故事表達的事物而達到一般歸類的原則，傳說故事就可以有各種各
類的分法。見林修澈、黃季平：《蒙古民間文學》（臺北市：唐山出版社，
1996年10月），頁174-175。

有一位叫蕭碧的人，因為和番人勾結，欺負善良，擾亂地方，嘉慶君的身邊武將李勇要為民除害，所以和蕭碧相戰在濁水溪岸邊的斷崖，雙方一番苦戰後，蕭碧雖然被逼到墜崖死去，但是李勇也因為寡不敵眾犧牲了，嘉慶君也因為這樣，才匆忙結束遊臺灣從鹿港回去大陸。這個斷崖高差不多幾十丈，下面有濁水溪【262】。

　　因受嘉慶君遊臺傳說的影響，蕭碧斷崖的名稱由來乃是李勇與蕭碧格鬥時，蕭碧所墜崖之處，在蕭碧斷崖後方則是李勇廟，並立有李勇塑像。值得一提的是，李勇廟的前身乃是供奉隨駕王爺【263】，之後嘉慶君遊臺傳說在竹山坪頂埔一帶流傳，於是隨駕王爺的身份便演變成李勇。據林文龍先生的說法，光復以前，竹山地區的民間傳說，並無所謂嘉慶隨從李勇殉難於坪頂埔的

【262】見〈采集篇－濁水溪相關地方風物傳說采集〉：〈蕭碧斷崖的傳說〉

【263】據《南投縣風俗志宗教篇稿》所述：「祀神僅供隨駕王爺（鎮殿一尊）；所謂隨駕王爺者，相傳即林爽文之亂，乾隆五十二年十二月四日福康安推進大營於該地（按：《雲林縣採訪冊》云：「江西林山，在縣東北二十八里。……聞乾隆中，福中堂平林爽文之亂，曾駐大營於山上，故老猶能道其營跡」），時有部將施某病卒，（死亡日期相傳為七月十九日），葬於附近坪頂埔，居民稱為『隨駕王爺』，……想是三百六十進士中之施王爺亦未可知。」見劉枝萬：《南投縣風俗志宗教篇稿》（南投縣：南投縣文獻委員會編纂組，1961年10月），頁148-149。

說法，約光復初，始有王爺廟係李勇之說【264】。而《南
投縣風俗志宗教篇稿》所引述李勇廟的前身王爺廟之傳
說，可知早期隨駕王爺信仰雖與嘉慶君遊臺傳說合流，
但也只有李勇在坪頂埔病卒而已，並非如目前流傳嘉慶
君遊臺時遭受土番襲擊，李勇護主殉難之說，李勇廟則
是因嘉慶君遊臺傳說而建廟，成為先有傳說才有實際物
出現的現象，與一般地方風物傳說是從自然物或人工物
加以說明解釋而形成傳說的方式並不相同。

　　李勇廟的位置在照鏡山頂上，照鏡山的傳說亦與嘉慶
君有關係，〈照鏡山出美人〉這則傳說敘述了照鏡山原本是
出產美人的地方，卻因嘉慶君的誤聽而造成照鏡山美人的沒
落：

〈照鏡山出美人〉

　　照鏡山因為這座山的形狀很像一面鏡子，中間
隔濁水溪往西北的方向看去，就是八卦山臺地，是
彰化和南投交界的地方，因為照鏡山有美人梳妝穴，
所以這裡出美人，但是嘉慶君遊臺灣的時候，來到照
鏡山，想要試試看這裡女人的品行是如何，就問說：
「日出梳妝還是日落梳妝？」有一個老頭子耳聾，他
以為嘉慶君說：「日出西山還是日落西山？」就說：

────────────
【264】林文龍：《臺灣掌故與傳說》（臺北市：臺原出版社，1992年5月），
頁67。

「日落西山。」結果因為講不清楚，嘉慶君以為是「日落梳妝」，所以就說：「日出梳妝是出貴人，日落梳妝出賤人。」因為這句話，後來這裡就很少出現美人了【265】。

這則〈照鏡山出美人〉的傳說與歷史並沒有直接的關聯性，只是借用歷史人物與之聯繫，來解釋地方風物傳說的來歷。嘉慶君因一句話使照鏡山的美人梳妝穴沒落，這樣的變化牽涉到所謂的語言威力，就是使用語言，透過口述的方式使得事物改變原樣，然而語言威力能生效，往往是出自於特殊人物之口，如皇帝或歷史有名人物【266】，皆是附會於人物的超自然，並且將其語言神化，透過語言所產生的威力，解釋地方風物傳說中某地或事物改變的現象。

【265】見〈采集篇－濁水溪相關地方風物傳說采集〉：〈照鏡山出美人〉

【266】帝王或歷史上有名的特殊人物常具有語言威力，如臺灣民間流傳的臭頭洪武君的傳說，他小時候有天在樹下睡午覺，風一吹，樹上的樹籽落下來，剛好打在他的頭上，一生氣，便說：「我在睡覺，又沒怎樣，你為什麼打我？你黑心肝會死過年。」因為他是未來皇帝的特殊身份，也就是中國君無戲言的觀念，因此這種樹每到過年的時候，樹葉就會全部凋落，剩下乾枯的樹枝，它的樹頭中間都有黑黑的洞，這種樹叫做苦苓樹。又如花生本來開花結花生在土的上面，可是有一次臭頭洪武在花生園躺下來睡午覺的時候，花生因為生在花生藤的上面，臭頭洪武的頭被花生弄痛，所以他便告訴花生：「你們應該長到土裡面去。」所以後來的花生就都長到土裡面去了。

同樣是解釋濁水溪旁特殊景觀的名稱由來者，還有一則〈能高山與塔林石〉的傳說，敘述濁水溪旁能高山與塔林石的由來，故事情節梗概是說臺灣中部濁水溪畔一個村子裏，有個少年力大無窮，漁獵耕種無所不能，村人皆叫他阿能。由於村裏人口越來越多，田地不夠耕種，阿能便堆好梯田以供村人使用，當堆好了梯田，村民又聚在一起商量怎樣引濁水溪的水灌溉梯田。阿能就帶領村民搬運石頭，在濁水溪上游砌起攔河壩，修築引水渠，濁水溪的水源源流進了梯田。這天，阿能划著小船，沿濁水溪來到海邊，忽然聽見遠處傳來呼救聲，阿能救起一名少女塔林，見她無依無靠，便帶她回家。後來阿能遠走他鄉，到外地去闖一番事業，留下塔林在家。塔林因為日夜思念阿能，便決定出去尋找他。歷經千辛萬苦，最後塔林發現一座高山聳立面前，原來阿能為了除去從天邊飛來遮住太陽的一大塊烏雲，到龍宮取得龍王頭上的寶珠，吞吃下去，變成像山一樣高的巨人，伸手將烏雲撕碎。阿能變成了一個極高極大的巨人，跑到濁水溪邊，在烏雲底下站定了腳，身體這時還不停往上長，使勁把烏雲撕碎，一塊塊一團團扔到山林野地、大海河川等地，於是阿能已經變成一座高山，聳立在濁水溪畔，塔林非常難過，向山頂飛奔，長髮披散，奮力攀藤爬崖，終於來到阿能化成的高山，張開雙手緊抱著山岩，眼淚流成了一道清泉瀑布，她也化成了一座石柱峰。後人將那座高山稱為能高山，把石柱峰叫

做塔林石，那股清泉就叫做塔林瀑布【267】。此則傳說將能高山與塔林瀑布以擬人化的手法呈現，最後化為高山與瀑布，這種將山當作是生命體轉化的說法，是針對山的特殊形狀和地理環境加以解說，純粹是建立在對於特異的地形地貌的解說，而故事最終所傳達的結局就是化為山或石之類的地形景觀。

若以濁水溪為劃分臺灣南北的自然和人文界線，濁水溪南北兩岸氣候截然不同，溪南是典型的熱帶型氣候，當臺灣北部陰雨綿綿時，經常一過濁水溪，天氣就馬上放晴。如果仔細觀察家中的壁虎，就會發現北部各地壁虎總是閉不出聲的爬來爬去，但是一過了濁水溪就變成百家齊鳴，叫得特別大聲，這種生態上的不同反應，也明白顯示濁水溪自然劃分臺灣南北的特色。

濁水溪以南地區的壁虎都會高聲鳴叫，而以北地區的壁虎，他們的形態和南部的壁虎一樣，但是卻叫不出聲，為什麼會有如此的區別，相傳壁虎會鳴叫是因為要解救鄭成功軍隊的緣故：

> 一天深夜，荷蘭殖民軍，準備內外夾攻，妄圖把鄭成功的軍隊一口氣消滅，……當壁虎看見鄭成功的軍隊都不知情，絲毫沒有防備，於是召集濁水溪以南所有

【267】李勉民：《中國神話與民間傳說》（香港：讀者文摘遠東有限公司，1987年11月），頁358-361。

的壁虎，聚集在鄭軍軍營四周，壁虎原本是不會叫
的，但當時情勢萬分，便試著張開嘴，大聲喊叫，果
然發出了嘰嘰嘎嘎一陣響聲，驚醒鄭軍，起而備戰，
於是鄭成功封壁虎為「鐵甲將軍」【268】。

　　濁水溪南北兩岸的自然環境並不相同，因此在生物
的狀態上也有差異。這則壁虎鳴叫救鄭軍的傳說亦屬於
地方風物傳說，針對濁水溪以南一帶的壁虎會大聲鳴
叫之特徵，以及封壁虎為鐵甲將軍之名稱加以解說，將
動物現實所呈現的形態、特性及其習性，藉著豐富的想
像力，去揣測這些動物之所以擁有現在的模樣、屬性和
其來由，所講的動物及其特點，皆是真實存在，但它的
故事卻是幻想的、虛構的，在講述的時候，將這地區壁
虎會鳴叫的特點，設想為本來並非如此，而是經過該事
件之後，才使它們如此，由事件推動行為產生改變，所
產生的結果，為壁虎聲音上的變化，壁虎為了救助鄭成
功集體而鳴，改變了原來不會叫的屬性，變成會叫的
特徵，這純然是人們將透過想像投射到壁虎上，而成
為動物故事中解釋性因素和角色描繪的巧妙結合之特
色【269】，鄭成功獲得壁虎的相助後，得以解除危機。

【268】陳慶浩、王秋桂主編：《中國民間故事全集·臺灣省》（臺北市：遠
　　流出版社，1989年6月），頁299-300。
【269】譚達先：《中國動物故事研究》（臺北市：臺灣商務印書館，1988年8
　　月），頁77。

　　曾是濁水溪主流之一的東螺溪，在清朝中期時該溪水仍深且廣，東螺溪經西北方向流經鹿港入海，使鹿港成為商業鼎盛的中心，而在當時臺灣中部內地欲運往鹿港的貨物，則先運至北斗，再順著東螺溪而至鹿港輸出，北斗拜東螺溪之賜，成為中部地區的水陸轉運站，亦是貨物的集散地，盛極一時，南北往來渡溪者眾，因此便有成群土匪結黨於渡溪邊行搶，這些土匪行搶前還會先請示神明，據傳若未獲准便不動手搶劫：

> 土匪聚集的地方是在南岸，也就是今日溪州鄉東州村與舊眉村一帶。東州村有一座廟，供奉蘇府王爺，傳說中土匪欲行搶之前，必先請示他，如獲同意，必有斬獲；如不獲同意而仍執意行搶，必然鎩羽而歸，所以人們便稱呼他為「賊王爺」。就是今日東州村的「復興宮」，香火鼎盛，是居民誠摯的信仰中心【270】。

　　北斗地區因東螺溪而繁榮，卻也衍生許多土匪強盜聚集在溪岸邊，對商旅搶劫，比較特別的是他們在搶劫之前會事先請示神明，請求神明指示，可見不論是各種階層的人，都有屬於自己的信仰。

【270】洪長源：《哭泣的濁水溪》（高雄縣：派色文化出版社，1998年6月），頁159。

另有一則〈媽祖接炸彈的傳說〉亦能充分說明信仰在人民心中的重要份量，流傳的地點是在二水鄉濁水溪河床邊一帶，解釋了因媽祖的神力協助而避免危難，使事件的奇蹟結果能合理化：

〈媽祖接炸彈的傳說〉

　　　在第二次世界戰爭要結束的時候，差不多是民國三十二年，飛機空襲臺灣，二水鄉因為在濁水溪上面建鐵路鐵橋，對空襲的目標來說，是很重要的一個目標，另外，日本人在橋上裝置砲彈，也是空襲的目標。

　　　差不多是在民國三十四年夏天的時候，美國空襲二水鄉，投下幾十粒炸彈，不過真奇怪，幾十粒的炸彈竟然一粒都沒有爆炸，二水鄉民大家議論紛紛，都感覺相當的不可思議，有人傳說這是二水鄉安德宮天上聖母有感應，將她的衣服用來接很多顆炸彈，使二水鄉親避免戰爭的災難。

　　　那時候有人在說，在那當時派來二水鄉投炸彈的美國人他們說，他們丟炸彈時有看到一個身上穿白色衣服的女人，將他們丟下二水鐵橋的炸彈，一粒一粒用衣服包著，放在濁水溪邊，他們看見，都稱讚臺灣女人真是厲害。

　　　這個身上穿白衣的女人，大家覺得是媽祖婆所

變的，來幫忙大家，難怪說二水鄉有這麼多未爆炸的炸彈在濁水溪邊，不過以前仔人比較貧窮，有很多人去濁水溪邊撿未爆炸的炸彈賣給歹銅壞鐵，賺錢過生活，但是也有不幸，撿的時候，炸彈爆開，被炸死了【271】。

這則史事傳說雖是以第二次世界大戰美軍空襲臺灣為背景，但是史事的成分並不多，只是借用歷史事件來解釋與聯繫「濁水溪河床上有許多未爆彈」這個現象的原因，是因媽祖顯靈用衣服接炸彈，然後再放置於濁水溪河床上。與這則傳說有相類似的情節者，在澎湖流傳有一則〈媽祖顯靈救澎湖〉的傳說【272】，同樣是敘述第二次世界大戰美軍的轟炸情形，澎湖並未受到很大的損傷，因為媽祖以其裙子在空中接炸彈，將炸彈丟到澎湖外海的緣故。在二水鄉與澎湖所采集到媽祖顯靈保佑鄉民的傳說中，其時空背景相同，情節描述也有類似之

【271】見〈采集篇－濁水溪相關地方風物傳說采集〉：〈媽祖接炸彈的傳說〉

【272】見〈媽祖顯靈救澎湖〉的傳說：「第二次世界大戰，許多美軍的轟炸機到澎湖來轟炸，可是澎湖並沒有因此受到很大的損傷，傳說是因為媽祖顯靈的緣故。她用她的裙子，在半空中接炸彈，再把炸彈丟到外海去，所以澎湖才沒受到什麼損傷。」講述者：陳興述、六十二歲、義工、小學、臺語。講述時間：八十六年十月二十五日。講述地點：馬公市、觀音亭。采錄者：陳韻如、莊靜雯、葉素貞、翁依雯。收錄自姜佩君：《澎湖民間傳說》（台北：聖環圖書出版社，1998年6月），頁52。

處，只是二水鄉的媽祖將炸彈放在濁水溪邊，澎湖的媽祖則是丟至外海。由此可知，每一個地方都有自己獨特的鄉土色彩，每個地方的人民也都有相同的願望，即是流傳能夠反映地方特色的傳說，因此對於外地所傳入之傳說，往往會加入居民所熟悉的情節，或者直接將所傳入的傳說當成是在本地發生，成為同一情節內容，但有不同地方說法之因素【273】，這種同一故事情節可在不同的地方找到的原因有幾種可能：

> 同一故事可在不相聯屬的地區，很遠很遠的幾個地區同時發現，被流傳著，永無窮期的蘊藏民間；反之，同一地區的同一故事，甲地與乙地的，可以更換故事的主人翁，或題主的事物。……主要的原因，大約是由於傳述者的地區觀念，為著要使聽眾感著興奮或愉快，不能不將所傳述的故事中的人或物，由遠邊更拉得接近些。再其次，就是一般人的所謂共同的心

【273】相同以第二次世界大戰為背景的類似情節也有流傳於日本長崎地區：「第二次世界大戰結束前，美國空軍曾向日本先後在廣島、長崎地區分別投下一顆原子彈，因為在長崎有一座觀音寺，當美軍飛機空襲長崎時，大批信徒為了求觀音菩薩聖恩解救，特去那觀音寺避難，叩伏地上哀求觀音菩薩救命，因此寺內寺外都擠滿了人，說來奇怪，當美軍的原子彈從長崎的上空投下時，凡躲在那觀音寺求救的人，一個亦未受傷，雖然原子彈的威力強大，但在觀音菩薩的佛法威靈救護下，竟能拯救大眾，因此現在日本人對觀音菩薩的信仰更為普遍。」見方聲惠：〈日本人對觀音菩薩的信仰-趣談〉，收於《靈仙宗》第138期，（臺中市：靈仙宗雜誌社，1995年1月），頁20。

理【274】。

　　由上述這則傳説可知它承受了各時各地的時勢和風俗而改變，憑藉了民眾的情感和想像而發展，呈現不同的面目，就這則傳説的意義上回看過去，可以明瞭它的發生背景和當時人們對於所發生的歷史事件提出合理之解釋。

（二）地名之傳説

　　濁水溪所流經之鄉鎮中，由於其鄉鎮與濁水溪之關係密切，因此地名由來之傳説亦與濁水溪有關，如西螺地名的由來傳説是濁水溪旁有一顆大螺，以為過路行者之指標：

> 濁水溪有一顆巨大的螺，這顆螺遠近馳名，很多地區的人們皆知道它的存在，因此當本地居民前往其他區域時，外地的人會詢問其從何處而來、是哪裡人，居民都會稱是從濁水溪那顆螺的位置來的人，因此「螺溪」後來稱為「西螺」【275】。

　　這則傳説則是解釋西螺地名之由來，是因濁水溪有明顯的標地物大螺而得名，與文獻上所記載西螺地名來源不同，充滿了想像的性質，也象徵著常民對於土地名稱來源的看

【274】清水：〈名人故事試探－跋林培盧的《七賢故事集》〉，頁173，收於楊成志主編：《中山大學民俗專刊》（臺北市：東方文化書局，1970年12月），第二冊，頁171-180。

【275】程大學主編：《西螺鎮志》（雲林縣：西螺鎮公所，2000年2月），頁1-46。

法。

　　另有一則北斗地名由來之傳說，北斗原稱寶斗，必須由寶斗更名為北斗之說法：

> 故老相傳原來東螺街，東方屬青龍，故而犯了水沖，
> 南方丙丁火，更犯水災，街市既已北移，按星相分
> 野，東螺溪（舊濁水溪）、西螺溪、虎尾溪、三條圳
> 之水源均分自濁水溪出口的斗六門。斗六門在溪南，
> 寶斗街在溪北，屬於北斗天樞，最符合星相分野。為
> 地方全民的平安與發展，寶斗應改名為北斗，這是北
> 斗地名的由來【276】。

　　北斗原為東螺街，位於舊濁水溪東螺溪南岸，後因械
鬥、水災才遷街至於北岸寶斗庄，居民便傳說根據星相分野
的看法，將寶斗改為北斗的名稱對北斗的發展較佳，但是北
斗人稱呼北斗之名仍以閩南發音稱寶斗，可知北斗人習慣沿
用舊名稱。

（三）土特產之傳說

　　土特產之傳說是指與濁水溪有關之特有物產，皆是針對
實物的名稱和特徵由來加以解釋，例如臺灣最負盛名的螺溪

──────────────
【276】據鄭德城先生口述，男，民國13年4月23日生，彰化縣北斗鎮人，初中
　　　畢，87年5月14日採訪。見：臺灣省文獻委員會採集組編校：《彰化縣鄉土
　　　史料》（南投市：臺灣省文獻委員會，1999年9月），〈北斗鎮分組座談會
　　　紀錄〉頁518。

硯，其原石便是濁水溪上游發生洪水時，因水流沖激，岩石崩落，隨溪沖至下游河床，以螺溪石雕琢而成之硯，有一則〈螺溪硯的傳說〉說明解釋了螺溪硯的品質優良：

〈螺溪硯的傳說〉

　　　以前有一個讀書人，要去京城考試，不過他非常糊塗，進入試場時才發現沒有水磨墨，一時不知道該怎麼辦才好，沒辦法了！只好吐一口氣在硯臺上面，由於這個硯臺是螺溪石所製成，他吐一口氣，硯臺上面就結成水珠，這樣他就能磨墨寫字了，結果順利考完試，他竟然考中第一名【277】。

　　螺溪石是濁水溪的產物，螺溪硯之品質亦佳。此則〈螺溪硯的傳說〉敘述一位書生赴京趕考，進考場時才發現自己竟然無水可磨墨，在不知如何是好之下，向螺溪硯石呵了一口氣，硯臺上凝成水珠，可以磨墨，終於解決了難題。螺溪硯具有品質極佳的特性，質地細密，容易發墨，汁細而無雜質。取螺溪石製硯始於何時，不得而知，但據連雅堂先生所述，明鄭時代已有使用螺溪硯者：「己未冬十月，有竹滬人朱興明者，攜一螺溪硯至臺南玄武廟前求售，索價三百金，云為寧靖王所遺。硯大尺有二寸，背有銘，旁刻『術桂』，筆畫秀勁，為

【277】見〈采集篇─濁水溪相關地方風物傳說采集〉：〈螺溪硯的傳說〉

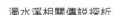

王所書。友人陳明沛見之，謂銘凡六十餘字，惜未錄
存。後為室谷信太郎以二百三十金購去，聞已轉贈後
藤棲霞矣【278】。」雖未能確定連雅堂先生所見之螺溪硯
是否為寧靖王之遺物，但可知螺溪石的發現及製硯甚
早，只是並不普遍。直到日人據臺後，於昭和七年（西
元1932年），為便利南北鐵路交通，在二水鄉南方約
二百公尺處，架設濁水溪鐵橋時，有位日人叫村瀨的監
工，於橋下發現螺溪石，之後日人甚至以螺溪石打造了
「放龍硯」，「放龍硯」的命名由來是：

> 任職於日本製糖會株式會社臺灣支社的森千七，因素
> 好筆硯及書法，邀集了同好數人，進入當時的臺中
> 州竹山郡東埔蚋庄搜尋螺溪硯石，探索的地點相當
> 廣闊，但仍一無所獲，當他們一行在「燒石」上休息
> 吃飯時，森千七仰首平視前方，忽然發現距離三十尺
> 巨石上，有黑色的石塊，隨拋棄飯丸奔向前去一看，
> 竟是淡黑色的硯石，形狀頗大，再經仔細的鑑定，確
> 為良質的螺溪石，……。當快要完成而做最後的整修
> 時，在工作檯的箱內，突然跑出一隻七、八寸長的大
> 蜈蚣，所以命名為「放龍硯」【279】。

【278】連橫：《雅堂文集》（臺北市：臺灣銀行經濟研究室，1964年12
月），臺灣文獻叢刊第二○八種，頁150。

【279】林文龍：《臺灣史蹟叢論》（臺中市：國彰出版社，1987年9月），下
冊，頁216-217。

　　放龍硯成為螺溪硯中之傑作，使得螺溪硯聲譽遍臺，二水鄉成為雕刻螺溪硯的重鎮，也有雕刻螺溪硯的師傅在完成的每件作品時，便用一個故事去詮釋這件雕刻作品中的含意【280】，將作品之外在美感與精神內涵相結合。

　　濁水溪河床上除了產螺溪石外，由於國軍在濁水溪河床上進行實彈射擊留下許多彈殼，早期人民生活困苦，許多人為了多掙些錢，冒著生命危險去撿拾彈殼，這則〈鐵仔粿的由來〉便是解釋了濁水溪河床上特有產物「鐵仔粿」的命名原由：

【280】如二水鄉雕刻師傅謝苗先生製作螺溪硯時會講述一個故事來詮釋該件作品，像製作一件以孫悟空為主題的螺溪硯，便講述了孫悟空的故事及作品中這樣雕刻的理由：「從水濂洞出來時，全身都是毛，大家見了都害怕，抓魚的漁夫在海邊看見他，都害怕逃走了，他才把衣服拿來穿，看起來才像人。晚上躲在漁民家聽人講話，才學會講人話。覺得無趣，乘排筏到別省去，見到八仙張果老，就跪下說要跟他學功夫，取名叫孫悟空，等他學會了七十二變，再教他觔斗雲，回花果山水濂洞，練武嫌一百二十斤太輕，就去東海龍王那兒，拿那支寶物定海針，會變大亦會變小，小可以塞在耳洞內，此後東海就會做颱風，風浪就是從那裡來的。……，後來顧仙桃園一變成毛毛蟲，鑽進桃子裡，吃得剩空殼子，仙桃要刻七個，紅黑二色做墨盤，只剩空殼的仙桃。……，見金箍拿來戴，竟拿不下來，唐三藏念符，箍緊在地上滾，才去西方取經。」謝苗先生，生於民國六年九月三日，其大哥謝榮賓、二哥謝陣亦為雕刻硯臺之師傅。見彰化縣立文化中心編：《彰化縣口述歷史》（彰化市：彰化縣立文化中心，1995年6月），第一冊，頁41-42。

〈鐵仔粿的由來〉

　　每年要過年的時候，有一項活動叫做「撿鐵仔粿」，就是在二水鄉過圳村向西一直走去濁水溪的邊旁，那個地方叫做「四號仔」，是阿兵哥砲兵實彈演練的地方。差不多在民國五十年的時候，大家生活都很辛苦，每次到了要過年啊，沒有錢可以過年，就到濁水溪邊撿阿兵哥的彈殼拿去賣，這是有危險性，也有很多人這樣死去，不過大家因為沒錢做粿來過年，還是會去撿彈殼賣給歹銅壞鐵的，才有錢買米來做粿，才能過年，所以大家叫它「撿鐵仔粿」，到了農曆要過年前，就是撿鐵仔粿的時候。

　　不過雖然是貧窮人在撿鐵仔粿，但是也有例外的，以前我很小時候，有一位鄰居叫做仙仔嬸婆，她是有錢人，但是常常感覺很無聊，所以她也會跟別人去撿鐵仔粿，當作消遣，她的動作較慢，有時候撿不到，為了不讓自己難看，她就會從口袋裡掏出銅板跟別人買人家已經撿好的鐵仔粿，若是撿回家遇到鄰居誇獎她：「真厲害，妳今天又撿這麼多啊！」她就很高興【281】。

【281】見〈采集篇－濁水溪相關地方風物傳說采集〉：〈鐵仔粿的由來〉

　　濁水溪下游段在二水、溪州兩鄉的河床寬廣，是國軍結合砲兵戰術、技術訓練的地方，為砲兵部隊實彈射擊訓練的砲區，因此在河床上留下許多彈殼碎片。居民因為沒有錢過年，所以一到過年前便會到濁水溪河床撿彈殼，有些人為了能撿拾較多砲彈碎片，會預先在砲兵射擊練習時，躲在濁水溪河床的大石頭後面，伺機而動。用拾彈殼碎片換錢而做成的年粿稱為「鐵仔粿」。

　　濁水溪出二水隘口後，由於坡度急速降低，河面變廣，水流趨緩，砂石在此淤積，形成濁水溪下游的地方特產「烏金」，也就是開採砂石，因此砂石場林立，積砂如山。關於「烏金」的由來傳說在前章第一節濁水溪溪水特性之傳說已討論過，在此不贅述。「烏金」曾經是農民的副業，利用農閒時採砂，當成額外收入，所以稱「烏金」。

（四）橋的傳說

　　濁水溪上未有橋之前，居民必須涉水而過，在乾旱季節猶能如此，然雨季溪水洶湧，便阻斷了南北兩岸之交通。後來人們在濁水溪上架起橋樑，才使兩岸得以順利往來，現在有二十餘座水泥橋橫跨於濁水溪上，而這裡所要討論的是早期沒有這些水泥橋之前與濁水溪有關的橋之傳說，如〈奈何橋、鬼仔橋的由來〉解釋了奈何橋、鬼仔橋的命名原由：

〈奈何橋、鬼仔橋的由來〉

　　二水鄉因為靠濁水溪，村裡的八堡一圳、八堡二圳都建很多竹楗橋，竹楗橋就是用竹子圍起，有的根本連中間支柱都沒有，隨隨便便又很簡陋，好像一踩就快要摔落溪裡，加上濁水溪又非常湍急，走在竹楗橋上，搖來搖去，常常有人摔落水裡死翹翹，聽說那些死掉的人死了變成水鬼，在溪裡等交替，等候下一位替死鬼，所以這種用竹楗作成簡單的橋叫做「奈何橋」，一不小心，就去陰間地府了。

　　另外有一種橋叫做「鬼仔橋」，就是撿墳墓旁的棺材板，當做橋來用，到了晚上，小孩子不敢過鬼仔橋，因為獨自一個人不敢走過去，而且，有人說因為棺材板本來是用來蓋死人的，現在拿來做圳邊的小板橋，那些死去的人都會在橋邊等你啊！所以小孩子根本不敢踏棺材板過去，常常要彎去別條路【282】。

　　早期濁水溪並無橋樑供人通行，此則傳說敘述了過往的歷史，橋樑幾乎都是用竹子搭成的便橋，是竹楗橋，相當簡陋，過橋時必須小心謹慎，也有許多人成為橋下冤魂，走上陰間冥府，因此稱之為「奈何橋」。人們對於水鬼的看法是

【282】見〈采集篇－濁水溪相關地方風物傳說采集〉：〈奈何橋、鬼仔橋的由來〉

在水中淹死的人成為鬼魂後，他們浸在水中非常痛苦，因此大多急找替身，有人走到水邊時，設法使他落入水中淹死，代替自己留在水中，自己就可以轉世重回陽間做人，因此「奈何橋」亦有提醒行人小心過橋的意味。另外一種橋是用墳墓場撿來的棺材板鋪在圳溝旁，因為到了晚上膽小的人就不敢行走，稱這種棺材板所做的橋為「鬼仔橋」。

　　濁水溪上還有一種橋，叫做「眼鏡橋」，是在乾旱季節所使用的橋，一到雨季來臨，這種橋就會被大水沖走，有一則〈眼鏡橋的由來〉便是介紹這種特殊名稱的橋：

〈眼鏡橋的由來〉

　　　　每年到5、6月的時候就會有人搭「眼鏡橋」，是用兩根木材，中間用木板子鋪成，一塊一塊，像人所戴的眼鏡，兩根木材撐著，所以叫做「眼鏡橋」。聽説有一個人，他在過這橋的時候，不小心掉下去溪裡，最後只找到他的眼鏡而已，有人就這樣取橋名，這橋中間是空的，沒有柱子，只能在沒有雨水的時候過橋，但是6月以後，雨期到了，濁水溪大水一沖，就流走了。在民國五十一年的時候還有，後來通林內鄉的橋，通名間鄉的橋做好後，眼鏡橋才沒落[283]。

【283】見〈采集篇－濁水溪相關地方風物傳説采集〉：〈眼鏡橋的由來〉

以上所敘述的「奈何橋」、「鬼仔橋」、「眼鏡橋」皆是屬於濁水溪上的便橋，便橋的特色即是當濁水溪溪水暴漲時，就會被大水沖走，因此築橋時並不講究，直到日據時期日人搭蓋了濁水溪鐵橋，南北兩岸的鐵路交通才得以通暢。

第二節　濁水溪相關其他民間文學作品探析

（一）濁水溪相關民間故事探析

濁水溪相關民間故事是以濁水溪為故事的發生背景，具有娛樂性較強的虛構性與幻想性的故事體裁，如〈捉蛙記〉這則民間故事的表現手法：

〈捉蛙記〉

　　從前在二水鄉，住著一位老伯伯，我們都叫他川伯，他每到晚上十二點以後，都會去濁水溪的溪邊來捉青蛙，因到晚上比較安靜，捉青蛙都用電土做的電，讓它發光，他若看到青蛙，就用光把牠照一照，青蛙就一動也不動的停在那裡，川伯就用一根竹子，一頭用繩子做成喇叭樣，把牠罩住，這樣子青蛙就跑不掉，之後慢慢的捉起來放在水蛙籠，直到清晨才回去。早上就拿到各麵店去賣，以貼補家用，就這樣捉了好幾年。

　　有一天晚上，他也是照常去捉青蛙，忽然間看到一隻很大很大的青蛙，他就開始追，這隻青蛙跳得很快，他也追得很快，追了好一會兒，他在想這一隻青蛙不是一隻普通的青蛙，實在是長得太大隻了，從沒有看過像這樣的青蛙，川伯的心裡開始有一點點害怕，但是他又不肯放棄，後來就眼明手快的捉住了青蛙，他就對著說：「哇！我捉了好幾年的青蛙，從沒有捉到這麼大的青蛙！」突然間，那隻大青蛙開口對川伯說：「哇！我活到這麼大隻，從沒有被人捉到！」那個川伯聽了，手腳都軟了，心裡很害怕，趕快放走牠，一怕之下，把捉到的青蛙所放的竹網丟掉，就一口氣跑回家。從那天起，川伯就收腳洗手都不再捉青蛙了【284】。

　　〈捉蛙記〉是一則具有靈異色彩的故事，描述故事中的主角川伯每天晚上都去濁水溪邊捉青蛙，後來有一晚捕到會說話的蛙王，嚇得他再也不敢捉青蛙了，具警醒人們的作用。

　　其次是從諺語來看，諺語為言簡意賅的口頭創作語句，形式雖短，是居民豐富智慧和普遍經驗的總和，人們從日常生活體會而來，因此具有通俗、容易上口的特徵，同時也提供知識和傳承經驗的功能，以下便從濁水溪相關之諺語來探

【284】見〈采集篇二濁水溪相關民間故事采集〉：〈捉蛙記〉

討濁水溪與居民生活的交互影響：

（二）濁水溪相關諺語探析

　　濁水溪相關諺語表現了方言的特色，具備了先民的睿智，亦為生活體驗的累積，是直接發諸內心的語言，從中可以傳達居民自然且真實的心聲：

有膽過虎尾溪

無膽留置府城做雜差【285】

　　虎尾溪在清代乾隆末年時，是濁水溪下游的主流，水深廣且急，因此欲渡過湍急的虎尾溪，必須不畏涉水的困難，以及懷抱對開拓彰化平原的崇高理想，才能夠順利渡溪，如果缺乏開創新局的勇氣，便留在自己的家園當個小差役，安分過一生。清朝康熙中期時，臺灣的開墾重心已經北移至今日的彰化縣境，由此則諺語可以看到先民的過往歷史，彰化平原能有今日的繁榮，都是前人的努力成果，也表達了人各有志的觀念，無論是離鄉發展，或是留守在小地方，皆是自己的選擇。

艙過虎尾溪【286】

　　日據時代，為了徹底整治濁水溪水患，將濁水溪支

【285】見〈采集篇三濁水溪相關諺語采集〉—有膽過虎尾溪 無膽留置府城做雜差

【286】見〈采集篇三濁水溪相關諺語采集〉—會過西螺溪 艙過虎尾溪

流東螺溪的溪水以築堤的方式全部導向西螺溪，西螺溪
成為濁水溪之主流至今，在此之前，西螺溪只是一條
小溪流而已，居住在溪畔南北兩岸的民眾，不但往來通
行十分方便，有些住家甚至還可以站在岸邊，彼此隔溪
對語，閒話家常【287】。而虎尾溪則水勢洶湧，居民視渡
虎尾溪為畏途，因此才說能涉過西螺溪，而無法渡過虎
尾溪。不過這只是其中一種說法，此則諺語所采集到仍
有其他三種說法：一是虎尾溪附近居民較勇武，沒有盜
賊膽敢入侵虎尾溪；二是虎尾民兵與盜賊對峙於虎尾溪
時，虎尾民兵灑下一種叫響馬丹的一種毒藥，以消滅盜
賊，因此盜賊無法涉過虎尾溪；三是西螺一帶都有緊密
的聯防，盜賊不能突破聯防，在西螺溪以北有不少土匪
庄，非常凶悍，娶新娘的隊伍一經過，萬一不下轎，轎
竿子會被折斷，但是土匪的強勢仍不敵西螺、二崙仔的
家族聯防自保。此則諺語在流傳的過程中，產生不同的
解釋，從溪流的水勢或地區的人民性格、當時盜賊猖獗
等角度來說明，都能合理詮釋諺語的意思。

濁水溪無蓋蓋【288】

臺灣有句諺語：「相罵無好嘴」，意思是說罵人時會找

【287】程大學主編：《西螺鎮志》（雲林縣：西螺鎮公所，2000年2月），頁
2-38。

【288】見〈采集篇三濁水溪相關諺語類采集〉—濁水溪無蓋蓋

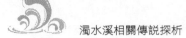

惡毒話來辱罵對方，因此罵人之語都相當刺耳難聽，此則諺語為相罵時之用語，對方要是頑固不講理，就會說濁水溪沒有蓋蓋子，辱罵對方可以投濁水溪尋死。

濁水溪若變清

事志就發生【289】

　　濁水溪終年混濁，若是某天突然變成清澈見底，居民認為那是百年難得一見，因此必會有巨變或事件發生。從此則諺語對照濁水溪溪水變清的時間與所發生之大事來看，濁水溪變清那年的確有巨大事件出現，雖然我們無法證明濁水溪之清濁與歷史事件的關聯性，但民眾觀察自然景物所引發的聯想相當獨特；從另一角度而言，溪水變清代表的就是非正常情況，在非常態的情況下，容易引發人們對於未來的不確定感，進而猜測可能會有突發事情，來提高自己的警覺心。

欲錢

溪底趁【290】

　　濁水溪對於彰化、雲林兩縣交界的居民而言，不僅是農田灌溉與耕作之母，濁水溪下游因為上游沖積下來許多砂石，品質優良，更是營建商的最愛，濁水溪蘊藏豐富的砂石

【289】見〈采集篇三濁水溪相關諺語采集〉—濁水溪若變清 事志就發生

【290】見〈采集篇三濁水溪相關諺語采集〉—欲錢溪底趁

資源，居民利用這些砂石當作建材而帶來財富，此則諺語訴說了濁水溪不只是灌溉用水而已，河床上的砂石資源可以加以運用，不過近年來由於許多人爭相挖取砂石的結果，過度開採導致濁水溪溪床快速下降，衍生諸多環境生態的問題。

倚山吃山

靠海討生活

有溪渡日子【291】

人類不能離開大自然而生活，早期農業社會大都依著自己所居住的環境而選擇職業，因此居住地方的地利條件便顯得重要，不管是山上、海邊、溪裡，皆能找到賴以維生的事物，住在濁水溪旁，自然會利用濁水溪來維持生活所需，例如寬廣平坦的濁水溪河床可當作農業耕地，濁水溪水可以引入圳埤當農業用水，生產濁水米、蔬菜、西瓜、花生、蕃薯、甘蔗等等，所有的農作物皆因濁水溪的灌溉而帶來無盡的財富。

西螺橋下攏咱仔

死鳥飛繪過【292】

這句諺語是比喻吹牛，諺語的來源是有兩個人在西螺

【291】見〈采集篇三濁水溪相關諺語采集〉─倚山吃山　依海討生活　靠溪渡日子

【292】見〈采集篇三濁水溪相關諺語采集〉─西螺橋下攏咱仔　死鳥飛繪過

橋下種西瓜，因為無聊，就開始互相吹牛。兩個人就比較誰擁有的田園多，一個人說：「西螺橋下一大片、一望無際的農作物都是我的。」另一個人則補上一句說：「死鳥飛不過去都是我的。」事實上兩個人都在吹噓，前者說西螺橋下一大片的農作物都是他的，可是由於濁水溪經常氾濫，大水一來，溪旁所有的農作物都會被淹沒，無法收成；另一個人則吹噓死鳥飛不過去都是他的田園，死鳥根本不會飛，因此只是言談上的誇大其詞而已。

香腳吃土豆【293】

「香腳」指的是地名，也就是「香員腳」，其位置在濁水溪、清水溪匯流之處，也就是今日於名間鄉與彰化縣二水鄉交界處，有一處面積兩百多公頃的香員腳行政區，隔著濁水溪與竹山鎮市區遙遙相望，隸屬於竹山鎮下坪里的第七鄰。卅餘年前當地仍有高達四十多戶一百餘人居住，後來因為當地的農產收益不佳，除了橫渡濁水溪外，必須繞道名間鄉或二水鄉，交通困難，居民紛紛遷出，無人居住。

「香腳吃土豆」是形容一個人已經死亡，意思等同「蘇州賣鴨蛋」這句諺語，由於濁水溪從前經常因為氾濫而變換河道，危害居民的生命財產安全，而上游的水流屍多半在「香腳」這個地方被尋獲，因為濁水溪發生大水災時有人被大水沖走，漂流到香下這個地方，由於地形的關係，屍體容

【293】見〈采集篇三濁水溪相關諺語采集〉—香腳吃土豆

易卡在「香腳」形成水流屍，在「香腳」這個地方經常發現
水流屍，因此流傳著這句話：「啊！他去香腳吃土豆了。」
是指一個人已經死了。

濁水溪頭

濁水溪尾

濁水溪仔鱸鰻尚大尾【294】

　　由於濁水溪蘊藏豐富的砂石資源，砂石業者爭先恐後地
進入濁水溪探採，砂石被稱為「濁水溪黑金」，原為對砂石
的一種讚譽，後來卻成為砂石利益衝突的代名詞，黑道與白
道勢力同時進駐濁水溪河床，兩方人馬捉對廝殺時有耳聞，
充滿肅殺的血腥味，濁水溪砂石開發遭黑道勢力把持，為公
開之秘密，而黑道勢力的狠勁，絕非一般流氓所能及，因此
有「濁水溪溪頭，濁水溪尾，濁水溪仔鱸鰻尚大尾。」的說
法。

土虱好吃

可惜沒死人頭那麼多

　　在坪頂埔之北方濁水溪岸有深崁，名「跌死落
崁」，相傳是古代官軍圍剿土匪，土匪受逼，紛紛跌死
此崁。後有漁人捕魚，在跌死落崁下的死人頭中捕得許

【294】見〈采集篇三濁水溪相關諺語采集〉─濁水溪頭　濁水溪尾　濁水溪仔
鱸鰻尚大尾

多肥大的土虱魚,送往林圯埔街販賣,大受歡迎。後數日捕盡,而街人乃紛紛問漁人要買土虱魚。漁人乃嘆說:「土虱好吃,可惜沒死人頭那麼多【295】。」即是這句諺語的由來。

北斗溪底十三甲【296】

　　北斗鎮這個鄉鎮的發展是隨著濁水溪流路的變遷而變化,如沙洲的浮出、土地的流失、水系的改道、乃至交通網路的變遷,都隨河道的變遷而改變【297】,北斗地區的興盛與衰微,無不與濁水溪這條河流息息相關,可說是主宰北斗地區命運的關鍵。

　　濁水溪沿岸的浮覆地的由來,是因為居住於附近農民協力築成堤防後所浮覆的土地,俗稱「溪底地」或「濁水溪田」,堤防的興築,徵用民力,住在濁水溪容易氾濫地區裡的居民,皆須參加義務勞動。「溪底地」和農民淵源很深,他們與水爭地,胼手胝足,始在荒埔開墾。但是這些俗稱溪底的浮覆地,土層很淺,石頭纍纍,土質相當貧瘠,這句諺語的意思是說濁水溪溪底地雖然很多,卻都是沒有價值的不毛之地,因此農民必須

【295】見陳哲三:《竹山鹿谷發達史》(臺中市:啟華出版社,1972年12月),215。

【296】見〈采集篇三濁水溪相關諺語采集〉—北斗溪底十三甲

【297】清中葉的北斗成為一個以商業機能為主的河港街肆,東螺溪泥沙淤積後,其津渡、轉運功能漸漸失去。

花費很大的力氣開墾荒地，但也顯現了農民刻苦耐勞的精神。

北斗溪底厚賊頭【298】

清朝嘉慶年間，濁水溪兩岸因交通往來頻繁而逐漸改善，渡河也有了排筏，由於鹿港成為臺灣僅次於臺南安平的重要港口，以東螺溪與鹿港連接起來的北斗地區，也被納入鹿港的商圈而日益繁榮起來，當時北斗在南北交通，海陸轉運的重要性，造就了盛極一時的商業街肆，曾經是清代濁水溪流域的中心聚落。東螺溪由二水西北方向流至鹿港入海，因此阻隔了南北交通，往來皆須擺渡，北斗地區是商業薈集地，所以擺渡者眾，有些不肖筏夫，見商旅渡河之急，便趁機敲索資費【299】，加上溪邊盜匪多，行旅受其騷擾，不堪其苦，這句諺語便是紀錄了當時濁水溪岸有許多盜賊的情形。

一府二鹿三艋舺四寶斗

在田中鎮之西的北斗鎮，舊名寶斗，又曾經屬於東螺，是濁水溪一條支流上的河港，與大陸有船隻來往，所以稱為彰化縣南部的要地，清代末期圍有竹柵，開有隘門，柵內染坊、糖業林立，商業之殷繁，僅次於鹿

【298】見〈采集篇三濁水溪相關諺語采集〉─北斗溪底厚賊頭

【299】北斗鎮奠安宮於清咸豐七年（西元1857年）立有「嚴禁筏夫勒索示碑」，禁止筏夫勒索行旅。

港，所以當地曾經流傳有「一府二鹿三艋舺四寶斗」的謹語【300】。

由上數則濁水溪相關之諺語來看，可歸納出以下三個特點：

一、當地居民豐富的生活體驗與濁水溪緊密結合：

居民的生活方式與濁水溪息息相關，濁水溪更提供了豐富的資源，如「欲錢，溪底趁」、「倚山吃山，靠海討生活，有溪渡日子。」等諺語皆是說明了濁水溪與當地居民的生活方式融成一體，在生活中的對話用語亦與濁水溪有關，如「濁水溪若變清，事志就發生。」則是觀察濁水溪的溪水現象而猜測時局變化，其他如開玩笑用語，像「西螺橋下攏咱仔，死鳥飛繪過。」或是用來罵人的話，如「濁水溪無蓋蓋」，都是以濁水溪為敘述場景。

二、從中可窺早期濁水溪平原移墾情況及繁榮時期：如「有膽過虎尾溪，無膽留置府城做雜差」中可發現清代初期濁水溪平原移墾社會之縮影，充滿了艱辛與痛苦，加上盜賊猖獗，「會過西螺溪，繪過虎尾溪」形成西螺一代的聯防制度，濁水溪支流東螺溪曾盛極一時，北斗成為商業重鎮，而有「一府二鹿三艋舺四寶

【300】林衡道口述、楊鴻博整理：《鯤島探源》（臺北縣：稻田出版有限公司，1996年5月），頁478。

斗」之諺語產生，但因繁榮卻也招致許多盜賊伺機而動，「北斗溪底厚賊頭」正是說明了當時的情形。

三、濁水溪經常性氾濫影響居民生命財產：

早期濁水溪溪水湍急，造成交通不便，一到雨季來臨，除了交通斷絕外，更會引發水災，影響居民的生活，如「香腳吃土豆」，即是說明了當時濁水溪水患之嚴重，產生許多水流屍的現象。

由此可知，居民的生活與濁水溪相關聯，在諺語表達上簡潔凝鍊且富有口語色彩，深具地方特色，淺顯明白，又蘊涵耐人尋味的深長哲理，也可從這些諺語中看出濁水溪這條河流對當地居民生活上的影響，亦產生不少與濁水溪有關的諺語，形成特有的濁水溪文化。

第七章 結語

濁水溪是臺灣最長的河川,滾滾水流夾帶著許多令人動容的故事,自源頭奔騰而下,蜿蜒流向臺灣海峽。伴隨著歷史走過的痕跡,濁水溪見證過無數的歲月,除了提供農業及工業、生活飲用水外,更孕育出一種特有的文化,正如林衡道先生所稱之「可愛的濁水溪文化」,造就了彰雲平原上的特殊風光。

本文以濁水溪相關傳說與其他民間文學作品為主題,尋求濁水溪河流與人們的對應關係,二者之間彼此形成複雜與矛盾的特殊情感。

濁水溪沖積平原之開發過程中,平埔族與漢人在濁水溪沖積平原的灌溉用水競爭,造成平埔族居於劣勢,逐漸消失於彰化平原上,而清代於濁水溪下游的水利建設,對於臺灣中部農業發展之影響,擴及濁水溪沿岸。南北沿岸鄉鎮與濁水溪的關係密切,濁水溪為人們帶來了美麗的風光及肥沃的大地,居民在寬闊的濁水溪床上耕作,對農村的繁榮貢獻良多,他們將生活的命脈建立在濁水溪裡,頂著太陽、

沐著風雨，相當辛苦，但也開創了一片新天地；穩定而充足
的水源，加上圳渠的建設，帶給居民無限的農業活力，可說
完全拜濁水溪所賜。然而濁水溪河道變遷時，河水氾濫發生
水災，則損害農作物，溪水的漲退關係影響著沿岸城鎮的興
衰，人們對於濁水溪之整治與開發，如築堤、採砂石、開墾
濁水溪田的方式則是直接改變了濁水溪的自然與人文生態。

　　從民間文學的角度來討論濁水溪相關的傳說，觀察居民
與濁水溪的關係，可以歸納以下數點說明：

　　一、濁水溪溪水特性傳說與居民之關係

　　濁水溪溪水混濁不清的特性形成傳說，如〈金鴨母
想吃金泥鰍〉、〈番人淘金〉等皆是對於溪水混濁此一
自然現象提出解釋，金泥鰍愛玩耍、翻滾致使溪水變
色，番人淘金因此溪水混濁，或是由於一群壞人掉入濁
水溪裡，不斷掙扎而攪動溪裡的污泥，導致原來清澈的
溪水變成混濁的原因，其共通點在於濁水溪本來之面貌
是清澈見底，河流發生變化的原因是因為外在的因素所
致，表現了人類在探索自然生成起源的過程中提出解釋
時的合理性。

　　由於濁水溪溪水終年混濁的特性，居民視濁水溪混
濁為常態，若某天突然溪水變成清澈，暗示著此一反常
之自然景象將有不尋常事件發生，影響人民的生活，
不僅包括政治上的改朝換代，社會上所發生的天災亦是
濁水溪變清時所附會的對象。濁水溪溪水由混濁變清使
人們產生臆想，對於可能之發生此一變化之原因感到好

奇，產生解釋溪水突然變清之緣由，形成了傳說，可知
人類在長期的社會實踐中，不知不覺地建立了一種認識
事物的方法，即注意認識事物發展過程的前期現象—前
兆，以求預知將來可能發生的事情，並預料自己行動的
將來後果。渴望知道未來情勢的發展，是一種普遍的人
性共同心理，於是前兆觀念就自然地產生了，以解釋人
們無法理解自然界和周遭環境的變化，人們賦予前兆的
臆想，往往是人們生活中的問題反映。前兆觀念產生的
過程，代表人民對於自身所無法理解的自然現象被神秘
化為徵兆，濁水溪溪水突然變清亦屬一種自然現象，但
是人們相信這是社會將有大災變或大的轉折時的預兆。
人們由於受到自然力的壓迫，對於自己將來的遭遇和行
動的後果迷惘不安，便與警世預告作用把它們聯繫起
來，成為前兆觀念而流傳。

　　二、濁水溪水利建設傳說與居民之關係

　　農業社會以豐沛的水源為農業生產之重要關鍵因
素。濁水溪沖積平原適合種植水稻，且是臺灣之穀倉，
因此離不開水，農田水利即是以水利設施施之於農田，
促進農業生產，供給人們足夠的食物所需，因此水利設
施的興建乃為首要。八堡圳乃引濁水溪之水而興建，是
清代臺灣中部規模最大的水利建設。在建造過程中流傳
了農田水利建設相關之傳說，如林先生之傳說，一位協
助施世榜疏通圳水的白髮老翁，然建設完成後卻消失不
見，無人知其真實姓名，由兩棵樹獲得「雙木為林」的

啟示，而稱白頭老翁為林先生，對於造福彰化平原這塊
土地的引水者，稱其為「臺灣大禹」，以感懷其治水之
貢獻，林先生之行誼可稱之為「文化英雄」。簡言之，
凡是對於人類生活文化有所貢獻的傳說人物，都可稱
之為文化英雄，以及人們心目中的偶像，只要被認為於
人類文化有貢獻者，也常被稱為「文化英雄」，然而此
類型人物實為一種「理想的象徵」，此與神話學所理解
的文化英雄開創文化的神話人物相去甚遠，在此所言
的「文化英雄」所涵蓋的範疇極為廣泛，凡是人類心目
中理想的象徵或對人類生活有貢獻者皆可稱為「文化英
雄」【301】。

　　當濁水溪水能夠有大量水流進入八堡圳水圳裡，固然
可以提供農作物的灌溉用水，然一旦破堤氾濫，也會奪人性
命，平常居民落水淹死的情形亦不少，所以相傳在開闢完成
八堡圳後，必須舉行盛大祭典以祭拜圳神，即是所謂的「跑
水祭」，傳說早期八堡圳所舉行之「跑水祭」是以活人當供
品祭祀，類似中國之「河伯娶婦」，形成八堡圳的特殊祭祀
圳神方式，就犧牲對象而言，多半出於自願，這種以活人當
祭品的方式祭祀河流，此類比比可見於各民族的同類型巫術
祭儀，都如同中國以女子妻河的「河伯娶婦」的故事，為祈
求平安而祀河神。

【301】馬昌儀：〈文化英雄論析〉，《民間文學論壇》第一期（1987年7
月），頁55。

三、濁水溪水災傳說與居民之關係

　　傳說是反映人們對生活上的需求以及人們內心的意念，人們與濁水溪的關係充滿著複雜而矛盾，當濁水溪滋養了人的生命，孕育這塊土地，然而也可能毫不留情地帶走它的賜予，因此居民對於濁水溪充滿著尊敬與畏懼的心理。濁水溪沖積平原雖然帶來了富庶，但也由於河道經常氾濫，造成田園及村莊的流失，生命安全沒有保障，一到雨季，居民便要開始提心吊膽，深怕辛苦務農的成果瞬間消逝。為了能事先預防水患的發生，因此流傳著無生命之物經擬人化後，能夠發出聲音，由發出聲音提出對人的警告，即將有災難要發生，或者是無生命之物本身形態產生變化，成為水災發生之前兆，如〈龍仔頭獅仔嶺的傳說〉、〈石獅眼睛流血，水災要發生〉兩則傳說，皆是以無生命之物卻具有預警水災之功能。

　　濁水溪由於河道經常變遷，造成水災氾濫者不計其數，使濁水溪下游鄉鎮的居民飽受水害之苦，〈國聖王紀念碑的傳說〉是發生於清道光十八年（西元1838年），歲次戊戌的一場大水災之傳說，大家認為是國聖爺鄭成功幫助除去水患，使大水退去，關於這種英雄未曾親臨其境，傳說反而盛傳的現象，關於這點，人們將鄭成功神格化，在口耳相傳的過程中，將某些想像加以渲染，甚至訛傳，造成了一種似事實，卻又遠離事實的傳說，這也就是為什麼鄭成功未親自到達的區域，傳說愈興盛的原因，而這些正是民間傳說興起的動力，因為

民間傳說是歷代人民對現實生活的素材,進行藝術加工,即進行概括、變形、誇張、渲染乃至大膽虛構的產物【302】。

當人們在水災這個強大自然暴力面前,由於生存受到威脅,卻又感到無能為力,既感到恐懼與惶惑,因此產生征服水災之傳說,如〈濁水溪除大蛇〉這則傳說即是幻想戰勝自然、支配自然來擺脫這種恐懼與惶惑來源的矛盾心理與產物。

四、濁水溪相關信仰傳說與居民之關係

濁水溪相關之信仰傳說,包括水神信仰之傳說、土地公信仰之傳說、石頭信仰之傳說、樹神信仰之傳說四個部分,產生這些信仰的原因,與祈求濁水溪水源豐沛以及減少水患有關。以濁水溪水神信仰為例,同是濁水溪,但不同鄉鎮祭拜溪神之日子並不相同,如二水鄉是以農曆六月三日為祭拜溪神之日子,溪州鄉則是農歷七月十五日祭拜溪王,雲林縣林內鄉林中村是訂於農歷八月十五日祭拜溪神;祭祀的時間不同,多因大水災發生的時間不同而異。

由於人類所受到刺激的經驗所致,也就是對巨大的自然現象所感受的驚異、畏懼、感恩以及依賴的情緒所

【302】程薔:《中國民間傳說》(浙江:浙江教育出版社,1986年5月),頁35。

構成。自然災變如洪水、颱風等現象，令人驚恐和畏懼。另一方面濁水溪以其積極的功能，給予居民生存所需的賜與，使得人們對其發生依賴和感謝的思想，信仰崇拜強化了人類應付人生問題的能力，「這些問題即死亡、疾病、饑荒、洪水、失敗等等。在遭逢悲劇、焦慮和危機之時，宗教可以概慰人類的心理，給予安全感和生命意義，因為這個世界從自然主義的立場而言，充滿了不可逆料，反覆無常和意外的悲劇【303】。」隨著文明的發展，人們對於外在的事物、現象逐漸不再陌生、恐懼，伴隨著由瞭解乃至征服。依此發展下去，照理說，信仰崇拜的心理似乎會慢慢地自人們心中減弱、消失，甚至根除。但事實卻非如此，乃因各階段的人們均有不同階段的需要，隨著各階段的不同需要，需求層次的提高，崇拜的對象也就更加地豐富了起來。在這其中，又因為人們不斷的認識、征服外在世界，過去神秘、恐怖、具威懾的現象一一被解開後，那些關於它們的崇拜也就自然而然地消失，然信仰崇拜心理將永遠存在，因為就崇拜的本質來說，它起源於現實的需要，起源於對現實的不滿足，必須藉由信仰崇拜以達到心理的平衡。

　　其他濁水溪相關之地方風物傳說中所描述的事件，有些是日常生活的普通事件，如〈撿鐵仔粿的由來〉、

【303】基辛：《當代文化人類學概要》（浙江：浙江人民出版社，1986年3月），頁215。

〈奈何橋、鬼仔橋的由來〉等等，也有的是十分神奇的
附會，如濁水溪以南一帶的壁虎會大聲鳴叫之特徵，因
此被鄭成功封為鐵甲將軍的傳說，或〈媽祖接炸彈的傳
說〉等等，皆充滿了想像的趣味。對於特殊山形的描
述，亦具有豐富的幻想性，如〈照鏡山出美人〉將山的
形態當成美人所照之鏡，可知「山川名勝的命名往往是
與它的形狀特徵分不開的。因此，傳說在解釋名稱由來
的同時，也就說明了這些特徵形成的緣由【304】。」有關
山川的傳說也多屬於不自覺的附會，因為傳說與歷史有
這麼密切的關係，所以傳說可以被視為是歷史的反響和
回聲【305】。

　　在相傳的過程中，隨著時空的轉移，漸而偏離史實，甚
至造成一個「似真實又非真實」的現象來取代史實，如嘉慶
君遊臺渡濁水溪回京之傳說，因此現實生活中的某些事件，
觸發了人們的思緒，則被「再造」。所以人們針對生活環境
的現實，予以誇張、渲染地描述。

　　濁水溪原本是獨自存在的，自從與人們有了密切的互
動關係後，開始有了生命。隨著人類社會生活範圍的擴大，
濁水溪不只作為提供物質生產而存在，也成為了人們精神層

【304】程薔：《中國民間傳說》（浙江：浙江教育出版社，1986年5月），頁108。
【305】姜彬主編：《中國民間文學大辭典》（上海：上海文藝出版社，1992年12月），頁6-7。

面上的寄託對象，進入人類的心靈領域，當地居民用他們具有的豐富聯想力和生活經驗，對濁水溪做了深刻的觀察與體驗，流傳於人們的口耳之中，伴隨著特定的時空背景，發展出一連串的傳說，每一則傳說都代表了濁水溪的多樣面貌。

當居民在敘述濁水溪的動人傳說時，實際上是在抒發內心那份愛鄉戀土之情，無論是山川草木、風俗物產，或是歷史的痕跡，人們對於自己的家鄉，都是懷著一種眷戀與親切感，這些質樸的聲音，值得我們永久保存。

采集篇

凡 例

一、 附錄係由講述者口述，再將其音、字、義不明
　　 處加以註解與整理。

二、 附錄中之字詞、難字之寫定，係參考：國立編
　　 譯館主編：《臺灣閩南語辭典》（臺北市：
　　 五南圖書出版有限公司，2001年1月），該
　　 辭典使用教育部公告之《臺灣閩南語音標系
　　 統》為記音之規則。

三、 編排方式分原述紀錄與國語譯解兩部分互相對
　　 照。

四、 方言之音難確定其本字者，暫以記其音表之，
　　 若有字音難讀或避免受國語讀音誤讀者，於
　　 註解中載其讀音。

五、 講述者之補充或意見紀錄於註解之說明中。

六、 講述者資料附於附錄末。

采集篇一　濁水溪相關地方風物傳說采集

編號：A-1

〈 金鴨母欲食金泥鰍 〉

講述者：董惟庚
時間：89.8.30
地點：二水鄉過圳村講述者自宅

　　啊！本來濁水溪這條溪是清仔，但是後來變甲烏ma²ma³，這是有原因啦！古早仔時陣，有一隻金鴨母甲一對金泥鰍住佇深山林內仔濁水溪源頭，這對金泥鰍有一个壞習慣，in¹佮意佇真清仔溪中央反來反去，真愛佚陶，嘛愛賴賴趖，逐屆攏甲溪水搞甲濁giah⁸ giah⁸。

　　毋過佇濁水溪源頭仔所在，嘛有一隻金燦燦仔鴨母，想欲食這對金泥鰍，等候這對金泥鰍反來反去仔時陣，金鴨母就準備偷食金泥鰍，金泥鰍因為驚予金鴨母啄去，金泥鰍就毋敢黑白亂振動，恬恬蔽著，彼囉濁水溪嘛直直清清清。

　　續落去毋知影是什麼時陣，有一工，一個老歲仔，去山頂剉柴，無意中抵著佇溪底趖來趖去仔金鴨母，赫爾嬌，剉柴仔真歡喜，想辦法掠彼隻金鴨母，找來一條索a²，趁金鴨

母無防備仔時陣，用索a²套住金鴨母仔am³ kun²，金鴨母就ga²ga² ga²一直叫。

　　一時仔了後，金鴨母已經予掠著啊，結果，金泥鰍著沒人管啦！愛耍仔金泥鰍都刁致一直反來反去，從這个時陣開始，濁水溪攏是濁仔，到今a²日嘛是仝款，後擺就毋知啊。

編號：A-1

〈 金 鴨 母 想 吃 金 泥 鰍 〉

　　本來濁水溪這條溪是清澈見底，但是後來變成混濁不清，其來有自。在古早的時候，有一隻金鴨母與一對金泥鰍住在那深山裡面的濁水溪源頭，這對金泥鰍有一個壞習慣，因牠們喜歡在清澈的溪裡面翻來覆去，非常愛玩耍，也喜愛四處遊晃，沒有目的地的游來游去，每次都將溪水弄得很混濁。

　　但是在濁水溪源頭也住有一隻金光閃閃的金鴨母，想要捕食這對金泥鰍，等到這對金泥鰍打滾、翻來覆去的時候，金鴨母就準備偷偷吃掉金泥鰍，金泥鰍因為害怕被金鴨母啄走，因此就不敢隨便亂動，靜靜地躲著，那濁水溪也就一直清澈無比。

　　後來不曉得什麼時候，有一天，有一個老人家，去山裡面砍柴，無意中遇到那在溪裡游來游去的金鴨母，如此美麗，老人家非常歡喜，就想辦法抓那隻金鴨母，找來了一條繩子，趁金鴨母沒有防備的時候，用繩子套住金鴨母的脖子，金鴨母於是嘎！嘎！嘎！不停的叫著。

　　一會兒之後，金鴨母已經被抓住了，結果，這對金泥鰍就沒人管啦！愛玩耍的金泥鰍都故意一直翻來覆去，從這時候開始，濁水溪總是混濁的，一直到今日也是一樣，以後就不知道了。

　　註：

　　1.欲：音beh^4，想要。

　　2.食：音tsiah^8，吃。

　　3.泥鰍：音ho^7 liu^1，生存於泥裡的小魚，其背面呈黑　　色，腹部為白或灰色，身體則是圓柱形。

　　4.烏ma^3 ma^3：音oo^3 ma^2 ma^3，指溪水混濁不清。

　　5.一對：對音tui^3，數量詞。

　　6.佇：音ti^7，在什麼地方之意。

　　7.佮意：音kah^4 i^3，喜歡。

　　8.真：音chinn^5，很…之意。

　　9.中央：音tiong^7 ng^1，中間。

　　10.反來反去：音peing^3 lai^5 pieng^2 ki^3，翻來覆去。

11.愛：ai^3，喜歡。

12.佚陶：$chit^4\ thoo^5$，遊玩、玩耍。

13.嘛：音ma^7，也。

14.賴賴趖：音$lua^7\ lua^7\ so^5$，四處遊晃，沒有目的地。

15.逐屆：音$tak^8\ kai^2$，每一次。

16.攏：音$long^2$，全、都之意。

17.濁$giah^8\ giah^8$：混濁不清。

18.毋過：音$m^7\ koh^4$，不過。

19.所在：音$so^1\ cai^7$，所在的地方。

20.金爍爍：$gim^7\ sih^4\ sih^4$，金光閃閃之意。

21.等候：音$tan^3\ hau^2$，等待。

22.準備：音$cun^1\ bi^7$，預備。

23.予：音hoo^7，被….之意。

24.啄：音tok^4，鳥類用嘴巴取食。

25.毋敢：音$m^7\ kann^3$，不敢。

26.黑白：音$oo^1\ beh^8$，隨便之意。

27.振動：音$tin^2\ tang^7$，動來動去。

28.恬恬：音$tiam^7\ tiam^7$，安靜。

29.彼囉：音$hit^2\ lo^7$，那個、發語詞。

30.直直：音$tit^8\ tit^8$，一直。

31.清清清：音$cing^5\ cing^1\ cing^1$，清徹。

32.續落：音sua³ lue⁷，接下去。

33.毋知影：影音iann²，不知道。

34.工：音kang¹，天。

35.老歲仔：音lau⁷ hue³ a²，指年紀大的人、老人家。

36.剉：音ce²，砍。

37.抵著：音tu² tioh⁸，遇到。

38.赫爾：音hiah⁷ ni⁷，那麼。

39.媠：音sui²，漂亮之意。

40.掠：音liah⁸，抓住。

41.一時仔：時音si⁵，指一會兒。

42.耍：音sng²，玩耍。

43.刁致：音tiau³ ti³，故意。

44.從：音ui³，自從。

45.到：音kau⁷，到…時候。

46.仝款：仝，音kang⁷，相同之意。

47.後擺：擺，音pai²，次。後擺指下次之意。

編號：B-1

<h2>〈番仔淘金〉</h2>

講述者：董惟庚
時間：89.7.25
地點：二水鄉過圳村自宅

較早仔時陣，聽人講濁水溪仔源頭有金a^2，內山番a^2住佇深山仔濁水溪邊，因為有金a^2，番仔佇濁水溪底淘金，莫怪講濁水溪真濁，是因為番a^2仔關係。

後來啊！住佇濁水溪尾仔人，咱平地人想欲得到金a^2，結果去ka^2源頭一看，早都攏無金a^2啊！不過咱平地人真巧，就燒香拜託濁水溪神幫忙，因為咱平地人麼真散赤，需要過生活，結果溪神就指示啊，溪神講平地人無福報得著黃金，毋過會當得烏金，烏金是什麼ha^3？伊其實就是佇濁水溪面頂沖來仔砂石啊，可以當做建材，因為是烏色仔，所以叫做烏金。

因為安ni^7，濁水溪邊有真濟人咧挖砂石趁錢發財，就安ni^7平地人嘛變有錢啊！

編號：B-1

〈番人淘金〉

較早的時候，聽別人說濁水溪的源頭有金子，內山的番人就住在濁水溪旁，因為濁水溪有金子的緣故，番人在溪裡淘金，也難怪濁水溪非常混濁，是因為番人的關係。

後來啊，住在濁水溪溪尾的人，我們平地人也想得到金子，結果跑去源頭一看，早就沒有金子了。不過我們平地人很聰明，於是就燒了香拜託濁水溪溪神幫忙，因為我們平地人非常貧窮，需要過生活，結果溪神就指示了，溪神說我們平地人沒有福報得黃金，不過可以得到烏金，烏金是什麼呢？烏金其實就是濁水溪沖刷下來的砂石，可以當建材，因為是黑色的，所以叫做烏金。

也因為這個緣故，濁水溪旁有許多人挖砂石賺錢，平地人也變有錢了。

註：

1.淘金：音te^7 gim^1，將含金粒的沙石在水中蕩滌，以便去沙撿金。

2.較早：音khah^4 ca^2，以前。

3.源頭：uan^7 tau^5，水的起源處。

4.深山：音cim^7 suann^1，僻遠幽深、人跡稀少的高山。

5.底：音te^2，裡面之意。

6.巧：音kiau^2，聰明、有智慧。

7.需要：音su^7 iau^3，對事物的要求或慾望。

8.指示：音ci^1 si^7，指點、吩咐。

9.會當：音e^3 tang^3，能夠。

10.烏金：音oo^1 gim^1，黑金，此指濁水溪沖刷下來的砂石。

11.什麼：音sim^1 mih^4。

12.就是：音tiu^3 si^7，表示肯定的語氣。

13.面頂：音bin^7 ting^2，上面。

14.當做：音tong^7 cue^3，當成。

15.發財：音huat^8 cai^5，獲得許多錢財。

編號：C-1

〈濁水溪若變清，事志緊欲發生〉

講述者：賴宗寶
時間：89.2.27
地點：二水鄉桃仔園講述者自宅

　　濁水溪本來是濁濁繪不清仔，但是聽講濁水溪若變清，就會有事志i a³是變化發生，佇民國十八年濁水溪變清三個月，隔了一年就發生霧社事件。

　　住佇濁水溪邊仔農民，攏知影今年會平安順利無，只要去看濁水溪仔色水就知影。濁水溪溪水如果是混濁，表示大家平安，若溪水轉清，就表示講臺灣著欲發生大事志，要時時提高警覺。

　　民國三十四年春，我mann²看過二水鄉仔八堡圳水變清見底，走去看濁水溪嘛是清的，hit⁴時民間就傳說天地欲變啊，因為濁水溪已經變清，結果佇hit⁴一年八月十五日日本戰敗投降，臺灣光復，過毋偌久，濁水溪ku²恢復濁濁，轉黑色了。

　　今mai² 政府起集集攔河堰，設佇濁水溪中游，也就是南投縣仔集集林尾隘口，使已經設置三百年仔八堡圳源引水道走入e⁷歷史，原有仔圳溝因為濁水溪用沉沙池沉澱，所以一方面水資源去到下游變少，而且濁水溪無以前hia²濁啊。

一九九九年開始濁水溪下游水資源減少，圳水變清無ku² 濁濁，所以嘛有人講可能ku²有大事發生，結果發生了九二一全臺大地震，兩千年三月十八日國民黨執政五十年下臺，變成綠色執政。

編號：C-1

〈濁水溪若變清，事情快要發生〉

濁水溪本來是混濁不清的，但是聽說濁水溪如果變清，就會有事情或是變化發生，在民國十八年濁水溪變清三個月，隔了一年就發生霧社事件。

住在濁水溪邊的農民，都知道今年會不會平安順利，只要去看濁水溪的顏色就知道。濁水溪溪水如果是混濁，表示大家平安；如果溪水轉清，則表示臺灣將要發生大事情，要時時提高警覺。

民國三十四年春，我曾經看過二水鄉的八堡圳水變清澈見底，跑去看濁水溪也是清的，那時民間就傳說天地要變了，因為濁水溪已經澄清，結果在那一年八月十五日日本戰敗投降，臺灣光復，過不了多久，濁水溪又恢復混濁，轉灰黑色了。

現在政府興建集集攔河堰，設在濁水溪中游，也就是南

投縣集集林尾隘口，使已經設置三百年的八堡圳源引水道走入歷史，原有圳渠因濁水溪經沉澱池沉澱，所以一方面水資源到了下游變少，而且濁水溪混濁程度也減小。

一九九九年開始，濁水溪下游水資源減少，圳水變清不再混濁，因此也有人說可能又有大事發生，結果發生了九二一全臺大地震，兩千年三月十八日，國民黨執政五十年下臺，變成綠色執政。

註：

1.沉澱：音tim^5 te^2，此指泥沙沉於水底。

2.歷史：音lik^4 su^2，指過去的事實。

編號：D-1

〈林先生仔傳說〉

講述者：董芳愷
時間：89.8.30
地點：二水鄉林先生廟

施世榜佇鼻仔頭開圳頭仔時陣，已經開十年仔時間，雖然圳路是開好啊，但是直直無法度將濁水溪溪水引入裡圳埤

內，所以伊感覺真苦惱，伊咧想辦法想甲頭殼欲破啊，還是想無。

後來出現一个白頭毛仔老歲仔，來找施世榜，對伊講：「你開圳頭用意是真好，可以幫助彰化縣仔農民，但是你毋知方法，我願意講引水方法予你知。」伊就畫水利圖予伊，指示伊安怎引水。施世榜請教這位先生叫啥名，這位先生毋講家己仔名，伊只有講：「叫我林先生就可以了。」

然後施世榜照林先生指導仔方法去做，林先生發明仔籠仔篙遮水，結果才將圳埤可以通水，施世榜伊真歡喜，準備一筆錢欲感謝林先生，但是林先生堅持毋收，毋多久就消失無蹤影，毋知去叨位啊。

有人看到伊佇圳頭仔兩叢樹a^2之間，留一雙草鞋綁佇兩叢樹a^2邊，後來就毋看去了，大家才知影這个林先生是神仙，但是佗一位神仙，無人知啊，是從林先生佇圳頭兩叢樹仔留下一雙草鞋才發現「雙木是林」仔暗示，所以林先生應該是姓林。

編號：D-1

〈林先生的傳說〉

　　施世榜在鼻仔頭開設圳埤時，已經花了十年的時間，雖然圳埤完成了，但是一直沒有辦法將濁水溪溪水引入圳埤裡面，所以他非常苦惱，不知道該怎麼辦才好。

　　後來出現了一位白髮的老人，來找施世榜，對施世榜說：「你建設圳埤這個用意是很好，可以幫助彰化縣的農民，不過你的方法不對，我願意提供一套引水的方法教你。」林先生他就畫了一張水利圖，指示施世榜應該如何引水，施世榜請問這位老者姓名，他只說：「只要叫我林先生就可以了。」

　　然後施世榜依照林先生所指導的方法去做，又用林先生發明的籠仔篙遮水，結果終於完成圳埤通水，施世榜他非常高興，準備一筆金錢要答謝林先生，但是林先生堅持不收，沒有多久就消失無影無蹤，不知道林先生到哪裡去了。

　　有人看見他在圳頭的兩棵樹之間，留下一雙草鞋，綁在兩棵樹間，後來就不見了，大家才知道這位林先生是一個神仙，是哪一位神仙，就不知道了，從林先生在圳頭的兩棵樹留下一雙草鞋才發現「雙木為林」的暗示，所以林先生應該是姓林。

說明：講述者按這則林先生的傳說是小時候聽家裡僱用的工人說的。

註：

1.圳：音cun³，灌溉用之水渠。

2.頭毛：音tau⁷ mng⁵，頭髮。

3.指示：音ci¹ si⁷，指引。

4.家己：自己。

5.林先生：音lim⁵ sian¹ sing¹。

6.叢：音cang⁵，植株單位。

7.草鞋：音cau² e⁵，腳上的穿著物。

8.綁：音bang²。

9.神仙：音sin⁵ sian¹，具法術之人。

編號：E-1

<u>～～～～～</u>

〈走引水仔由來〉

講述者：賴宗寶
時間：89.2.27
地點：二水鄉桃仔園講述者自宅

　　施世榜開八堡圳到最後欲完成仔時陣，需要進行第一擺通水仔典禮，水ui²閘門引入來，這个時陣需要一个人佇水道頭前走，叫做「走引水」，是希望濁水溪豐沛仔水量會應不斷仔流入圳哩，予農民有真濟真濟仔灌溉水會應使用，嘛希望圳神保庇大家年年豐收，年年平安。有人講林先生就是八堡圳完成了後負責「走引水」仔第一个人，伊代表大家冒著生命仔危險拼命直直走、直直走，濁水溪仔水才會應可以順利流入來。

　　到後來「跑引水」是以活人做供品，希望保平安，圳神有保庇，灌溉才會順利。當然真少人會願意犧牲ka³自己做供品，所以是開錢買人，買仔對象差不多是乞丐還是流浪漢，講好一切了後，由地方養伊一段期間吃好仔、穿好仔，好好享受伊仔最後一段生活，等到了欲舉行圳頭祭開水門仔時陣，伊就愛頭頂放著供品，在tu¹欲開水門仔圳水頭前緊走，跑會過a⁷是好運氣，命iau¹是伊仔；若是走燴過當然予大水沖走犧牲啊。因為

予當做犧牲仔走引水會活仔機會無大，所以攏會佇現場仔另外一邊，iau¹會準備一口棺木，等待收伊仔屍體，而且伊是家己願意仔，所以嘛無話講，這就是古早時代為著拜圳神，所以有「跑水祭」這種儀式。

編號：E-1

〈跑引水的由來〉

施世榜開八堡圳到最後完成的時候，要進行第一次通水的典禮，水由閘門引進來，這個時候必須由一個人在水道前面奔跑，叫做「跑引水」，是希望濁水溪豐沛的水量能夠不斷的流入圳裡，讓農民有很多很多的灌溉水可以使用，也希望圳神保佑大家年年豐收，年年平安。有人說林先生就是八堡圳完成後負責「跑引水」的第一個人，他代表大家冒著生命的危險拼著命一直跑、一直跑，濁水溪的水才可以順利流進來。

到後來「跑引水」是以活人當供品，才能常保平安，圳神有保佑，灌溉才會順利。當然很少人會願意犧牲把自己當供品，所以是花錢買人，買的對象差不多是乞丐還是流浪漢，談好一切之後，由地方養他一段期間吃好的、穿好的，好好享受他的最後一段生活，等到了要舉行圳頭祭開水門的

時候，他就必須頭頂放著供品，在剛剛開水門的圳水前面快跑，跑得過或是好運氣，命還是他的；若是跑不過當然被大水沖走犧牲了。因為被當做犧牲的跑水者會活的機會不大，所以都會在現場的另外一邊，準備一口棺木，等待收他的屍體，而他是自己願意的，所以也沒話說。這就是古早時候為了祭拜圳神，所以有「跑水祭」這種儀式。

註：

1.走引水：音cau² in⁷ cai²，圳渠開成後第一次通水，祭祀圳神的一種儀式。

2.豐收：音hong¹siu¹，好的收成。

編號：F-1

〈 龍仔頭獅仔嶺仔傳說 〉

講述者：賴宗寶

時間：89.2.27

地點：二水鄉桃仔園講述者自宅

　　彰化縣內仔八卦山，是真有名，咱二水鄉仔人講喔，八卦山仔山頭是自二水鄉開始，二水鄉有一支山叫龍仔頭，伊就是八卦山仔龍頭，嘛是主峰，隔壁一支山是獅仔嶺，親像

一隻獅仔咧爬山，是很有氣勢仔一支山。

聽古早時陣仔人講，若是直直落大雨，濁水溪著欲做大水近前幾天，龍仔頭和獅仔嶺攏會發出龍吟虎吼仔聲音，警告二水人趁早做準備，有一擺著欲發生大水災，就佇水災前幾天聽到龍仔頭和獅仔嶺這兩支山直直有很大仔聲音傳出來，na⁷咧講：「緊ne³啊！緊ne³啊！趕緊走啊！欲做大水了！」

不過佇日本時代，日本人起好濁水溪鐵橋仔時陣，通車了後，都毋mann²聽過龍仔頭甲獅仔嶺有龍吟虎吼仔聲音啊，聽人講是因為起濁水溪鐵橋，地理仙講龍仔頭這個好地理已經予日本人破壞去啊。

編號：F-1

〈龍仔頭和獅仔嶺的傳說〉

彰化縣內的八卦山，是非常有名，我們二水鄉的人講喔，八卦山的山頭是自二水鄉開始，二水鄉有一座山叫做「龍仔頭」，它正是八卦山的龍頭，也是主峰；隔壁一座山是獅仔嶺，很像是一隻獅子在爬山，是很有氣勢的一座山。

聽古早時候的人說，如果是一直下大雨，濁水溪即將發生水災的前幾天，龍仔頭和獅仔嶺都會發出龍吟虎嘯的聲

音，警告二水人趕緊趁早做準備。有一次即將發生大水災，就在水災前幾天聽到龍仔頭和獅仔嶺這兩座山一直有很大的聲音傳出來，好像在說：「快啊！快啊！快走啊！要做大水了！」

不過在日本時代，日本人建好濁水溪鐵橋的時候，通車以後，都不曾聽過龍仔頭與獅仔嶺有龍吟虎嘯的聲音了，聽別人講說是因為建濁水溪鐵橋，地理先生說龍仔頭這個好地理已經被日本人破壞了啊！

註：

1.龍仔頭：音 ling^5 a^2 tau^5，山名。

2.獅仔嶺：音 sai^1 a^2 nia^2，山名。

3.氣勢：音 khi^3 se^3，形容山勢崢嶸。

4.著欲：音 tit^4 beh^4，快要。

5.吟：音 gim^5，鳴叫聲。

6.吼：音 hau^2，猛獸叫聲

編號：G-1

〈石獅流血，水災欲發生〉

講述者：董芳愷
時間：90.5.6
地點：講述者自宅

　　真久以前，有一个頭殼無巧仔少年人，伊仔名叫做阿三，因為伊憨憨呆呆仔，所以大家就真佮意chong² ti³伊，甲伊講玩笑，但是阿三不感覺安怎，嘛是歡歡喜喜咧過日子，甲伊媽媽孤單兩個人，雖然生活過甲很艱苦，但是阿三還是非常孝順伊媽媽，日子安ne⁷一天一天過去了。

　　有一工，阿三佇市場賣菜仔時陣，看到一個位老歲仔佇路邊討飯，阿三看伊真可憐，就想欲幫忙伊，阿三拿gua¹食仔送予這个老人，這个老人因為接受了阿三仔好意，真感動，就甲阿三講：「看你赫爾好心，我就洩漏一个天機予你，佇媽祖宮頭前有一對石獅，你去看彼對石獅仔目睛若是流血時，就代表會有水災發生，彼時陣千萬別躊躇，趕緊甲包袱a²收收咧，帶你媽媽去蔽，離開這个所在。

　　因為阿三本性善良，就甲這个秘密講予鄰居朋友知，但是大家平常時仔時陣欺負阿三慣習啊，無一个人相信伊，ku²打算chong² ti³阿三，看阿三仔反應。

這工阿三甲平常時仝款到市場賣菜，想要chong² ti³三玩笑仔彼群人已經偷偷佇媽祖宮頭前彼對石獅仔目晴上抹紅水，看起來親像是血。阿三收攤了後，到廟前檢查石獅，一看，chua⁴一跳！壞啊！趕緊叫大家準備離開，但是無人理他，最後，只有阿三帶著伊媽媽離開，跑去蔽啊。

就佇那工仔暗暝，天上落大雨，一直落雨，落三日三暝，濁水溪溪水越來越大，水一直漲高，開始流入去田裡、村裡，真濟人獪付走，死真濟禽牲甲人。等候大水退去了後，阿三轉去看了後，一切攏改變真大，彼位對阿三講天機仔人，聽講是因為阿三平常時仔孝順和善良感動媽祖，媽祖化身變成乞丐，來幫助阿三蔽過水災。

編號：G-1

〈石獅流血，水災要發生〉

很久以前，有一個頭腦不太聰明的少年人，他的名字叫做阿三，因為他憨憨呆呆的，所以大家就很喜歡捉弄他，和他開玩笑，但是阿三不覺得怎樣，也是歡歡喜喜的過日子，和他媽媽相依為命，雖然生活過得很清苦，但是阿三還是非常孝順他媽媽，日子就這樣一天一天過去了。

有一天，阿三在市場賣菜的時候，看到一位老人在路邊討飯，阿三看他很可憐，就想要幫忙他，阿三拿一些東西送給這個老人，這個老人因為接受了阿三的好意，很感動，就告訴阿三說：「看你這麼好心，我就洩漏一個天機告訴你，在媽祖宮前面有一對石獅，你去看那對石獅子的眼睛要是流血時，就代表會有水災發生，那時候千萬別猶豫，趕快把包袱收一收，帶你母親去避難，趕快離開這個地方。

　　因為阿三本性善良，就把這個秘密告訴鄰居朋友，但是大家平常的時候欺負阿三習慣了，沒有一個人相信他，還打算捉弄阿三，看阿三的反應。

　　這天阿三和平常一樣到市場賣菜，想要開阿三玩笑的那群人已經偷偷在媽祖宮面前那對石獅的眼睛上塗上紅水，看起來就像是血。阿三收攤以後，到廟前檢查石獅，一看，嚇了一大跳！糟了！趕快叫大家準備離開，但是沒有人理他，最後，只有阿三帶著他的媽媽離開，跑去躲了。

　　就在那天的夜晚，天上下大雨，一直下雨，下三天三夜，濁水溪溪水越來越大，水一直漲高，開始流進了田裡、村裡，很多人來不及跑，死了很多畜生和人。

　　等到大水退去了後，阿三回家看了後，一切都改變很大，那位向阿三說天機的人，聽說是因為阿三平常時的孝順和善良感動了媽祖，媽祖化身變成乞丐，來幫助阿三躲過水災。

註：

1.石獅：音cioh^8 sai^1，石獅子。

2.憨呆：音kham^2 tai^1，癡呆。

3.包袱：音bau^7 hok^8，行李。

編號：H-1

〈 國聖王紀念碑仔傳說 〉

講述者：陳玉蘭
時間：90.6.6
地點：二水鄉國聖王碑前

　　國聖王碑佇二水鄉二水村仔濁水溪石岸面頂，有人講在清朝道光十八年時，那年是戊戌年，熱天六月仔時陣，濁水溪做大水，溪仔水直直流入二水鄉，整個二水市街面頂攏是水，濁水溪田嘛攏予沖了了去啊，大水直直淹起來，大家攏爬去厝頂，大水仔災難，結果，大水已經欲淹到石岸下，彼時陣是還無濁水溪堤防仔，像苦苓腳、番仔寮、埤仔頭、五百步仔hia^{1}所在攏佇大水內底。

　　佇全部仔人攏真危險時，大家毋知影欲安怎，真濟人跪下來求神明來鬥三全，天公伯仔做主。真奇怪，很大仔水忽

然間sua²退去，雨嘛變細啊，大家真歡喜，嘛真感心神明有幫忙，予大水退去。

佇大水退去了後，有人發現有一塊面頂寫「國聖王」仔令牌佇今a²日石岸下，大家就傳le¹講這擺咱有法度度過水災，是因為國聖王伊ga³咱保庇，予咱平安，為著欲感謝國聖王，二水鄉就佇發現國聖王仔令牌所在，建一个國聖王紀念碑來紀念伊，嘛有裝一个金身放佇隔壁贊修宮內底。每一年仔農曆六月初三攏會去拜拜，是水災仔紀念日。

編號：H-1

〈 國 聖 王 紀 念 碑 的 傳 說 〉

國聖王碑位於二水鄉濁水溪堤防上，傳說在清朝道光十八年時，那年是戊戌年六月的時候，濁水溪山水淹進來，氾濫成災，濁水溪源源不斷流入二水鄉，整個二水鄉街道都是水，溪底田也都被沖走流失，一片汪洋，鄉民皆爬上屋頂以避水災，全部的鄉民都陷入大水的災難中，結果，大水來勢洶洶已經靠近現在的堤防下，那時候是還沒有築濁水溪堤防的，像苦苓腳、番仔寮、埤仔頭、五百步仔那些地方都在一片大水裡面。

在很危險的當中，大家都不知道要怎麼辦才好，就有很

多人跪下來祈求神明，拜託上天幫忙，說來也真奇怪，很大的大水突然消退，雨水也變小了，大家很高興，感謝神明的幫忙，讓大水退去。

在大水退去後，有人發現有一塊上面刻有「國聖王」的牌令留在現在濁水溪的堤防邊這個地方，大家就相互傳說，這次能順利度過水災，是因為有國聖爺鄭成功的保佑，才能平安，大家為了感謝國聖王，在發現國聖王令牌的地方，就建了一座國聖王碑來紀念他，也塑了一座國聖王的神像，放在隔壁的贊修宮中，定每年的六月三日是大水災紀念日，要去燒香拜拜。

說明：

講述者按：國聖王碑因道路工程拓寬的關係才遷至目前的位置，本來是在贊修宮外面附近。

註：

1.國聖王：音gok⁴ sing³ ong⁵，即鄭成功。

2.碑：音pi¹，標誌紀念物。

3.石岸：音cioh⁸ huann⁷，堤防。

4.沖了了：音chiong¹ liau¹ liau²，指家當完全被大水沖走。

5.結果：音giat⁸ go²，事情的最後結論。

6.保庇：音bo¹ pi³，保佑。

編號：I-1

〈八七水災仔傳說〉

講述者：董芳愷
時間：90.5.6
地點：二水鄉光化村講述者妯娌家中

　　八七水災是四十年前仔事志啊，伊是一个災難，二水鄉hit⁴當時是因為落大雨，濁水溪無法度透水，水一直淹到橋頂，山坑仔水嘛滿出來，歸个濁水溪溪水真大，溪水毋佫久就淹到二水，二水鄉四界攏是水，不幸的是，本來落大雨做大水時，八堡圳是le¹排水用仔，不過偏偏被山坑仔土、石頭塞著，𣍐流通。二水鄉內底八卦山山坑流出仔山水，全部予塞住了後，流去二水鄉村裡。濁水溪水、ku²坑門山水攏流進來，真是「漏厝又落雨」，一時a²歸鄉攏淹起來了。二水街仔路，已經無分圳和路，水深到肚脊以上啊。

　　二水鄉全部予大水淹去，歸庄有真濟土确厝，竹檣仔厝全倒，畜牲嘛浮佇水面頂，予大水圍困仔庄民，爬去厝頂、樹仔頂huah⁴救命，嘛有人用竹篙救人，囝仔就放入去捽筒

底，用索a²綁起，這个時陣，有真濟人跪lua⁷唸「南無觀世音菩薩大慈大悲救苦救難」，拜託菩薩保佑。

sua²聽講有人看著觀世音菩薩顯靈佇半空中，正手拿柳枝，左手拿著淨水瓶，腳頂踏一尾青龍，倒甘露水幫忙退水，ku⁷有人用相機拍下觀世音菩薩顯靈仔相片，有相片證明所講仔是真仔。這擺水災，大家攏會記哩，嘛感謝觀世音菩薩仔幫忙，真濟人厝裡攏有這張相片。

編號：I-1

〈八七水災的傳說〉

八七水災是四十年前的事情了，它是一個災難，二水鄉那時是因為下大雨，濁水溪沒有辦法疏通水，水一直淹到橋的頂，山坑的水也滿出來，整個濁水溪溪水非常大，溪水沒有多久就淹到二水，二水鄉四處都是水，不幸的是，本來下大雨做大水時，八堡圳是在排水用的，不過偏偏被山坑的土、石頭塞住，未流通。二水鄉裡面八卦山山坑流出的山水，全部被塞住以後，流去二水鄉村裡。濁水溪水、加上各坑門山水都流進來，真是「厝漏又下雨」，一時全鄉都淹起來了。二水街上的路，已經沒有分圳和道路，水深到肚臍以上了。

二水鄉全部被大水淹沒，全莊有很多土确厝，竹楹仔厝全倒，畜牲也浮在水面，被大水圍困的村民，爬到屋頂、樹上喊救命，也有人用竹竿來救人，小孩就放進去筒子裡，用繩子綁起來，這個時候，有很多人跪下來唸「南無觀世音菩薩大慈大悲救苦救難」，祈求菩薩保佑。

　　突然聽說有人看到觀世音菩薩顯靈在半空中，右手拿著柳枝，左手拿著淨水瓶，腳上踏一條青龍，灑甘露水幫忙退水，還有人用相機拍下觀世音菩薩顯靈的相片，證明所說的是真的。這次水災，大家都記得，也感謝觀世音菩薩的幫忙，很多人家裡都有這張相片。

　　註：

　　1.災難：音cai⁷ lan⁷，天災人禍所引發而來的損傷苦難。

　　2.淹：音im¹，被水遮蓋。

　　3.塞：音ta²，阻塞不通。

　　4.顯靈：音hian¹ ling⁵，神的兆示顯現。

　　5.踏：音tah⁸，用腳踩。

　　6.相片：音siong⁷ pinn³，照片。

編號：J-1

〈拜溪神，求平安〉

講述者：董芳愷
時間：90.5.8
地點：二水鄉濁水溪過圳堤防段

　　拜溪神主要是因為濁水溪tiann⁵ tiann¹出大水，佇逐年仔六月初三，隴會佇濁水溪堤防邊擺香案、供品，來祭拜溪神。祭拜溪神從真早仔時陣就有了，戊戌年大水災甲八七水災，水真大，八七水災時大家攏爬去哩厝頂面頂，無就予大水沖走去啊。

　　濁水溪堤防是日本時代就開始做啊，住佇濁水溪出大水地區仔人攏要參加起堤防仔義務勞動，彼時仔堤防還是用土去做仔，若是大水一來嘛是真危險。雖然今bai²仔堤防邊看無濁水溪仔溪水，但是以前濁水溪是流到堤防邊，今bai²攏是一大片溪底田啊，所以拜溪神ciah⁴佇濁水溪堤防邊拜。較迷信仔人拜溪神了後，會另外挑擔溪水轉去厝裡予禽牲□林，聽講安ni⁷會當予豬啊、雞啊、鴨啊較肥。

編號：J-1

〈拜溪神，求平安〉

　　拜溪神主要是因為濁水溪常常出大水，在每年的六月初三，都會在濁水溪堤防邊擺香案、供品，來祭拜溪神。祭拜溪神從很早的時候就有了，戊戌年大水災和八七水災，水很大，八七水災時大家都爬到屋頂上面，不然就被大水沖走。濁水溪堤防是日本時代就開始做了，住在濁水溪氾濫區的人都要參加蓋堤防的義務勞動，那時的堤防還是用土去做的，所以大水一來也是很危險。雖然現在的堤防邊看不到濁水溪溪水，但是以前濁水溪是流到堤防邊，現在都是一大片溪底田了，所以拜溪神才在濁水溪堤防邊拜。比較迷信的人拜溪神了以後，會另外挑擔溪水回去家裡給牲畜喝，聽說這樣可以讓豬啊、雞啊、鴨啊較肥。

　　註：

1.堤防：音the⁵ hong³，防止水患的建築物。

　2.淋：音lim¹，喝。

編號：K-1

〈石敢當鎮水災〉

講述者：劉四名
時間：91.2.6
地點：西螺鎮埤頭里講述者自宅

　　濁水溪仔方向是佇西螺鎮北邊，有一條長長仔彎khiau¹水道，這个長長彎khiau¹仔水道對歸个西螺鎮來講，傳說是地理風水上所講仔「路衝」，算是比較不好仔風水，較會有災難。

　　ku²加上濁水溪變化多端，常常做大水，所以佇今a²仔延平路頭前甲濁水溪相向仔岸邊，設立一座泰山石敢當，這座泰山石敢當是清朝光緒時所立仔，嘛是全臺灣省最大仔泰山石敢當，高差不多有五尺以上，面頂Ku²刻有一个獅頭，有避邪仔作用。

　　今a²因為濁水溪水道有變化，已經無辦法去比對濁水溪甲泰山石敢當仔關係；加上起堤岸，濁水溪嘛燴ku²出大水，這座泰山石敢當乾na²佇大同路人仔厝邊裡。

編號：K-1

〈石敢當鎮水災〉

　　濁水溪的位置在西螺鎮北邊，有一條長長的彎曲水道，這個長長彎曲的水道對整個西螺鎮來說，傳說是地理風水上所說的「路衝」，算是比較不好的風水，容易有災難。

　　再加上濁水溪變化多端，常常做大水，所以在今天的延平路前面，與濁水溪相鄰的岸邊，設立了一座泰山石敢當，這座泰山石敢當不但是清朝光緒時所立的，也是全臺灣省最大的泰山石敢當，高差不多有五尺以上，上面還刻有一個獅頭，有避邪的作用。

　　現在因為濁水溪河道的變化，已經沒有辦法去對照濁水溪和泰山石敢當的關係；加上河堤的興建，濁水溪也已經不再氾濫，這座泰山石敢當現在在大同路人家的民宅裡。

　　註：

1.石敢當：音cioh^8 kam^2 tong^1，路旁避邪的大石碑，刻有
　　「石敢當」三個字。

2.路衝：音loo^7 chiong^1，地理風水之術語。

編號：L-1

〈九龍大樹公仔由來〉

講述者：黃梧旦
時間：91.2.15
地點：竹塘鄉田頭村九龍大樹公

　　竹塘鄉仔九龍大樹公佇日本時代以前就有啊，大樹仔身軀親像是九龍搶珠，其中主幹有一个龍頭e³模樣，所以這叢大樹公才叫做九龍大樹公。

　　當初為什麼會有這叢青a²，是因為濁水溪有深有淺，欲過濁水溪非常危險，為著安全起見，就種一叢青a²做一个目標，做一个記號，大家ciah⁴知影ui²什麼所在過溪會較安全，萬一有水災時，嘛會當用來判斷方向。

　　後來這叢大樹直直生、tuang³，就擴大到今a²仔千gua³坪，樹身有逐種奇形怪狀仔款，有像一對夫妻纏做夥仔夫妻樹，嘛有像一隻馬仔形，無奇不有。有人講咧替這叢青a²hip⁴相仔時陣，照到有佛光、龍頭仔款，感覺這叢大樹公一定有靈性，才開始拜這叢大樹公，佇伊仔面頂綁紅布。

　　聽講有一擺佇附近仔砂石a²場砂石a²車欲進出，in¹認為講大樹公妨礙到in¹，就叫人去整理整理這叢大樹公仔樹枝，結果一鋸落去，樹身竟然流血，後來嘛無人敢ku²去鋸大樹公了。

〈九龍大樹公的由來〉

竹塘鄉的九龍大樹公在日據時代以前就有了，大樹的形狀就像是九龍搶珠，其中主幹有一個龍頭的模樣，所以這棵大樹公才叫做九龍大樹公。

當初為什麼會有這棵榕樹，是因為濁水溪有深有淺，要過濁水溪非常危險，為了安全起見，就栽種了一棵榕樹當一個目標，做個記號，大家才知道從什麼地方過溪會較安全，萬一有水災時，也可以用來判斷方向。

後來這棵大樹一直生長、蔓延，就擴大到現在的一千多坪，樹身有各種奇形怪狀的樣子，有像一對夫妻纏在一起的夫妻樹，也有像一隻馬的形狀，無奇不有。有人說在替這棵大榕樹照相的時候，照到有佛光、龍頭的樣子，感覺這棵大樹公一定有靈性，才開始拜這棵大樹公，在它的上面綁紅布。

聽說有一次在附近的砂石場砂石車要進出，他們認為說大樹公妨礙到他們，於是叫人去整理整理這棵大樹公的樹枝，結果一鋸下去，樹身竟然流血，後來再也沒有人敢再去鋸大樹公了。

註：

1.模樣：音boo⁵iong⁷，樣子。

2.流血：音lau⁵huah⁴，指樹身滲出血來。

編號：M-1

〈蕭碧斷崖仔傳說〉

講述者：王秀湘

時間：90.5.4

地點：竹山鎮雲林路講述者家中

　　嘉慶君iau¹是還是太子仔時陣，來臺灣遊山玩水，走到了濁水溪仔南岸，地名叫做坪頂埔仔所在，就是今mai²仔竹山延正里，山下叫下坪，山上叫坪頂。彼時有一个叫蕭碧仔人，因為甲番仔勾結，欺負善良，擾亂地方，嘉慶君仔身軀邊武將李勇欲為民除害，所以甲蕭碧相戰佇濁水溪岸邊仔斷崖，雙方一番苦戰了後，蕭碧雖然予逼到墜崖死去，但是李勇嘛因為寡不敵眾犧牲啊，嘉慶君嘛因為安ne⁷，才匆忙結束遊臺灣ui²從鹿港轉去哩大陸。這个斷崖高差不多幾十丈，下腳有濁水溪。

編號：M-1

〈蕭碧斷崖的傳說〉

　　嘉慶君還是太子的時候，來臺灣遊山玩水，走到了濁水溪的南岸，地名叫做坪頂埔的地方，就是現在竹山延正里，山下叫下坪，山上叫坪頂。那時候有一位叫蕭碧的人，因為和番人勾結，欺負善良，擾亂地方，嘉慶君的身邊武將李勇要為民除害，所以和蕭碧相戰在濁水溪岸邊的斷崖，雙方一番苦戰後，蕭碧雖然被逼到墜崖死去，但是李勇也因為寡不敵眾犧牲了，嘉慶君也因為這樣，才匆忙結束遊臺灣從鹿港回去大陸。這個斷崖高差不多幾十丈，下面有濁水溪。

　　註：

1.斷崖：音tuan⁷ gai⁵，形容山勢險峻。

2.勾結：音kau¹ kat⁴，和他人暗中結合。

編號：N-1

〈照鏡山出美人〉

講述者：王秀湘
時間：90.5.4
地點：竹山鎮雲林路講述者家中

　　照鏡山因為這支山仔形親像一面鏡，中央隔濁水溪ui² 西北仔方向看去，就是八卦山臺地，是彰化和南投交界仔所在，因為照鏡山有美人梳妝穴，所以這仔出美人，但是嘉慶君遊臺灣仔時陣，來到照鏡山，想欲試看mai⁷這哩女人仔品行是安怎，就問講：「日出梳妝iau¹是日落梳妝？」有一个老歲仔臭耳聾，伊giu³嘉慶君講：「日出西山iau¹是日落西山？」就講：「日落西山。」結果因為講不清楚，嘉慶君giu³是「日落梳妝」，所以就講：「日出梳妝是出貴人，日落梳妝出賤人。」因為這句話，後來這哩就真少出現美人了。

編號：N-1

<hr />

〈照鏡山出美人〉

　　照鏡山因為這座山的形狀很像一面鏡子，中間隔濁水溪往西北的方向看去，就是八卦山臺地，是彰化和南投交界的地方，因為照鏡山有美人梳妝穴，所以這裡出美人。但是嘉慶君遊臺灣的時候，來到照鏡山，想要試試看這裡女人的品行是如何，就問説：「日出梳妝還是日落梳妝？」有一個老頭子耳聾，他以為嘉慶君説：「日出西山還是日落西山？」就説：「日落西山。」結果因為講不清楚，嘉慶君以為是「日落梳妝」，所以就説：「日出梳妝是出貴人，日落梳妝出賤人。」因為這句話，後來這裡就很少出現美人了。

　　註：

1.鏡：音kiann³，鏡子。

2.交界：音kau¹ kai³，相鄰。

3.品行：音phin² hing⁷，人的行為、態度、性情等的總
　　稱。

4.美人：音bi² cing⁵，美女。

編號：O-1

〈媽祖接炸彈仔傳說〉

講述者：謝九元
時間：90.4.9
地點：二水鄉光化村講述者自宅

佇第二屆世界戰爭欲結束仔時陣，差不多是民國三十二年，飛lin⁷機空襲臺灣，二水鄉因為佇濁水溪面頂起鐵路鐵橋，對空襲仔目標來講，是真重要仔一個目標，另外日本人佇橋上裝砲彈，嘛是空襲仔目標。

差不多是佇民國三十四年熱天仔時陣，美國空襲二水鄉，投幾a³十粒炸彈，毋過真奇怪，這幾十粒a³炸彈竟然一粒攏毋爆炸，二水鄉民大家議論紛紛，攏感覺相當仔不可思議，有人傳說講這是二水鄉安德宮天上聖母有感應，將伊仔衫a²用來接真濟粒炸彈，予二水鄉親避免戰爭仔災難。

伊時陣有人咧講，佇hit⁴當時派來二水鄉投炸彈仔美國人in¹講，in¹丟炸彈時陣有看到一个身軀穿白色仔查某，將in¹丟落二水鐵橋仔炸彈，一粒一粒用衫仔包著，放佇濁水溪邊，in¹看到，攏稱讚臺灣查某真是厲害。

這个身軀穿白仔查某，大家感覺是媽祖婆變仔，來幫忙大家，莫怪講二水鄉有真濟毋爆炸仔炸彈佇濁水溪邊，毋過以前仔人卡散赤，有真濟人去濁水溪邊撿無爆炸仔炸彈賣

予歹銅壞鐵，趁錢過生活，但是嘛有不幸撿仔時陣，炸彈爆
開，予炸死了。

〈媽祖接炸彈的傳說〉

　　在第二次世界戰爭要結束的時候，差不多是民國三十二
年，飛機空襲臺灣，二水鄉因為在濁水溪上面建鐵路鐵橋，
對空襲的目標來說，是很重要的一個目標，另外，日本人在
橋上裝置砲彈，也是空襲的目標。

　　差不多是在民國三十四年夏天的時候，美國空襲二水
鄉，投下幾十粒炸彈，不過真奇怪，幾十粒的炸彈竟然一粒
都沒有爆炸，二水鄉民大家議論紛紛，都感覺相當的不可思
議，有人傳說這是二水鄉安德宮天上聖母有感應，將她的衣
服用來接很多顆炸彈，使二水鄉親避免戰爭的災難。

　　那時候有人在說，在那當時派來二水鄉投炸彈的美國人
他們說，他們丟炸彈時有看到一個身上穿白色的女人，將他
們丟下二水鐵橋的炸彈，一粒一粒用衣服包著，放在濁水溪
邊，他們看見，都稱讚臺灣女人真是厲害。

　　這個身上穿白衣的女人，大家覺得是媽祖婆所變的，
來幫忙大家，難怪說二水鄉有這麼多未爆炸的炸彈在濁水溪

邊。不過以前仔人比較貧窮，有很多人去濁水溪邊撿未爆炸的炸彈賣給歹銅壞鐵，賺錢過生活，但是也有不幸，撿的時候，炸彈爆開，被炸死了。

註：

1.接：音ciap⁴，接住。

2.佇：音ti⁷，在。

3.屆：音kai²，次。

4.飛機：音hui⁷ ki¹，交通工具。

5.空襲：音kong¹ sip⁸。

6.講：音kong²，說。

7.另外：音lin³ gua⁷，除此以外。

8.裝置：音cong⁷ ti³，安設、配置。

9.砲彈：砲音pau²，彈藥。

10.目標：音bok⁸ piau¹，尋找或攻擊的對象。

11.差不多：差音ca¹，大概之意。

12.美國：美音bi²，美國，國名。

13.忽然：音hut⁸ jian⁵，意料之外的事物或動作迅速。

14.投：音tau⁵，拋擲。

15.炸彈：音ca² tan⁵，內裝炸藥的爆炸武器。

16.真：音cin¹，很、非常。

17.爆炸：音bok⁴ ca⁵，物體燃燒發出巨大聲響。

18.衫：音sann[1]，衣服。

編號：P-1

〈螺溪硯仔傳說〉

講述者：謝久元
時間：90.7.27
地點：二水鄉光化村講述者自宅

　　過去有一个讀冊人，伊欲去京城考試，不過伊真糊塗，入去試場才發現無水磨墨，一時陣毋知影欲安怎才好，沒法度啦！只好哈一口氣佇墨盤面頂，這个墨盤因為是螺溪石所製造，所以伊哈氣，墨盤面頂就結成水珠，安ni[7]就會當磨墨寫字啊！，結果順利考試，伊竟然考得第一名。

編號：P-1

〈 螺溪硯的傳說 〉

　　從前有一個讀書人，要去京城考試，不過他非常糊塗，進入試場時才發現沒有水磨墨，一時不知道該怎麼辦才好，沒辦法了！只好吐一口氣在硯臺上面，由於這個硯臺是螺溪石所製成，他吐一口氣，硯臺上面就結成水珠，這樣他就能磨墨寫字了，結果順利考完試，他竟然考中第一名。

　　註：

1. 讀冊人：音thak^8 cheh^4 lang^5，讀書人。
2. 京城：音kiann^1 siann^5。
3. 糊塗：音ho^7 to^5，喻做事馬虎易出差錯。
4. 磨墨：音bua^5 bak^8，用墨條和水研磨。
5. 墨盤：音bak^8 puann^5，硯臺。
6. 螺溪石：音loo^5 khe^1 cioh^8。
7. 製造：音ce^2 co^7，做成可使用的物品。

編號：Q-1

〈鐵仔粿仔由來〉

講述者：董芳愷
時間：90.5.6
地點：講述者自宅

逐年欲過年仔時陣，有一項活動叫做「撿鐵仔粿」，就是佇二水鄉過圳村向西直直走去濁水溪仔邊頂，彼囉所在叫做四號仔，是阿兵哥砲兵實彈演練仔所在，差不多佇民國五十年仔時陣，大家生活攏真艱苦，每次到了欲過年啊，沒有錢可以過年，就到濁水溪邊撿阿兵哥仔銃子殼a^2拿去賣，這是有危險性，嘛有真濟人因為這樣死去，不過大家沒錢做粿來過年，還是會去撿銃子殼賣予歹銅壞鐵仔，才有錢買米來做粿，才會通過年，所以大家叫伊「撿鐵仔粿」，逐年到了農曆欲過年前，就是撿鐵仔粿仔時陣。

不過雖然是散赤人在撿鐵仔粿，但是嘛有例外仔，以前我真細漢時，有一个叫做仙仔嬸婆，伊是有錢人，但是常常感覺很無聊，所以伊嘛會跟別人去撿鐵仔粿，當作消遣，伊仔動作較慢，有時陣撿無，為著不予家己難看，伊就會從落袋a^2底拿出銀角仔甲別人買已經撿好仔鐵仔粿，若是撿轉去遇到厝邊誇獎伊：「真gau^5！你今a^2日又撿這濟啊！」伊就感覺真爽快、真歡喜哩！

〈 鐵 仔 粿 的 由 來 〉

　　每年要過年的時候，有一項活動叫做「撿鐵仔粿」，就是在二水鄉過圳村向西一直走去濁水溪的邊旁，那個地方叫做「四號仔」，是阿兵哥砲兵實彈演練的地方。差不多在民國五十年的時候，大家生活都很辛苦，每次到了要過年啊，沒有錢可以過年，就到濁水溪邊撿阿兵哥的彈殼拿去賣，這是有危險性，也有很多人這樣死去，不過大家因為沒錢做粿來過年，還是會去撿彈殼賣給歹銅壞鐵的，才有錢買米來做粿，才能過年，所以大家叫它「撿鐵仔粿」，到了農曆要過年前，就是撿鐵仔粿的時候。

　　不過雖然是貧窮人在撿鐵仔粿，但是也有例外的。以前我很小時候，有一位鄰居叫做仙仔嬸婆，她是有錢人，但是她常常感覺很無聊，所以她也會跟別人去撿鐵仔粿，當作消遣，她的動作較慢，有時候撿不到，為了不讓自己難看，她就會從口袋裡掏出銅板跟別人買人家已經撿好的鐵仔粿，若是撿回家遇到鄰居誇獎她：「真厲害，妳今天又撿這麼多啊！」她就很高興。

　　註：

　　1.佇：音ti⁷，指哪一個地方。

2.頂：音ting²，上面。

3.彼囉：hit⁴ lo⁷，那個，發語詞。

5.銃子：音tseng³ ji²，子彈。

6.散赤人：音san³ ciah⁸ lang⁵，貧窮人。

7.細漢：音se³ han³，小時候。

8.無聊：音bo⁷ liau⁵，因為太空閒而覺得煩悶無趣。

9.銀角仔：音gin⁵ kak⁴ a²，銀質硬幣。

編號：R-1

〈 奈何橋、鬼仔橋仔由來 〉

講述者：賴宗寶
時間：89.2.27
地點：二水鄉桃仔園講述者自宅

　　二水鄉因為倚濁水溪，村裡仔八堡一圳、八堡二圳攏建真濟竹棑仔橋，竹棑仔橋就是用竹a²圍起，有e³根本連中間仔攏無，襯襯採採又真簡陋，乾那是一lonn³就欲摔落溪底，濁水溪水大，ku²走佇竹損仔橋上，搖來搖去，常常有人摔落水底死翹翹，聽講hia¹死去仔人死後變做水鬼，佇溪底等交替，等候後壁仔替死鬼，所以這種用竹棑做仔簡單仔橋叫做

「奈何橋」，不小心就通去去陰間地府啊。

　　另外有一種橋叫做「鬼仔橋」，就是撿墓仔埔仔棺材板，當做橋來用，暗暝仔時陣，囝仔人不敢過鬼仔橋，因為家己一个人不敢走過去，而且，有人講因為棺材板本來是蓋死人的，今mai²拿來做圳邊仔細板橋，hia¹死人都會佇橋邊等待你啊！所以囝仔根本毋敢過去，定定愛彎去別條路，

編號：R-1

〈奈何橋、鬼仔橋的由來〉

　　二水鄉因為靠濁水溪，村裡的八堡一圳、八堡二圳都建很多竹檳橋，竹檳橋就是用竹子圍起，有的根本連中間支柱都沒有，隨隨便便又很簡陋，好像一踩就快要摔落溪裡，加上濁水溪又非常湍急，走在竹摃橋上，搖來搖去，常常有人摔落水裡死翹翹，聽說那些死掉的人死了變成水鬼，在溪裡等交替，等候下一位替死鬼，所以這種用竹檳作成簡單的橋叫做「奈何橋」，一不小心，就去陰間地府了。

　　另外有一種橋叫做「鬼仔橋」，就是撿墳墓旁的棺材板，當做橋來用，到了晚上，小孩子不敢過鬼仔橋，因為獨自一個人不敢走過去，而且，有人說因為棺材板本來是用來

蓋死人的，現在拿來做圳邊的小板橋，那些死去的人都會在橋邊等你啊！所以小孩子根本不敢踏棺材板過去，常常要彎去別條路。

註：

1.倚：音ua²，靠近、依靠之意。

2.襯採：音cin²cai²，隨便。

3.簡陋：陋音lo⁷，粗劣的。

4.而且：音ji⁷cia²，並且。

5.暗暝：音am²me⁵，晚上。

編號：S-1

〈目鏡橋仔由來〉

講述者：王秀湘
時間：90.5.4
地點：竹山鎮雲林路講述者家中

逐年到五、六月仔候就會有人tah⁴「目鏡橋」，是用兩枝木材，中央用木板子舖成，一塊一塊，像人所gua³仔目鏡，兩枝木材，te⁴咧，所以叫做「目鏡橋」。聽講有个個

人，伊佇過這橋時，無小心落下去溪底，最後只找到伊仔目鏡而已，有人就安ne⁷號橋名，這橋中央是空仔，無柱a²，只會應佇無雨水時過橋，但是六月以後，雨期到了，濁水溪大水一沖，就流走啊。佇民國五十一年仔時陣iau¹有，後來通林內鄉仔橋、通民間鄉仔橋做好了後，目鏡橋才沒落。

編號：S-1

〈 眼鏡橋的由來 〉

　　每年到5、6月的時候就會有人搭「眼鏡橋」，是用兩根木材，中間用木板子舖成，一塊一塊，像人所戴的眼鏡，兩根木材撐著，所以叫做「眼鏡橋」。聽說有一個人，他在過這橋的時候，不小心掉下去溪裡，最後只找到他的眼鏡而已，有人就這樣取橋名。這橋中間是空的，沒有柱子，只能在沒有雨水的時候過橋，但是6月以後，雨期到了，濁水溪大水一沖，就流走了。在民國五十一年的時候還有，後來通林內鄉的橋，通名間鄉的橋做好後，眼鏡橋才沒落。

　　註：

1.目鏡橋：音bak⁸ kiann³ kio⁵，一種橋名。

2.落：音lak⁴，掉落。

采集篇二　濁水溪相關民間故事采集

〈掠水雞〉

講述者：董芳愷
時間：90.5.6
地點：講述者自宅

　　以前佇在二水鄉，住一个老阿伯啊，我們都叫伊川伯啊。伊逐擺暗暝仔十二點以後，攏會去濁水溪的支流溪邊來掠水雞，因為到暗暝較安靜，掠水雞攏用電土做仔電，予伊發光，伊若看著水雞，就用光把伊照照哩，水雞就繪振動仔停佇hia[1]，川伯就用一枝竹啊，一頭用索啊做成喇叭款，甲伊覆tiau[5]，安ne[1]水雞就走不掉，了後慢慢啊掠起來放佇水雞籠，一直到透早才轉去。早時a[2]就拿去hia[1]麵店a[2]去賣，加趁一點啊養家，一連掠咧幾啊冬。

　　有一工暗暝，伊照常去掠水雞，sua[2]看著一隻真大真大仔水雞，伊就開始逐，水雞跳甲真緊，伊嘛逐了真緊，逐了一時a[2]，伊咧想這隻水雞不是一隻普通仔水雞，實在生做太大啊，毋mann[2]看過像安ne[1]仔水雞，

川伯阿心肝內開始有一點點a²驚，伊ku²不肯放棄，後來就腳手真緊仔掠著了水雞，伊就講：「哇！我掠咧幾啊冬仔水雞，毋mann²掠著這ni⁷大仔水雞，但是水雞sua²開嘴講：「哇！我活到這ni⁷大毋mann²予人掠著，hi²个川伯聽了後，腳手攏軟去啊，心肝內真驚，趕緊放走伊，一怕之下，甲掠著仔水雞所放仔竹網啊tann²掉，就歸口氣走轉去，自hi²工開始，川伯就收腳洗手攏無ku²掠水雞啊。

〈捉蛙記〉

　　從前在二水鄉，住著一位老伯伯，我們都叫他川伯，他每到晚上十二點以後，都會去濁水溪的支流溪邊來捉青蛙，因到晚上比較安靜，捉青蛙都用電土做的電，讓他發光，他若看到青蛙，就用光把牠照一照，青蛙就一動也不動的停在那裡，川伯就用一根竹子，一頭用繩子做成喇叭樣，把牠罩住，這樣子青蛙就跑不掉，之後慢慢的捉起來放在水蛙籠，直到清晨才回去。早上就拿到各麵店去賣，以貼補家用，一連捉了好幾年。

　　有一天晚上，他照常去捉青蛙，突然看到一隻很大很大的青蛙，他就開始追，青蛙跳得很快，他也追得很快，追了好一會兒，他在想這一隻青蛙不是一隻普通的青蛙，實在長得太大了，從沒有看過像這樣的青蛙，川伯心裡開始有點怕，他又不肯放棄，後來就眼明手快的捉住了青蛙，他就說：「哇！我捉了好幾年的青蛙，從沒有捉到這麼大的青

蛙。」但是青蛙突然開口說：「哇！我活到這麼大從沒有被人捉到。那個川伯聽了，手腳都軟了，心裡很害怕，趕快放走牠，一怕之下，把捉到的青蛙所放的竹網丟掉，就一口氣跑回家。從那天起，川伯就收腳洗手都不再捉青蛙了。

註：

1.掠：音liah[8]，抓住。

2.水雞：音cui[1] ke[7]，青蛙。

3.到：音kau[3]，指到了…什麼時候。

4.看著：音tioh[4]，看到。

5.水雞籠：籠音lang[1]，指放青蛙的籠子。

6.緊：音kin[2]，很快之意。

7.驚：音kiann[1]，害怕。

說明：

整理者按：這是講述者小時候聽故事中的主角川伯敘述自己的親身經歷，川伯在濁水溪邊抓到一隻會說話的巨大青蛙，再也不敢抓青蛙了。

采集篇三　濁水溪相關諺語采集

有膽過虎尾溪
無膽留置府城做雜差

講述者：賴宗寶
時間：89.2.27
地點：二水鄉桃仔園講述者自宅

註：

1. 虎尾溪：音hoo² bue² khe¹，清乾隆末年時期，虎尾溪即為濁水溪下游沖積扇平原之主流，其水勢洶湧湍急，如「虎尾」般的變化無常，非常可怕。

2. 留置：置音ti³，留在這個地方之意。

3. 府城：置音hu² siann⁵，臺南舊稱。

4. 雜差：音cap⁸ce¹，打雜的人，即工役、聽差者。

說明：

講述者按：在清朝康熙年間，當時漢人開墾重心逐漸向北移到今天的彰化平原，但是前進彰化平原，必須渡過濁水

溪下游溪水洶湧、湍急的虎尾溪，就是濁水溪下游當時的主流，若是有膽量者，勇往直前，冒著生命的危險越過這條惡溪來開拓新天地；若是沒有膽量，只好就留在府城當個打雜的或是守著自己的家園。因此，在當時民間就產生這句諺語「有膽過虎尾溪，無膽留置府城做雜差。」訴說了濁水溪的難渡和開墾彰化平原的艱苦，同時也告訴大家凡事要認份，知道自己的能力。

會過西螺溪
獪過虎尾溪

講述者：謝久元
時間：90.7.27
地點：二水鄉光化村講述者自宅

註：

1. 會：音e[7]，能夠之意。

2. 西螺溪：濁水溪流分歧成東螺溪、西螺溪、虎尾溪三條分流，但在西元1911年（明治44年）時，下游發生氾濫，兩岸災情嚴重，因此日人推行「水利防洪計畫」，進行東螺溪、新虎尾溪之河道填塞，使濁水溪流域內的水量匯聚在一起，唯一被保留下來的西螺溪，成為濁水溪下游河段的主流，習慣上大家直接稱

西螺溪為濁水溪。

3.𣍐：音be²，不能夠之意。

4.虎尾溪：清乾隆末年時期，濁水溪由彰化縣二水鄉鼻仔頭及雲林縣林內鄉觸口之牛相觸二山間出山後，流進廣闊的濁水溪下游沖積扇平原，此時之主河道為虎尾溪，虎尾溪自林內、斗六流經虎尾、土庫、褒忠、四湖後，再由臺西村、海口厝入海。自戊戌大水災（1898年）後，濁水溪下游河道變遷成東螺溪後，虎尾溪就不再湍急洶湧，加上日人建造林內堤防杜截虎尾溪後，虎尾溪便成斷頭河了。

說明：

講述者按：這句話有幾種說法，有人說以前的虎尾人性情強悍，所以強盜根本不敢涉水過虎尾溪搶劫；第二種說法是清乾隆末年時，虎尾溪是濁水溪下游主流，當時虎尾溪比西螺溪湍急洶湧，所以說過得了西螺溪，過不了虎尾溪，是因為虎尾溪涉溪困難；第三種說法是盜賊與虎尾民兵僵持在虎尾溪，民兵在溪水中撒下一種叫做響馬丹的毒藥，盜賊就被消滅了；第四種說法是從濁水溪北岸往南的盜賊，因為西螺、二崙仔一帶在家戶聯防上很完善，在這一地區盜賊根本就無法生存，更遑論涉虎尾溪。

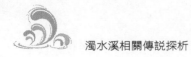

濁水溪無蓋蓋

講述者：董芳愷
時間：90.5.6
地點：講述者自宅

註：

1.無：音 bu^5。

2.蓋蓋：音kam^3 gua^3。

說明：

講述者按：此句為罵人之語，濁水溪沒有加蓋，罵人可以直接去跳濁水溪尋死算了。

濁水溪若變清
事志就發生

講述者：賴宗寶
時間：89.2.27
地點：二水鄉桃仔園講述者自宅

註：

1.若：na^7，如果之意。

2.變清：音bian³cing¹，變清澈。

3.事志：音tai³ci³，事情。

說明：

講述者按：聽說濁水溪如果變清，則會有大事或巨變發生，在同治元年時澄清，次年有戴萬生攻佔彰化城的抗清事件；光緒十三年澄清，有施九緞攻彰化城的抗清事件；光緒二十、二十一、二十七年澄清，就有日軍進入臺灣及民軍之抗日事件；民國十八年濁水溪澄清三個月，次年發生霧社事件；民國三十四年春曾經看過二水鄉的八堡圳水變清澈見底，去看濁水溪竟也是清的，那時民間就謠傳說天地要變了，因為濁水溪難得澄清，果然在那一年八月十五日日本戰敗投降，臺灣重回祖國的懷抱，濁水溪又回復混濁的灰黑色了。

欲錢
溪底趁

講述者：林阿明
時間：89.11.25
地點：溪州鄉大庄講述者自宅

註：

1.欲：音beh⁴，要。

2.趁：音than³，賺。

說明：

講述者按：由於濁水溪溪床上滿佈砂石，因此六、七十年代建築業開始發展時，若要蓋房子，直接取溪床上的砂石很方便。腦筋動得快的生意人，直接進駐濁水溪溪床邊，運用機械進行大量開採。砂石是灰黑色的，能夠帶來財富，大家稱之為「烏金」。開挖了一車砂，溪水又會再沖積來一車砂，源源不絕，讓生意人賺了很多錢。滾滾的溪水，就像生意人滾滾的財源。這句話也有告訴大家善於利用周遭環境，尋求變通的意思。

倚山吃山
靠海討生活
有溪渡日子

講述者：林阿明
時間：89.11.25
地點：溪州鄉大庄講述者自宅

註：

1.倚：音ua²，靠近、依靠之意。

說明：

講述者按：大自然的環境提供給人類生存的條件，住在山區的人，可以種植疏果、香菇、竹筍、茶葉等農產品來過生活；討海維生的漁民靠天公的照顧，「討海人三分命」，意思是說靠海吃飯的漁民，必須冒著生命的危險出海捕魚，萬一天氣惡劣，可能就回不了家，但是滿載而歸時，卻又輕鬆愉快，忘記捕魚過程中的艱辛。居住在溪邊的人，在三十多年前的鄉下，只要是有溪的地方就能捉到魚蝦，而且除了捉魚蝦之外，還能藉著溪水灌溉農作物，以及養鴨，還可以到溪邊取日常生活所需用水，甚至拿著全家人的衣服到河邊清洗，真是一舉數得。以前很少有橋，都要使用竹筏渡溪，與溪水的關係更是密不可分，所以「倚山吃山，依海討生活，靠溪渡日子」表示過去的人民與自然的關係密切。

西螺橋下攏咱仔
死鳥飛繪過

講述者：董芳愷
時間：90.5.6
地點：講述者自宅

註：

1.西螺：音sai1 le5，地名，屬雲林縣，在虎尾鎮之北，
北邊以濁水溪為界，與彰化縣溪州鄉有西螺大橋聯
絡，西螺大橋曾是本省最長橋樑。

說明：

講述者按：有兩個人在西螺橋下種西瓜，因為無聊，就
開始互相吹牛。兩個人就比較誰擁有的田園多，一個人說：
「西螺橋下一大片、一望無際的農作物都是我的。」另一個
人則補上一句說：「死鳥飛不過去都是我的。」事實上兩個
人都在吹噓，前者說西螺橋下一大片的農作物都是他的，可
是由於濁水溪經常氾濫，大水一來，溪旁所有的農作物都會
被淹沒，無法收成；另一個人則吹噓死鳥飛不過去都是他的
田園。死鳥根本不會飛，因此只是言談上的誇大其詞而已。
這句諺語是比喻吹牛。

香腳吃土豆

講述者：王秀湘
時間：90.5.4
地點：竹山鎮雲林路講述者家中

註：

1. 香腳：音hioon1 ka7，地名，亦稱「香員腳」，其位置在濁水溪、清水溪匯流之處，也就是今日於名間鄉與彰化縣二水鄉交界處，有一處面積兩百多公頃的香員腳行政區，隔著濁水溪與竹山鎮市區遙遙相望，隸屬於竹山鎮下坪里的第七鄰。

2. 土豆：音thoo² tau⁷，閩南人稱花生為土豆。

說明：

講述者按：濁水溪從前經常因為氾濫而變換河道，上游的水流屍多半在「香腳」這個地方被尋獲，因為濁水溪發生大水災時有人被大水沖走，漂流到香下這個地方，由於地形的關係，屍體容易卡在「香腳」變成水流屍，在「香腳」這個地方經常發現水流屍，因此流傳著這句話：「啊！他去香腳吃土豆了。」是指這個人已經死了。

濁水溪頭
濁水溪尾
濁水溪仔鱸鰻尚大尾

講述者：林阿明
時間：89.11.25
地點：溪州鄉大庄講述者自宅

註：

1.鱸鰻：音 $lo^5 mua^7$，此指黑社會之流氓。

說明：

講述者按：濁水溪有豐富的砂石資源，砂石業者爭先恐後地進入濁水溪探採，砂石被稱為「濁水溪黑金」，砂石開採造成利益衝突，砂石業遭黑道勢力把持。

北斗溪底十三甲

講述者：姜淑珠
時間：91.2.6
地點：北斗鎮講述者家中

說明：

講述者按：指北斗地區舊濁水溪床多為卵石所構成的土地，不容易種植，縱使有十三甲之多的土地也沒有什麼價值。

北斗溪底厚賊頭

講述者：姜淑珠
時間：91.2.6
地點：北斗鎮講述者家中

註：

1.厚：音kau[7]，很多之意。

說明：

講述者按：以東螺溪與鹿港接連的北斗地區，當時在南北交通海陸轉運相當重要，東螺溪由二水西北方向

流至鹿港入海，因此阻隔了南北交通，往來須擺渡，北斗地區是商業滙集地，所以擺渡者眾，有些不肖筏夫，見商旅渡河之急，便趁機敲索資費，加上溪邊盜匪多，行旅受其騷擾，這句諺語說明當時濁水溪岸有許多盜賊的情形。

一府二鹿三艋舺四寶斗

講述者：姜淑珠
時間：91.2.6
地點：北斗鎮講述者家中

　　註：

1.一府：音it⁴ hu²，臺南府。

2.二鹿：音ji⁷ lok⁸，鹿港。

3.三艋舺：音sann¹ bang² kah⁴，萬華之舊名。

4.四寶斗：音si³ po² tau²，北斗。

　　說明：

　　講述者按：北斗因為舊濁水溪與鹿港連接起來，是貨物轉運站，繁榮一時，這句話紀錄了北斗以前的繁與榮耀。

采集篇四　講述者資料

姓名	性別	年齡	居住地	教育程度	使用語言	職業	背景簡述
董惟庚	男	81	二水鄉過圳村	不識字	閩南語	農	臺灣光復後種植菸草，當時公賣局並未管制私煙製造，並種植水稻、甘蔗、牛蒡、蔬菜，成立振興合作農場，於彰化縣推廣蘆筍第一人，賺取大量外匯，改善二水鄉民生活，也飼養雞、豬、觀賞用熱帶魚。據講述者敘述，報紙曾記載何應欽將軍曾於濁水溪河床邊打獵，發現雉雞美麗的蹤影，講述者到濁水溪邊旁，在一種植物芒花的頭部找到一窩雉雞蛋，孵化後各地民眾紛紛前來詢問購買。另外有種植各種當季蔬菜、洋菇、草菇、鮑魚菇、木耳、通天草、招財樹等農作物。過圳村以董姓居民較多，講述者自出生一直住在過圳村未遷移，曾任民國四十年代數任過圳村村長，家中有過圳村中第一臺電視機、第一臺冰箱，以及附在彰化榮民工廠電火柱仔電話線第一支電話，供全村人使用，若接到有急事的電話，便會騎腳踏車通知村民。

姓名	性別	年齡	居住地	教育程度	使用語言	職業	背景簡述
賴宗寶	男	69	二水鄉大園村	大專	閩南語、國語	國小校長退休	螺溪文史工作室主持、彰化縣文化藝術發展諮詢委員會委員、財團法人賴許文柔文教基金會董事。講述者居住於二水鄉桃仔園，今稱大園村，桃仔園裡約住二十多戶賴氏居民，賴氏先民移居桃仔園時，在大坵園一帶仍有大片田地，因土地用水問題與陳氏先民發生爭執，提出告訴，最後勝訴，然因長期訴訟，田地變賣殆盡，為謀生活便向平埔族購買山坡地，二水鄉山坡地中便有桃仔園山之山名。根據講述者所藏之賴氏先民與平埔族頭目買賣契字記載，清乾隆十四年（西元1749年）的買賣範圍東至二條坑、西至柳仔坑、南至八堡圳、北至赤崁頂，涵蓋範圍達二水鄉山坡地的三分之一，然卻不如原先擁有的良田，此為賴氏先民「肥田換瘦山」之由來。

姓名	性別	年齡	居住地	教育程度	使用語言	職業	背景簡述
謝久元	男	64	二水鄉光化村	國小	閩南語	商	原居住於二水鄉過圳村，後遷至光化村，會製作竹藝，曾往來草嶺、二水一帶賣布、茶葉，亦曾販賣過螺溪石，戲稱自己是做「王祿仔」。
許冰	男	74	二水鄉上豐村	不識字	閩南語	農	居住於二水鄉土名芭樂坑之處，三十餘年前遷至芭樂坑不遠之上豐村，曾從事不同之工作，早期抓蛇維生，後參與水利工程建設之師傅，如濁水溪之臨時攔水壩籠石筍的放置，下筍之時必須注意石頭是否填飽，筍的安放不能歪斜，必須堅固以安全承載等細節，後改務農。
陳玉蘭	女	52	二水鄉合和村	國小	閩南語、國語	商	原居住於二水鄉土名五百步仔，嫁至合和村。

姓名	性別	年齡	居住地	教育程度	使用語言	職業	背景簡述
王秀湘	女	62	竹山鎮雲林路	師專	閩南語、國語	教師	現為竹山雲林國小教師。
董芳愷	女	55	二水鄉過圳村	國小	閩南語、國語、基礎日語	商	二十三歲嫁至臺南新營當家庭主婦，後遷回二水鄉伍佰村養雞，再遷至光化村種松茸、木耳，後於田中種植招財樹。有學過基本日語，但是大多忘記了。
黃梧旦	男	74	竹塘鄉田頭村	國小	閩南語	農	退休後至竹塘鄉田頭村九龍大樹公及廖千歲廟裡發心服務。

姓名	性別	年齡	居住地	教育程度	使用語言	職業	背景簡述
劉四名	男	69	西螺鎮埤頭里	國小肄	閩南語	農	種植當季蔬菜至市場販賣。
姜淑珠	女	50	北斗鎮	大專	閩南語、國語	教師	現為北斗鎮教師。
林阿明	男	68	溪洲鄉大庄村	不識字	閩南語	農	種植芭樂、香瓜、蕃茄、苦瓜、花椰菜等農作物至鄰近市場販賣。

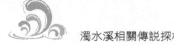

附錄　濁水溪相關傳說類型結構表

傳說類型：濁水溪溪水特性之傳說

題材：濁水溪混濁不清之傳說

傳說名稱	傳說內容			文獻來源或講述者
	風物介紹	故事情節簡述	說明解釋	
金鴨母想吃金泥鰍	本來濁水溪這條溪是清澈見底，但是後來變成混濁不清，其來有自。	有一隻金鴨母與一對金泥鰍住在濁水溪源頭，金泥鰍喜歡在清澈的溪裡面翻滾，溪水混濁，怕被金鴨母吃掉，便不敢再翻動身體，此時濁水溪溪水清澈。	上山砍柴的老樵夫抓走金鴨母，濁水溪源頭的一對金泥鰍於是便肆無忌憚玩耍、翻滾，致使濁水溪經年混濁。	董惟庚先生，見采集篇四─講述者資料。編號：A-1
	濁水溪溪水本來清澈，但是後來混濁。	一對金水鴨與一對金泥鰍，金泥鰍喜歡在清澈的溪裡面翻滾，因此溪水混濁，金鴨母想吃金泥鰍，金泥鰍不敢隨便亂動。	樵夫捉走了一隻金水鴨，剩下的金水鴨便無暇同時啄食兩隻交替翻滾的金泥鰍，溪水便一直混濁。	賴宗寶先生，見采集篇四─講述者資料。

傳說名稱	傳說內容			文獻來源或講述者
	風物介紹	故事情節簡述	說明解釋	
金鴨母想吃金泥鰍	濁水溪水灰黑色，源於險山間，番漢未通，下游的人對濁水溪懷著神秘。	濁水溪的源頭裡有一隻金鴨母和金泥鰍，而金泥鰍為了躲避金鴨母，在水裡翻騰攪弄，因此把水弄濁。	紅毛仔（荷蘭人）走到濁水溪源頭，捉住那隻金鴨母，忽然天昏地暗，響起霹靂的雷電，嚇得趕忙放掉金鴨母。	鐘義明：《臺灣的文采與泥香》
	濁水溪之所以溪水濁，老一輩亦有傳說。	濁水溪的源頭有兩隻金泥鰍與兩隻金鴨母，鴨想吃泥鰍，泥鰍當然要躲。	在金鴨母與金泥鰍一抓一躲之中，把溪水弄濁了。	洪常源：《哭泣的濁水溪》
番人淘金	濁水溪源頭有金，番人在溪裡淘金，溪水混濁。	下游平地人到源頭得不到金子，由於溪神指示幫忙而得「烏金」。	烏金是濁水溪沖刷下來的砂石，濁水溪旁有許多人挖砂石賺錢，變得有錢。	董惟庚先生，見采集篇四—講述者資料。編號：B-1

傳說類型：濁水溪溪水特性之傳說
題材：濁水溪清濁與民變關係之傳說

傳說名稱	傳說內容			文獻來源或講述者
	風物介紹	故事情節簡述	說明解釋	
溪水變清時事有變或有民變	東螺溪分自虎尾溪之牛相觸。水色皆黑。		土人云：虎尾、東螺水清，則時事有變。	《諸羅縣志·風域志》
	溪之水渾濁挾泥，似有類於黃河；然溪水一清，則臺地必生反側。	同治元年水清三日，戴萬生亂幾及三年；光緒十三年水清半刻，則施九緞以丈田事激民為變，共攻彰化，旋經剿撫解散。	然如故老謂溪清之時日多寡，實與寇盜起滅久速相應，屢試不爽云。	倪贊元：《雲林縣采訪冊》
	濁水溪流很急，而且是濁水。這條河水絕少澄清，如澄清，即是發生事變前兆。	咸豐三年春河水澄清三日，則有林供、吳磋、林紋英等起事。光緒十三年濁水溪澄清半刻，果然施九緞起事。		片岡巖：《臺灣風俗誌》，〈臺灣人對自然現象的觀念及迷信〉

傳說名稱	傳說內容			文獻來源或講述者
	風物介紹	故事情節簡述	說明解釋	
溪水變清時事有變或有民變	水之奇跡，更有兆示人事之變動者，橫流臺西中部之濁水溪，常混有黑色粘板岩之碎末，因為其水流甚急，直到河口，皆不沉澱，水色帶黑濁。	引倪贊元：《雲林縣采訪冊》所述。	引倪贊元：《雲林縣采訪冊》所述。	臺灣慣習研究會：《臺灣慣習記事》
	故老傳說濁水溪變清，必有戰事發生。	同治元年澄清，次年有戴萬生之亂，光緒十三年澄清而有施九緞之變，光緒二十、二十一、二十七年之澄清，而有日軍進占及民軍之游擊，地方不靖。民國十八年澄清三個月，次年便有霧社事件云云。		陳哲三：《竹山鹿谷發達史》

傳說名稱	傳說內容		文獻來源或講述者
	風物介紹	故事情節簡述	說明解釋	
溪水變清時事有變或有民變	地方耆老指出，濁水溪的溪水也曾有變清的情形，但因原本混濁的溪水變清時，隨後又巧合地出現氣候異常或社會發生災難，因此民間遂有濁水溪變清即變天的穿鑿附會之說。政府遷臺後，民間多年來一直流傳當濁水溪的水變清時，就是反攻大陸的時機，近年來則變成改朝換代的說法。	濁水溪最近一次出現溪水變清的情況，發生於八十四年底與八十五年初，當年八月初臺灣地區遭到賀伯颱風的侵襲，由於風雨空前強勁，造成慘重的人員傷亡和財產損失。	於是濁水溪溪水變清即會變天的說法又再一次加深民眾的印象。	陳志成等著：《濁水溪的力與美》

傳說名稱	傳說內容		說明解釋	文獻來源或講述者
	風物介紹	故事情節簡述		
溪水變清時事有變或有民變	濁水溪本來是混濁不清的，但是聽說濁水溪如果變清，就會有事情或是變化發生，住在濁水溪邊的農民，都知道今年會不會平安順利，只要去看濁水溪的顏色就知道。濁水溪溪水如果是混濁，表示大家平安，如果溪水轉清，則表示臺灣將要發生大事情，要提高警覺。	民國三十四年春，我曾經看過二水鄉的八堡圳水變清澈見底，跑去看濁水溪也是清的，那時民間就傳說天地要變了，因為濁水溪已經澄清，結果在那一年八月十五日本戰敗投降，臺灣光復，過不了多久，濁水溪又恢復混濁，轉灰黑色了。現在政府興建集集攔河堰，設在濁水溪中游，也就是南投縣集集林尾隘口，使已經設置三百年的八堡圳源引水道走入歷史，原有圳渠因濁水溪經沉沙池沉澱，所以一方面水資源到了下游變少，而且濁水溪混濁程度也減小。一九九九年開始，濁水溪下游水資源減少，圳水變清不再混濁，因此也有人說可能又有大事發生，結果發生了九二一全臺大地震，兩千年三月十八日，國民黨執政五十年下臺，變成綠色執政。		賴宗寶先生，見采集篇四—講述者資料。〈濁水溪若變清，事情快要發生〉，編號：C-1

傳說名稱	傳說內容		說明解釋	文獻來源或講述者
	風物介紹	故事情節簡述		
溪水變清時事有變或有民變	濁水溪兩岸住著一群勤奮刻苦的農民，他們除了每年要與乾旱、洪水等天災抗爭之外，還有人禍——那些每幾年就會發生的民變，常常就發生在濁水溪兩岸的平原上。每次民變發生，兩岸居民都頭痛不已，以現在的政治術語來說，他們必須「選邊站」，也就是說，要在清朝官方與土匪亂黨之間做一個抉擇，如果選錯了便有毀村滅族的危險。	溪水仍是濁色，則表示清朝天年仍存，不可以依附匪類；如果溪水轉清，則表示臺灣將要變天，臺灣人要出頭天了，農民可以加入反抗軍行動。據說同治元年，戴潮春要在四張犁起兵抗官之前，濁水溪岸的農民，便看到濁水溪轉清三天，心中便有所抉擇，等到十餘日後，戴軍攻克彰化城，各地居民紛紛豎起紅旗響應。等到同治二年冬，戴潮春被補殺之前，濁水溪呈極度混濁，居民趕緊拆下紅旗，變成助官兵平亂的義軍，後來還得到清廷官方的褒獎賞賜。		莊華堂、葉媛妹：《河流的故事》

溪水變清時事有變或有民變	由於天然環境如此，所以濁水溪岸的農民，代代相傳一個智慧的經驗，今年泰否，民眾應如何行事？只要觀察濁水溪的顏色就知道。			

傳説類型：濁水溪水利建設之傳説
題材：林先生之傳説

傳説名稱	傳説內容			文獻來源或講述者
	人物或地方風物介紹	故事情節簡述	說明解釋	
林先生與八堡圳	先生不知何許人也。衣冠古樸，談吐風雅。	嘗見兵馬指揮施世榜曰：「聞子欲興彰邑水利，功德固大，但未得法耳。吾當為公成之。」問以名字，笑而不答，固請，乃曰：「但呼林先生可矣。」越日果至，受以方法。世榜悉如其言，遂通濁水，引以灌田，號八保圳，言彰邑十三保半，此水已溉八保也，年收水租穀以萬計。今施氏子孫累世富厚，皆食先生之餘澤焉。先生不求名利，惟以詩酒自娛，日遊谿壑間，有觸即便吟哦，詩多口占，有飄飄欲仙之致，惜無存稿示不傳於世也。方水圳成時，世榜將以千金為謝，先生辭弗受，亡何竟去，亦不知其所終，今圳縈祀以為神。		李廷璧主修、周璽總纂：《彰化縣誌》，〈人物志・隱逸〉

傳說名稱	傳說內容			文獻來源或講述者
	人物或地方風物介紹	故事情節簡述	說明解釋	
林先生與八堡圳	施世榜在鼻仔頭開設圳埤時，已經花了十年的時間，雖然圳埤完成了，但是一直沒有辦法將濁水溪溪水引入圳埤裡面，不知如何是好。	後來出現了一位白髮老人，畫了一張水利圖給施世榜，不願公佈自己姓名，只說：「叫我林先生即可。」施世榜依照林先生所指導的方法去做，又用林先生發明的籠仔篙遮水，結果終於完成圳埤通水，施世榜欲酬謝林先生，但他不肯，沒有多久就消失無影無蹤，不知去向。	有人看見他在圳頭的兩棵樹之間，留下一雙草鞋，綁在兩棵樹間，後來就不見了，大家才知道這位林先生是一個神仙，是哪一位神仙，就不知道了。從林先生在圳頭的兩棵樹留下一雙布鞋才發現「雙木為林」的暗示，所以林先生應姓林。	董芳愷女士，見采集篇四—講述者資料。〈林先生的傳說〉，編號：D-1

傳說類型：濁水溪水利建設之傳說
題材：八堡圳跑水祭之傳說

| 傳說 | 傳說內容 | | | 文獻來源 |
名稱	風物介紹	故事情節簡述	說明解釋	或講述者
八堡圳跑水祭	施世榜開八堡圳到最後完成時，要進行第一次通水的典禮，水由閘門引進來，這個時候必須由一個人在水道前面奔跑，即「跑引水」，是希望濁水溪豐沛的水量能夠不斷的流入圳裡，讓農民有許多灌溉水可以使用，也希望圳神保佑大家年年豐收與平安。有人說林先生就是八堡圳完成後負責「跑引水」的第一人。	到後來「跑引水」是以活人當供品，才能常保平安，圳神有保佑，灌溉才會順利。當然很少人會願意犧牲把自己當供品，所以是花錢買人，買的對象差不多是乞丐還是流浪漢，談好一切之後，由地方養他一段期間吃好的、穿好的，好好享受他的最後一段生活，等到了要舉行圳頭祭開水門的時候，他就必須頭頂放著供品，在剛剛開水門的圳水前面快跑，跑得過或是好運氣，命還是他的；若是跑不過當然被大水沖走犧牲了。	因為被當做犧牲的跑水者會活的機會不大，所以都會在現場的另外一邊，準備一口棺木，等待收他的屍體，而他是自己願意的，所以也沒話說。這就是古早時候為了祭拜圳神，所以有「跑水祭」這種儀式。	賴宗寶先生，見采集篇四——講述者資料。〈跑引水的由來〉，編號：E-1

傳說名稱	傳說內容			文獻來源或講述者
	風物介紹	故事情節簡述	說明解釋	
八堡圳跑水祭	開圳水的跑水祭，是少見的民間祭祀活動，和古時候的河伯娶親有類似之處。有大量水流的水圳，固然可以提供農作物的灌溉用水，然一旦破堤氾濫，也會毀人田舍，奪人性命。相傳在開鑿完成一條圳道後，必定舉行盛大祭典，祭拜河神，即所謂的跑水祭。	敘述採賴宗寶先生之說法。		陳志成等著：《濁水溪的力與美》，〈跑水祭〉

傳說類型：濁水溪水災之傳說

題材：警告濁水溪將氾濫的傳說

傳說名稱	傳說內容			文獻來源或講述者
	風物介紹	故事情節簡述	說明解釋	
龍仔頭獅仔嶺之傳說	彰化縣內的八卦山，非常有名，八卦山的山頭是自二水鄉開始，二水鄉有一座山叫做「龍仔頭」，它正是八卦山的龍頭，也是主峰。隔壁一座山是獅仔嶺，很像是一隻獅子在爬山，是很有氣勢的一座山。	聽古早時候的人說，如果是一直下大雨，濁水溪即將發生水災的前幾天，龍仔頭和獅仔嶺都會發出龍吟虎嘯的聲音，警告二水人趕緊趁早做準備。有一次即將發生大水災，就在水災前幾天聽到龍仔頭和獅仔嶺這兩座山一直有很大的聲音傳出來，好像在說：「快啊！快啊！快走啊！要做大水了。」	在日本時代，日本人建好濁水溪鐵橋的時候，通車以後，都不曾聽過龍仔頭與獅仔嶺有龍吟虎嘯的聲音了，因為建濁水溪鐵橋，龍仔頭這個好地理已經被日本人破壞。	賴宗寶先生，見采集篇四—講述者資料。〈龍仔頭和獅仔嶺的傳說〉，編號：F-1

傳說名稱	傳說內容			文獻來源或講述者
	風物介紹	故事情節簡述	說明解釋	
龍仔頭獅仔嶺之傳說	二水鄉內有龍仔頭山，位在八堡圳入水口附近，獅嶺是指碧雲禪寺右邊之獅仔頭山。	傳說每逢雨季，山洪暴發，濁水溪氾濫二、三天前，就發出龍吟獅吼之聲。	從鼻仔頭遠望東南方，峰巒重疊，有一高大山峰，宛如獅子，地方人稱之內獅。至今每逢颱風季節來臨時，濁水溪氾濫前，確實遠聞內獅發出如獅吼之聲，在鼻仔頭方面都可聽見。	鄭茂圯先生，見《彰化縣鄉土史料》，〈二水鄉分組座談紀錄〉
石獅眼睛流血預兆水災	一位孝子阿三與母相依為命，因可憐所遇見之乞丐，乞丐告訴他：去看媽祖宮前石獅子的眼睛要是流血時，即會有水災發生，帶母親逃難。	阿三將此秘密告訴鄰居街坊，無人相信，更以紅色塗石獅眼睛，捉弄阿三，阿三緊急帶母親離開，當天夜裡，開始下大雨，經三天三夜，濁水溪溪水越來越大，水一直漲高，開始流進了田裡、村裡，很多人來不及跑，死了很多畜生和人。	等到大水退去了以後，阿三回家看了後，一切都改變很大。那位告訴阿三天機的人，聽說是因為阿三平常時的孝順和善良感動了媽祖，媽祖化身變成乞丐，來幫助阿三躲過水災。	董芳愷女士，見采集篇四—講述者資料，〈石獅流血，水災要發生〉，編號：G-1

傳說類型：濁水溪水災之傳說

題材：水災之傳說

傳說名稱	傳說內容			文獻來源或講述者
	風物介紹	故事情節簡述	說明解釋	
國聖王紀念碑之傳說	國聖王碑位於二水鄉濁水溪堤防上。	傳說在清朝道光十八年時，那年是戊戌年六月的時候，濁水溪山水淹進來，氾濫成災，濁水溪源源不斷流入二水鄉，整個二水鄉街道都是水，溪底田也都被沖走流失，一片汪洋，鄉民皆爬上屋頂以避水災，全部的鄉民都陷入大水的災難中，結果，大水來勢洶洶已經靠近現在的堤防下，那時候是還沒有築濁水溪堤防的，像苦苓腳、番仔寮、埤仔頭、五百步仔那些地方都在一片大水裡。危急中大家紛紛跪下來祈求上天幫忙。	在大水退去後，有人發現有一塊上面刻有「國聖王」的牌令留在現在濁水溪的堤防邊這個地方，大家就相互傳說，這次能順利度過水災，是因為有國聖爺鄭成功的保佑，才能平安。大家為了感謝國聖王，在發現國聖王令牌的地方，就建了一座國聖王碑來紀念他，也塑了一座國聖王的神像，放在隔壁的贊修宮中，定每年的六月三日是大水災紀念，要去燒香拜拜。	陳玉蘭女士見采集篇四—講述者資料，〈國聖王紀念碑的傳說〉，編號：H-1

傳說名稱	傳說內容			文獻來源或講述者
	風物介紹	故事情節簡述	說明解釋	
國聖王紀念碑之傳說	國聖王紀念碑是發生一次大水災時所立的一個碑。	聽說在一百多年前的一次戊戌年大水災，因為濁水溪溪水暴漲，二水鄉發生水災，傳說有一枝國聖王的令牌鎮壓住水災，保佑濁水溪岸邊的人，因此立一個碑來紀念這件事。	每年農曆六月三日，附近民眾就準備水果、三牲酒禮、飯擔到碑前，並祭拜外溝仔，稱「普外溝仔」。	董芳愷女士，見采集篇四—講述者資料。編號：H-2
八七水災之傳說	八七水災是四十年前的事情，它是一個災難，二水鄉那時是因為下大雨，濁水溪沒有辦法疏通水，水一直淹到橋頂，山坑的水也滿出來，整個濁水溪溪水非常大，溪水沒有多久就淹到二水。	全莊有很多土确厝，竹楻仔厝全倒，畜牲也浮在水面，被大水圍困的村民，爬到屋頂、樹上喊救命，也有人用竹竿來救人，小孩就放進去桶子裡，用繩子綁起來。這時，很多人口唸「南無觀世音菩薩大慈大悲救苦救難」，祈求菩薩保佑。突然聽說有人看到觀世音菩薩顯靈在半空中，右手拿著柳枝，左手拿著淨水瓶，腳上踏一條青龍，灑甘露水幫忙退水。	有人用相機拍下觀世音菩薩顯靈的相片，證明所說的是真的。這次水災，大家都記得，也感謝觀世音菩薩的幫忙。	董芳愷女士，見采集篇四—講述者資料，〈八七水災的傳說〉，編號：I-1

傳說類型：濁水溪水災之傳說

題材：征服水災之傳說

傳說名稱	傳說內容			文獻來源或講述者
	風物介紹	故事情節簡述	說明解釋	
濁水溪除大蛇	濁水溪是一條急湍的大河，一到雨季，水勢更像射箭一般的流得更快，大水氾濫，溪旁的山巖石塊、高大樹木，竟會被急湍衝走，許多地面因受水患的關係，人們的生命財產，年年弄到一無所有，一到雨季，傳說中深山裡有一百丈長蛇，是造成水禍災難主因，但人們毫無辦法，只有向天祈求消弭災禍。	有兩位青年決心除去大蛇，以解決濁水溪水災，因有天神提示他們大蛇的行動，都能在大樟樹上看到；一定要候著，直候到天色將黑，大蛇出來的時候，你們馬上用箭射牠的眼珠，兩箭射瞎兩眼，兩箭射中。兩兄弟經過一連串的冒險犯難後，終於除去了危害大家的大蛇。濁水溪就從那年起，沒有水災發生了，族人們生命財產就此保全，一直到現在。	兄弟們為著族人去冒險除大蛇，這個事蹟已經變成史蹟，永遠的傳誦下來，子子孫孫，都追念著這兩個兄弟的大功大德。	妻子匡編纂、齊鐵恨註釋：《臺灣民間故事》，〈濁水溪除大蛇〉

傳說類型：濁水溪相關之信仰傳說

題材：濁水溪水神信仰之傳說

傳說名稱	傳說內容			文獻來源或講述者
	風物（事件）介紹	故事情節簡述	說明解釋	
	奔流如狂的濁水溪，在新年前後二、三個月間，水流自然會緩慢。		據說：這是水神為了慶賀新年的緣故。	片岡巖：《臺灣風俗志》，〈臺灣人對自然現象的觀念及迷信〉
溪神信仰	民國四十年五月十五日清晨，村民周技友先生挑著蔬菜欲到竹山趕早集，此時村民大多猶在睡夢中，因連日來山中大雨，致使溪水暴漲。	因堤防猶是土堤，受到嚴重侵蝕，眼看隨時有潰堤危險，而一旦潰堤，聚居在堤防邊的林中村首當其衝，財產生命勢將難保；周先生見狀，顧不了賣菜，急忙趕回村內，敲鑼打鼓，叫醒村民，思應變之道；年輕力壯的人趕到現場查看，婦女老弱則攜家帶眷齊避於林內國小，鄉長聞訊亦親自趕來，但見溪水洶湧，堤岸已被侵蝕凹陷成一月眉形，潰堤危在旦夕，一時之間也無法調集大量的人力與機具來搶修；眾人正陷於惶恐之際，唯一的方法是求之於神；有人提議，眾人毫不考慮地附議而下跪，雙手合掌，說出心中虔誠的願望，祈求河神把水退了以拯救村民，並許下諾言，年年中秋，村民將準備供品到現場來敬拜神恩。	果然，河神受感動而顯靈，溪水漸漸消退，村民的生命財產終獲保全，村民信守諾言，年年中秋來到河邊敬拜。以前是在二號水門邊，自民國八十五年起，改在三號水門邊。	洪長源：《哭泣的濁水溪》

傳說名稱	傳說內容			文獻來源或講述者
	風物(事件)介紹	故事情節簡述	說明解釋	
溪神信仰	拜溪神主要是因為濁水溪常常出大水,在每年的六月初三,都會在濁水溪堤防邊擺香案、供品,來祭拜溪神。	祭拜溪神從很早的時候就有了,戊戌年大水災和八七水災,水很大,八七水災時大家都爬到屋頂,那時的堤防還是用土去做的,所以大水一來也是很危險。雖然現在的堤防邊看不到濁水溪溪水,但是以前濁水溪是流到堤防邊,現在都是一大片溪底田了,所以拜溪神才在濁水溪堤防邊拜。	比較迷信的人拜溪神了以後,會另外挑擔溪水回去家裡給牲畜喝,聽說這樣可以讓豬啊、雞啊、鴨啊較肥。	董芳愷女士,見采集篇四—講述者資料,〈拜溪神,求平安〉,編號:J-1

傳說類型：濁水溪相關之信仰傳說
題材：土地公信仰之傳說、石頭信仰之傳說

傳說名稱	傳說內容			文獻來源或講述者
	風物（事件）介紹	故事情節簡述	說明解釋	
土地公信仰	乾隆年間嘉慶太子遊經林圯埔。	嘉慶太子隨身大將李勇，為保護太子身危，單身奮戰四面圍攻土番，不幸殉職在坪頂埔，嘉慶太子就此無心遊境，急往回京。	經由本地借宿一夜，本宮福德正神靈威神光獻聖保護太子渡過濁水溪，經鹿港回京。	紫南宮管理委員會：〈社寮里紫南宮福德正神沿革〉
奇石	相傳在一百六、七十年前，在員林東山的八堡圳，有一個小孩在那裏溺死。	後來竟出現幽靈，為了鎮壓幽靈，便找來一塊畸石，說也奇怪，這塊石頭在夜間竟會發出閃光。	於是村民便奉為「石佛公」，每年的正月十五和八月十五日是祭拜日。	阮昌銳：《傳薪集》

傳說名稱	傳說內容			文獻來源或講述者
	風物（事件）介紹	故事情節簡述	說明解釋	
石敢當鎮水災	濁水溪的位置在西螺鎮北邊，有一條長長的彎曲，是風水上所說的「路衝」，算是比較不好的風水，容易有災難。	濁水溪變化多端，常常做大水，所以在今天的延平路前面，與濁水溪相鄰的岸邊，設立了一座泰山石敢當，這座泰山石敢當是清朝光緒時所立的，也是全臺灣省最大的泰山石敢當，高差不多有五尺以上，上面還刻有一個獅頭，有避邪的作用。	濁水溪河道的變化，已經沒有辦法去對照濁水溪和泰山石敢當的關聯，加上河堤的興建，濁水溪也已經不再氾濫，這座泰山石敢當現在在大同路人家的民宅裡。	劉四名先生，見采集篇四——講述者資料，〈石敢當鎮水災〉，編號：K-1

傳說名稱	傳說內容			文獻來源或講述者
	風物（事件）介紹	故事情節簡述	說明解釋	
石敢當鎮水災	有一年，山洪爆發，濁水溪溪水洶湧，本鎮居民發現洪水直往南岸沖，來勢非常兇猛，堤岸面臨崩潰，一場浩大的災禍正在醞釀。	於是地方人士前往探查，發現原來北岸的水尾村，在岸邊安置了一具法器與一隻紅銀水筆，以致溪水全湧向南岸來。當時鎮民眼見大禍臨頭，便請了一個高明的法師，作法安置了這座「泰山石敢當」，據說安置的同時就立刻發生作用，大水全部衝向北岸，灌進水尾村的菜公溝，沖毀堤道，造成水災。水尾村居民探知原委後，當夜，乃派人拿了黑狗血，偷偷潛入本鎮，將血灑在「泰山石敢當」石碑上。	頓時，風雨大作，雷電交加，鬼哭神嚎的情景，造成了鎮上的慘重損失，一直到三天三夜後才停止，溪水才復歸平靜。	程大學主編：《西螺鎮志》

傳說名稱	傳說內容			文獻來源或講述者
	風物（事件）介紹	故事情節簡述	說明解釋	
石敢當鎮水災	濁水溪北岸，溪州鄉西畔村於道光二十二年建有一座石塔，屹立迄今，猶為村民虔誠敬拜。	傳說濁水溪分流之一的東螺溪發生大洪水，田地流失無數，連村莊也岌岌可危，幸經關聖帝君及時顯靈，指示村民建石塔破除水患，果然塔成水退，該處地名就由西畔改為石塔。	一百五十多年過去了，濁水溪也築起堤防，截斷了東螺溪，雖溪水不再經西畔村，但村民對石塔的敬拜依舊不減，還特地在四周砌起水泥保護石塔不受風化。	洪長源：《哭泣的濁水溪》

傳說類型：濁水溪相關之信仰傳說

題材：樹神信仰之傳說

傳說名稱	傳說內容			文獻來源或講述者
	風物介紹	故事情節簡述	說明解釋	
九龍大樹公	竹塘鄉的九龍大樹公在日據時代以前就有了，大樹的形狀就像是九龍搶珠，其中主幹有一個龍頭的模樣，所以這棵大樹公才叫做九龍大樹公。	當初為什麼會有這棵榕樹，是因為濁水溪有深有淺，要過濁水溪非常危險，為了安全起見，就栽種了一棵榕樹當一個目標，做個記號，大家才知道從什麼地方過溪會較安全，萬一有水災時，也可以用來判斷方向。後來這棵大樹一直生長、蔓延，就擴大到現在的一千多坪。樹身有各種奇形怪狀的樣子，有像一對夫妻纏在一起的夫妻樹，也有像一隻馬的形狀，無奇不有。有人說在替這棵大榕樹照相的時候，照到有佛光、龍頭的樣子，感覺這棵大樹公一定有靈性，才開始拜這棵大樹公，在它的上面綁紅布。	聽說有一次在附近的砂石場砂石車要進出，他們認為說大樹公妨礙到他們，於是叫人去整理整理這棵大樹公的樹枝，結果一鋸下去，樹身竟然流血，後來再也沒有人敢再去鋸大樹公了。	黃梧旦先生，見采集篇四—講述者資料，〈九龍大樹公的由來〉，編號：L-1

傳說名稱	傳說內容			文獻來源或講述者
	風物介紹	故事情節簡述	說明解釋	
九龍大樹公	這棵大榕樹聽說有六百多年的歷史,是田頭村最重要的一棵大樹,位在濁水溪河床內側。	大樹公曾經託夢給一位雲林縣縣民,後來那位縣民經過竹塘鄉田頭村看到這棵大樹公,竟然發現與夢境一模一樣。	大樹公經常傳出神奇靈異的事情,小孩子只要發燒或是受到驚嚇,向大樹公祈求,摘大樹公的葉子回家沖泡開水就可康復。	黃梧旦先生,見采集篇四—講述者資料,〈九龍大樹公〉,編號:L-2

參考書目

壹、專書

（一）民前文獻

甲、史學方志

《史記》　司馬遷

臺北　藝文印書館　清乾隆武英殿刊本景印

《臺灣府志》　清・蔣毓英

北京　中華書局　康熙二十五年刊本　1985年5月

《臺灣府志》　清・高拱乾

臺北　成文出版社　康熙三十五年序刊補刻本

中國方志叢書臺灣地區第一號　1983年3月

《臺灣府志》　清・周元文

臺北：成文出版社　康熙五十一年刻本

中國方志叢書臺灣地區第二號　1983年3月

《諸羅縣志》　清・周鍾瑄主修、陳夢林總纂

臺北　成文出版社　康熙五十六年序刊本

中國方志叢書臺灣地區第七號　1983年3月

《重修福建臺灣府志》　清・劉良璧

臺北 成文出版社 乾隆七年刻本

中國方志叢書臺灣地區第三 號 1983年3月

《重修臺灣府志》 清‧范咸、六十七纂修

臺北 成文出版社 乾隆十二年序刊本

中國方志叢書臺灣地區第四號 1984年3月

《續修臺灣府志》 清‧余文儀

臺北 成文出版社 乾隆三十九年序刊本

中國方志叢書臺灣地區第五號 1984年3月

《彰化縣誌》 清‧李廷璧主修、周璽總纂

臺北 成文出版社 道光十六年刊本

中國方志叢書臺灣地區第十六號 1983年3月

《臺灣采訪冊》 清‧陳國瑛等輯

臺北 成文出版社 民五十七年林勇校訂排印本影印

中國方志叢書臺灣地區第二九號 1983年3月

《雲林縣采訪冊》 清‧倪贊元

臺北市 成文出版社 光緒二十年輯

中國方志叢書臺灣地區第三二號 1983年3月

《臺灣通史》 清‧連橫

臺北 臺灣時代書局 1975年5月

乙、檔案、奏摺、碑文

《治臺必告錄》　清・丁曰健

南投　臺灣省文獻委員會　1997年6月

《清經世文編選錄》　臺灣銀行經濟研究室編

北　臺灣銀行經濟研究室　1966年7月

《臺案彙錄丙集》　臺灣銀行經濟研究室編

臺北　臺灣銀行經濟研究室　臺灣文獻叢刊第一七六種　1964年11月

《臺灣中部碑文集成》　臺灣銀行經濟研究室編

臺北市　臺灣銀行經濟研究室　1962年7月

《明清臺灣碑碣選集》　林衡道監修、黃耀東編

臺中　臺灣省文獻委員會　1980年6月

《臺灣地區現存碑碣圖誌──雲林縣・南投縣篇》

林文睿監修、何培夫主編

臺北　國立中央圖書館臺灣分館　1996年12月

丙、子集、雜著

《淮南子》　漢・劉安

臺北　藝文印書館　1968年2月

《酉陽雜俎》　唐・段成式

臺北 臺灣學生書局 1975年1月

《山海經校譯》 晉‧郭璞注、袁珂校譯

臺北 明文書局 1986年9月

《搜神記》 晉‧干寶撰、汪紹楹校注

臺北 里仁書局 1982年9月

《水經注》 後魏‧酈道元

臺北 藝文印書館 清乾隆聚珍版叢書本影印

《述異記》 梁‧任昉

臺北 藝文印書館 龍威秘書本

《裨海紀遊》 清‧郁永河

臺北 臺灣銀行經濟研究室 臺灣文獻叢刊第四十四種 1959年4月

《臺海使槎錄》 清‧黃叔璥

臺北 成文出版社 乾隆元年序刊本

中國方志叢書臺灣地區第四十七號 1983年3月

《鹿洲初集》 清‧藍鼎元

臺北 文海出版社 康熙末年刊本 沈雲龍主編

近代中國史料叢刊續編第四十一輯 1900年

《東征集》 清‧藍鼎元

臺北 文海出版社 康熙末年刊本 沈雲龍主編

近代中國史料叢刊續編第四十六輯 1900年

《番社采風圖考》　六十七

臺北　臺灣銀行經濟研究室　臺灣文獻叢刊第九十種　1961年11月

《陔餘叢考》　清・趙翼

臺北　華世出版社　1975年10月

《臺陽筆記》　清・翟灝

臺北　臺灣銀行經濟研究室　嘉慶年間刊本

臺灣文獻叢刊第二十種　1958年5月

《東槎紀略》　清・姚瑩

臺北　成文出版社　道光十二年序刊本

中國方志叢書臺灣地區第五十二號　1984年3月

《臺灣生熟番紀事》　清・黃逢昶

臺北　臺灣銀行經濟研究室編印　臺灣文獻叢刊第五十一種

1957年11月

《東瀛紀事》　清・林豪

臺北　成文出版社　光緒六年刊本

中國方志叢書臺灣地區第五五號　1983年3月

《臺灣詩乘》　連橫

臺北　臺灣銀行經濟研究室　1960年1月

《雅堂文集》　連橫

臺北　臺灣銀行經濟研究室　1964年12月

《赤崁集》 清・孫元衡

臺北 臺灣銀行經濟研究室編印 臺灣文獻叢刊第十種 1958年11月

《後蘇龕合集》清・施士洁

臺北 臺灣銀行經濟研究室編印 臺灣文獻叢刊第二一五種
1965年9月

《無悶草堂詩存》 林朝崧

鹿港 信昌社 1933年4月

《陶村詩稿》 陳肇興

臺北 龍文出版社 1992年2月

《瑞桃齋文稿》 清・吳德功

南投 臺灣省文獻委員會 1992年5月

（二）輿圖

康熙《臺灣輿圖》 國立臺灣博物館藏

《畫說康熙臺灣輿圖》 洪英聖

南投 行政院文化建設委員會中部辦公室 1998年8月乾隆

《臺灣輿圖》 臺北故宮典藏原圖

《畫說乾隆臺灣輿圖》 洪英聖

南投 行政院文化建設委員會中部辦公室 1999年8月

《臺灣府輿圖纂要》 不著撰人

臺北　成文出版社　同治初年刊本

中國方志叢書臺灣地區第五八號　1983年3月

《臺灣輿圖並說》　夏獻綸

臺北　成文出版社　光緒六年刊本

中國方志叢書臺灣地區第五九號　1984年3月

《臺灣地輿總圖》　不著撰人

臺北　臺灣銀行經濟研究室　光緒中葉刊本

1960年1月

（三）近人專著

甲、史學、方志、水文

《臺灣事情》　日本・臺灣總督府編

臺北：成文出版社　日本昭和六年排印本

中國方志叢書臺灣地區第一九三號　1983年3月

《臺灣地名研究》　安倍明義

臺北　杉田書局　昭和十三年

《清代水利史研究》　森田明

日本東京都　亞紀書房　昭和四十九年

《竹山鹿谷發達史》　陳哲三

臺中 啟華出版社 1972年12月

《臺灣省通志》 臺灣省文獻委員會編

臺中 臺灣省文獻委員會 1972年12月

《臺灣史》 盛清沂等著

臺中 臺灣省文獻委員會 1977年4月

《臺灣地名沿革》 洪敏麟

臺中市 臺灣省政府新聞處 1979年6月

《臺灣省雲林縣志稿》 仇德哉主修

臺北 成文出版社 1983年3月

《彰化縣志稿》 賴熾昌主修

臺北市 成文出版社 中國方志叢書臺灣地區第七十三號1983年3月

《世界名川大河漫遊》 李勉民主編

香港 讀者文摘遠東有限公司 1986年9月

《臺灣地名研究》 安倍明義原著、中譯本

臺北 武陵出版社 1987年3月

《大河文明》 Margaret Sedeen著、崔蕙萍等譯

臺北 錦繡出版社 1989年7月

《臺灣地誌》 陳正祥

臺北 南天出版社 1993年10月 二版

《曲冰》 陳仲玉

臺北　中央研究院歷史語言研究所　1994年6月

《彰化縣口述歷史》　彰化縣立文化中心編

彰化市　彰化縣立文化中心　1995年6月

《重修臺灣省通志》　臺灣省文獻委員會編

南投　臺灣省文獻委員會　1995年8月

《臺灣鄉土全誌》　花松村編纂

臺北　中一出版社　1996年5月

《哭泣的濁水溪》　洪長源

高雄　派色文化出版社　1998年6月

《臺灣河川風情》　漢光文化編輯部

臺北　漢光文化出版社，1998年12月

《彰化縣鄉土史料》　臺灣省文獻委員會採集組編校

南投　臺灣省文獻委員會　1999年9月

《西螺鎮志》　程大學主編

雲林　西螺鎮公所　2000年2月

《濁水溪的力與美》　陳志成等著

臺北　時報文化出版公司　2000年5月

乙、鄉土、民俗、宗教、信仰

《臺灣慣習記事》 臺灣慣習研究會

臺北 古亭書屋 明治三十七年

《臺灣風俗誌》 片岡巖

臺北 臺灣日日新報社 1921年2月

《南投縣風俗志宗教篇稿》 劉枝萬

南投縣 南投縣文獻委員會編纂組 1961年10月

《民俗學論叢》 羅香林

臺北 文星書店 1966年1月

《新舊約全書》 香港聖經公會

香港 香港聖經公會 1968年10月

《民俗學集鑴》 顧頡剛等人

臺北 東方文化書局 1970年12月

《中山大學民俗專刊》 楊成志主編

臺北 東方文化書局 1970年12月

《民俗叢書‧第六十四集》 婁子匡

臺北 東方文化書局 1972年5月

《臺灣地區神明的由來》 林衡道

臺中 臺灣省文獻委員會 1976年4月

《臺灣風俗誌》 片岡巖著、陳金田、馮作民譯

臺北　大立出版社　1981年5月

《中國古代宗教初探》　朱天順

臺北　谷風出版社　1986年10月

《傳薪集》　阮昌銳

臺北　臺灣省立博物館　1987年1月

《臺灣史蹟叢論》　林文龍

臺中市　國彰出版社　1987年9月

《山水・風物・人情》　蘇長仙

桂林　漓江出版社　1988年1月

《臺灣慣習記事》　臺灣慣習研究會原著、中譯本

臺中　臺灣省文獻委員會　1988年6月

《金枝》　J.G.Frazer著、汪培基譯

臺北市　九大文化股份有限公司　1991年2月

《念鄉詩集》　顏信星

臺南　人光出版社　1991年6月

《丁道爾舊約聖經註釋：創世紀》　Derek Kinder著、劉良淑譯

臺北　校園書房出版社　1991年12月

《中國自然神與自然崇拜》　何星亮

上海　三聯書店　1992年5月

《水與水神》　王孝廉

臺北　三民書局股份有限公司　1992年3月

《臺灣的文采與泥香》　鐘義明

臺北武陵出版有限公司　1992年11月

《中國人的偶像崇拜》　喬繼堂

臺北　百觀出版社　1993年1月

《臺灣的民間信仰》　姜振義

臺北　武陵出版社　1994年2月

《臺灣民俗》　吳瀛濤

臺北　眾文圖書公司　1994年5月

《觀音信仰》　邢莉

北京　學苑出版社　1994年7月

《中國民間神像》　宋兆麟

北京　學苑出版社　1994年7月

《臺灣宗教》　高賢治主編

臺北　眾文圖書有限公司　1995年3月

《民俗學手冊》　查索・博爾尼著、程德祺等譯

上海　上海文藝出版社　1995年4月

《臺灣的鄉土神明》　姜振義

臺北　臺原出版社　1995年4月

《稻作文化與江南民俗》　姜彬

上海　上海文藝出版社　1996年4月

《鯤島探源》　林衡道口述、楊鴻博整理

臺北　稻田出版有限公司　1996年5月

《臺灣鄉土傳奇》　沈文台

臺北　常民文化出版社　1998年5月

《植物動物與民俗》　阮昌銳

臺北　國立臺灣博物館　1999年9月

《河流的故事》　莊華堂、葉媛妹

臺北　聯經出版事業公司　2000年8月

丙、社會、經濟、文化

《林圯埔：一個臺灣市鎮的社會經濟發展史》　莊英章

臺北　中央研究院民族學研究所　1977年6月

《社會人類學》　衛惠林

臺北　臺灣商務印書館　1982年8月

《老年社會學》　徐麗君、蔡文輝著

臺北　巨流圖書公司　1985年2月

《當代文化人類學概要》　基辛

浙江　浙江人民出版社　1986年3月

《文化論》　馬林諾夫斯基

北京 中國民間文藝出版社 1987年3月

《臺灣文化志》 伊能嘉矩

臺中 臺灣省文獻委員會 1991年6月

《清代臺灣高山族社會生活》 劉如仲、苗學孟

福建 福建人民出版社 1992年12月

丁、民間文學

《生蕃傳說集》 佐山融吉、大西吉壽

東京 杉田重藏書店 1923年1月

《白族民間故事傳說選》 李星華

北京 人民文學出版社 1959年6月

《臺灣民間故事》 婁子匡編纂、齊鐵恨註釋

臺北 東方文化書局 1970年12月

《臺灣民間傳奇》 林曳

臺北 聯亞出版社 1979年11月

《中國民間傳說論集》 王秋桂編

臺北 聯經出版事業公司 1980年8月

《中國的神話與傳說》 王孝廉

臺北 聯經出版社 1983年

《傳說論》 柳田國男

北京 中國民間文藝出版社 1985年

《神話新探》 中國少數民族文學學會編

貴陽 貴州人民出版社 1986年3月

《中國民間文學大辭典》 馬名超、王彩雲

哈爾濱 黑龍江人民出版社 1986年5月

《中國民間傳說》 程薔

浙江 浙江教育出版社 1986年5月

《中國民俗傳說》 程薔

浙江 浙江教育出版社 1986年5月

《中國古代傳說》 張紫晨

延邊 吉林文史出版社 1986年7月

《中國民間故事類型索引》 丁乃通

北京 中國民間文藝出版社 1986年7月

《神話新論》 劉魁立、馬昌儀、程薔編

上海 上海文藝出版社 1987年2月

《中國動物故事研究》 譚達先

臺北 臺灣商務印書館 1988年8月

《神話‧傳說‧民俗》 屈育德

北京 中國文聯出版公司 1988年9月

《中國民間文藝辭典》 楊亮才主編

甘肅 甘肅人民出版社 1989年3月

《中國民間故事全集‧臺灣省》 陳慶浩、王秋桂主編

臺北 遠流出版社 1989年6月

《滿族民間故事選》 錢舜娟編

臺南 王家出版社有限公司 1989年10月

《中國神話》 陶陽、鍾秀編

上海 上海文藝出版社 1990年8月

《西方民俗傳說辭典》 英‧克里斯蒂娜‧霍莉著、徐廣聯等人譯

合肥 黃山書社 1990年11月

《臺灣掌故與傳說》 林文龍

臺北市 臺原出版社 1992年5月

《中國傳說故事大辭典》 祁連休、蕭莉主編

北京 中國文聯出版公司 1992年5月

《中國各民族宗教與神話大辭典》 嵇浩存編

北京 學苑出版社 1993年10月

《臺灣原住民的口傳文學》 巴蘇亞‧博伊哲努

臺北 常民文化出版公司 1996年5月

《蒙古民間文學》 林修澈、黃季平

臺北 唐山出版社 1996年10月

《通古斯：滿語族神話比較研究》 楊治經、黃任遠

臺北　洪葉文化事業有限公司　1997年4月

《澎湖民間傳說》　姜佩君

臺北　聖環圖書出版社　1998年6月

《口承故事論》　許鈺

北京　北京師範大學出版社　1999年6月

《美妙的自然傳說》　Gary Ferguson著、假芝雲譯

臺北　圓神出版社　1999年8月

戊、其他

《臺灣採金七百年》　唐羽

臺北　財團法人錦綿助學基金會　1985年10月

《費爾巴哈哲學著作選集》　費爾巴哈

北京　人民出版社　1987年10月

《胡適文存》三集　胡適

北京　北京大學出版社　1998年11月

貳、報紙、期刊論文暨論文集

〈清代台灣的米產與外銷〉　王世慶

《台灣文獻》第九卷第一期　1958年3月

〈清初嚴禁沿海人民偷渡來臺始末〉　莊金德

《台灣文獻》第十五卷第三期　1964年9月

〈八堡圳與臺灣中部的開發〉　汪崧興

《臺灣文獻》第二十三卷第二期　1972年6月

〈濁大流域的民族學研究〉　王崧興

《中央民族學研究所集刊》第三十六期　1973年12月

〈濁水溪流域的地形學計量研究〉　石再添等人

《台灣文獻》第二十七卷第二期　1976年12月

〈濁大流域的聚落分布與地形之相關研究〉　石再添等

《臺灣文獻》第二十八卷第二期　1977年6月

〈施鈺-臺灣別錄卷二〉　楊緒賢標訂

《臺灣文獻》第二十八卷第二期　1977年6月

〈濁水溪平原的地勢分析與地形變遷〉　張瑞津

《國立臺灣師範大學地理研究報告》十一期　1985年7月

〈文化英雄論析〉　馬昌儀

《民間文學論壇》第一期　1987年7月

〈「臺灣地圖」考索〉　黃典權

《慶祝成立四十週年紀念論文專輯》　1988年6月

〈「臺灣地圖」的繪製年代〉　施添福

《臺灣風物》第三十八卷第二期　1988年6月

〈日據時期佐久間總督的理蕃事業〉　藤井志津枝

《慶祝成立四十週年紀念論文專輯》　1988年6月

《中國神話與傳說學術研討會論文集》

臺北市　漢學研究中心　1996年3月

《臺灣開發史論文集》

臺北　國史館　1997年12月

《臺灣日日新報》　明治三十一年八月三十一日　第一百號

▲ 濁水溪下游二水鄉段

▲ 濁水溪下游二水鄉段（枯水期）

▲ 八堡圳源頭

說明：八堡圳源頭碑位於二水鄉倡和村

▲ 二水國聖王紀念碑

說明：國聖王紀念碑位於二水鄉二水村濁水溪堤防上

▲ 林先生廟

說明：林先生廟位於二水鄉倡和村

▲ 八堡一圳取水口

說明：八堡一圳取水口位於二水鄉倡和村

▲ 八堡二圳取水口

說明：八堡二圳取水口位於二水鄉倡和村

▲ 籠仔篙

說明：籠仔篙為八堡圳導水築堤之具

▲ 社寮永濟義渡碑

說明：名間鄉濁水村與竹山鎮社寮兩地間隔濁水溪，早期設置義渡，本碑位於竹山鎮社寮里。

▲ 永濟義渡碑旁土地公廟—紫南宮

說明：紫南宮供奉福德正神，位於濁水溪舊日渡船口旁，香火鼎盛。

▲ 竹塘九龍大樹公

說明：九龍大樹公位於竹塘田頭村，濁水溪堤防下河床。

▲ 西螺大橋

說明：西螺大橋橫跨濁水溪河岸，曾為遠東第一大橋。

▲ 濁水永濟義渡碑

說明：名間鄉濁水村與竹山鎮社寮里兩地間隔
濁水溪，早期設置義渡，本碑位於名間鄉濁水
村。

▲ 西螺泰山石敢當

說明：本泰山石敢當屬全台最大，為鎮濁水溪
水災之立石

▲ 溪州石磘

說明：溪州石磘為鎮濁水溪水災之五角形塔狀石

董坐先生作品：百龍硯　112×66×24公分

▲ 濁水溪螺溪硯作品：百龍硯

說明：石硯雕藝大師董坐先生所雕之「百龍硯」，重約四百餘斤，歷經二十三個月
完成巨作，硯石上的每條龍頭都朝向中間的「龍首」，龍首所吐的水柱中含有一顆
靈動的「龍珠」，每條龍的神韻形態千變萬化，嘆為觀止，現收藏於董坐石硯藝
術館。

國家圖書館出版品預行編目資料

濁水溪相關傳説探析／謝瓊儀 著 -初版-
臺北市：蘭臺出版社 2013.8
15*21公分　含參考書目
ISBN：978-986-6231-65-0（平裝）
1. 民間故事
539.533　　　　　　　102009932

臺灣史研究叢刊 10

濁水溪相關傳説探析

著　　者：謝瓊儀
執行主編：郭鎧銘
執行美編：康美珠
封面設計：林育雯
圖片攝影：謝宜瑄
出 版 者：蘭臺出版社
地　　址：臺北市中正區重慶南路1段121號8樓之14
電　　話：（02）2331-1675　傳真：（02）2382-6225
劃撥帳號：18995335　　　　戶名：蘭臺出版社
網路書店：http://store.pchome.com.tw/yesbooks/
　　　　　　博客來網路書店、華文網路書店、三民書局
E - m a i l：books5w@gmail.com 或 books5w@yahoo.com.tw
總 經 銷：成信文化事業有限公司
香港總代理：香港聯合零售有限公司
地　　址：香港新界大蒲汀麗路36號中華商務印書館大樓
電　　話：（852）2150-2100　傳真：（852）2356-0735
出版日期：2013年8月初版
定　　價：新臺幣550元
ISBN：978-986-6231-65-0